모든 사람을 위한 공동서신

IVP(InterVarsity Press)는
캠퍼스와 세상 속의 하나님 나라 운동을 지향하는
IVF(InterVarsity Christian Fellowship)의 출판부로
생각하는 그리스도인을 위한 문서 운동을 실천합니다.

Copyright ⓒ 2011 by Nicholas Thomas Wright
Originally published in English under the title
Early Christian Letters for Everyone published by SPCK
36 Causton Street, London, SW1P 4ST, England.
All rights reserved.

This Korean edition is published by arrangement of SPCK
through rMaeng2, Seoul, Republic of Korea.

This Korean edition copyright ⓒ 2015, 2019 by Korea InterVarsity Press
156-10 Donggyo-Ro, Mapo-Gu, Seoul 04031, Republic of Korea.

이 한국어판의 저작권은 알맹2 에이전시를 통하여
SPCK와 독점 계약한 IVP에 있습니다.
신 저작권법에 의하여 한국 내에서 보호받는 저작물이므로
무단 전재와 무단 복제를 금합니다.

톰 라이트

모든 사람을 위한

공동서신

야고보서·베드로전후서
요한일이삼서·유다서

김명희 옮김

차례

한국어판 서문 11
서론 13

야고보서

약1:1-8 믿음의 도전 19
약1:9-18 세상의 덫과 하나님의 선물 23
약1:19-27 말씀을 듣고 실행함 28
약2:1-13 차별 금지! 32
약2:14-26 믿음과 행동 37
약3:1-12 혀를 길들이십시오 42
약3:13-18 참 지혜와 거짓 지혜 46
약4:1-10 겸손과 믿음 50
약4:11-17 하나님을 신뢰하며 살기 55
약5:1-6 부자에게 하는 경고 60
약5:7-12 인내와 신뢰 64
약5:13-20 믿음으로 기도하십시오 69

베드로전서

벧전 1:1-9 진실한 믿음과 확실한 희망 77

벧전 1:10-21 은혜로 속량되었습니다 83

벧전 1:22-2:3 갓난아기 88

벧전 2:4-10 산 돌 93

벧전 2:11-17 이방 세계에서 살아가기 99

벧전 2:18-25 메시아께서 겪으신 것과 같은 고난 104

벧전 3:1-7 결혼과 그 도전 109

벧전 3:8-16 새로운 생명의 길 114

벧전 3:17-22 의로운 일을 위한 고난 119

벧전 4:1-11 변화된 삶 124

벧전 4:12-19 메시아의 고난에 동참하십시오 129

벧전 5:1-7 겸손한 목자 133

벧전 5:8-14 하나님의 능력으로 굳게 서십시오 138

베드로후서

벧후 1:1-11 부르심을 확증하십시오! 147
벧후 1:12-21 예언의 확인 152
벧후 2:1-10상 거짓 예언자들 157
벧후 2:10하-22 설상가상 162
벧후 3:1-10 주의 날 168
벧후 3:11-18 하나님의 인내 174

요한일서

요일 1:1-4 생명의 말씀 181
요일 1:5-2:2 하나님의 빛과 우리의 어둠 186
요일 2:3-14 하나님의 새 계명 192
요일 2:15-29 거짓의 사람들 198
요일 3:1-10 하나님에게서 태어나다 206
요일 3:11-4:6 사랑의 도전 211
요일 4:7-21 하나님의 사랑 218
요일 5:1-12 믿음이 승리를 거둔다 224
요일 5:13-21 참 하나님 230

요한이서

요이 1-6절 생명의 표시 237
요이 7-13절 속지 마십시오! 241

요한삼서

요삼 1-8절 하나님의 백성에 대한 환대 249
요삼 9-15절 권위와 본보기 253

유다서

유 1-4절 믿음을 위한 싸움 261
유 5-16절 거짓 선생들 266
유 17-25절 하나님의 능력으로 구출되다 272

용어 풀이 279

샘을 위해

한국어판 서문

이제 이 시리즈가 한국어로도 출판된다니 참으로 기쁘다. 이 시리즈 집필을 시작하면서 내가 기도한 소망이 있다. 바로 세계 곳곳에서 여러 사람들이 이 시리즈의 도움으로 성경 읽기를 즐기고 유익을 얻는 일이다. 이제 그러한 소망과 기도가 실현되었으니, 하나님을 찬양할 뿐이다.

유럽 곳곳에서는 교회 수가 줄어드는 것처럼 보이는 반면, 지난 수십 년간 한국 교회가 성장하는 모습을 보면 매우 흥미진진하다. 수적으로 증가하다 보면, 어떻게 하면 새로운 신자들이 신앙을 배우고 온전한 그리스도인의 성숙에 이를 수 있는가 하는 문제가 언제나 새로운 도전으로 다가온다. 이를 위해서는 일반 회중이 스스로 성경을 읽고 연구하고 성경으로 기도하는 것이 아주 중요하다. 이것이 바로 이 시리즈가 이루고자 하는 목표다.

따라서 한국의 친구들에게 말하고자 한다. 여러분이 이 시리즈를 사용하여 신약을 읽을 때 나는 여러분을 위해 기도할 것이다. 여러분은, 사람들로 하여금 기독교 신앙이 낡아빠졌고 현실 적합성이 없다고 생각하게 하는 많은 세력과 세속주의에 맞서 분투하는 우리 서구인들을 위해 기도해 주면 감사하겠다. 다가오는 세대에 여러분과 나는 물론 전 세계의 형제자매들은 하나님과 성경, 서로에게서 점점 더 많은 것을 배워 이 세상에서 하나님을 섬김으로써 하나님의 이름과 나라를 알릴 기회를 맞았다. 우리가 이 기회를 지혜롭고 훌륭하게 사용할 수 있기를 기도한다. 또한 이러한 큰 과제를 수행하는 데 이 시리즈가 작은 몫이나마 감당할 수 있기를 기도한다.

그리스도 안에서 한국 독자들을 축복하며 따스한 마음을 전한다.

톰 라이트

서문

예수님을 전하려고 처음으로 공개석상에 선 그는 아주 분명하게 말했다. "이 메시지는 **모든 사람**을 위한 것"이라고.

  그날은 위대한 날로서, 교회의 탄생일로 불리기도 했다. 하나님의 영이 큰 바람이 되어 예수님의 제자들을 휩쓸고 지나가자, 그들은 새로운 기쁨으로 충만하여 하나님의 임재와 권능을 깊이 의식하게 되었다. 그들의 지도자 베드로는 제 발로 일어서서, 세상을 영원히 바꾼 중요한 일이 일어났다고 많은 군중에게 설명했다. 불과 몇 주 전만 해도, 거짓말하고 저주하며 예수님을 안다는 사실조차 부인하고서 어린애처럼 목 놓아 울던 그가 아니었던가. 바로 그런 베드로를 위해 하나님이 하셨던 일을, 이제 베드로가 온 세상을 위해 시작했다. 새로운 삶과 용서, 새로운 희망과 권능이 오랜 겨울이 지난 후 봄꽃처럼 피어나고 있었다. 살아 계신 하나님이 세상에서 새 일을 행하실 새 시대가 이미 시작되었다. 새 시대는 바로 그때 그곳에서부터 하나님께 귀 기울이는 사람들과 함께 시작되었다. 베드로는 "이 약속은 **너희**와 너희 자녀와 모든 먼 데 사람"을 위한 것이라고 말했다(행 2:39, 개역개정). 이 약속은 단지 당신 옆에 있는 사람만이 아니라 모든 사람을 위한 것이다.

이 약속은 놀라우리만치 순식간에 실현되었다. 갓 태어난 운동임에도 불구하고 당시에 알려진 세계 곳곳으로 널리 확산되었을 정도였다. **모든 사람**을 위한 약속이 성취된 방법 가운데 하나는 바로 초기 기독교 지도자들의 저술을 통해서였다. 이 짧은 글들(대개 편지와 예수님에 대한 이야기)이 널리 회람되었고, 사람들은 열심히 읽었다. 그 저술들은 결코 종교적·지적 엘리트를 위한 것이 아니라, 애초부터 모든 사람을 위한 것이었다.

이는 오늘날도 마찬가지다. 물론, 일부 사람들이 시간과 노력을 기울여, 역사적 증거와 원어(초기 그리스도인들은 그리스어로 썼다)의 의미, 여러 저자가 하나님과 예수님과 세계와 그들 자신에 대해 말한 내용을 연구하는 것은 중요하다. 이 시리즈 역시 그러한 연구 작업에 밀접하게 기초한다. 그러나 이 시리즈의 주안점은 모든 사람, 특히 책을 읽으면서 통상 각주와 그리스어를 거들떠보지 않을 사람들도 핵심 메시지를 이해할 수 있어야 한다는 것이다. 이 시리즈는 그런 사람들을 위한 것이다. 책 뒤에 '용어 풀이'를 실은 것도 그런 이유에서다. 이 용어 풀이에는 반드시 의미를 알고 넘어가야 할 핵심 단어들을 수록하고, 그 의미에 간략한 해설을 달았다. 본문에서 **별표(*)**를 붙인 단어가 나올 때 '용어 풀이'를 참고하면 관련된 사항을 알 수 있을 것이다.

오늘날 다양한 신약 번역본이 나와 있지만, 이 시리즈에서는 일반 독자들을 염두에 두고 필자의 사역(私譯)을 사용했다. 이는 더 공식적이고 때로는 지루하기까지 한 일부 표준 번역본의 어조를 반드시 이해할 필요까지는 없는 독자들을 위한 것이다. 물론 최대한 원어에 가깝도록 최선의 노력을 기울였다. 다만, 나의 주된 목표는 말씀이 일부 사람들만이 아니라 모든 사람이 읽고 이해할 수 있어야 한다는 것이다.

본서에서 다루는 초기 기독교 문서인 '공동서신'은 간결하면서도 예리하며 핵심을 찌른다. 공동서신에는 신앙의 첫걸음을 막 내딛은 그리스도인들, 갖가지 문제들이 어디에서 생겨나며 그 문제들에 대처하기 위해 어떤 자원들을 얻을 수 있는지 알아야 하는 그리스도인들을 위한 실제적이고 명쾌한 조언들로 가득하다. 또한 새로이 발견한 믿음과 희망과 생명에서 얻은 기쁨으로 가득하다. 예수님에 대한 감격, 그분이 사람들을 구원하시기 위해 자기 생명을 내주며 하신 일과 하나님이 어떤 분인지 드러내 보이신 일에 대한 감격도 가득하다. 이 서신들은 현실적이다. 그리스도인 공동체가 세상에서 만날 위험들을 직시하는 면에서, 교회가 교회만의 생활 방식을 갖도록 강권하는 면에서, 살아 계신 하나님은 방만한 분이라는 소문을 진압하려는 면에서 그렇다. 공동체 내에서 일어날 수 있는 어려움들을 강조한다는 면에서도 마찬가지로 현실적이다. 이 서신들은, 어린 그리스도인들이 하나님의 사랑과 뜻 안에서 자신들이 진정 어떤 존재인지 깨달아 갈 때, 그들에게 무엇보다 중요한 깊은 의식을 심어 주기 위해 이스라엘의 옛 성경에 자주 의지한다. 또, 정치로부터 사생활에 이르기까지 모든 주제를 총망라한다. 하여, 모든 사람을 위한 공동서신을 여기에 내어놓는다!

일러두기
- 이 책에 나오는 성경 본문은 저자의 사역(私譯)을 우리말로 옮긴 것이다. 국내의 다른 역본을 사용한 경우에는 괄호 안에 별도로 표기하였다.
- 본문 중 앞에 별표(*)가 붙은 용어는 책 뒤의 '용어 풀이'에 저자의 설명이 있다.

야고보서

야고보서 1:1-8

믿음의 도전

> ¹하나님과 주 예수 메시아의 종 야고보가 흩어져 있는 열두 지파에게 문안드립니다.
>
> ²내 사랑하는 가족이여, 여러분 자신이 온갖 시험과 시련에 빠져들고 있음을 알았을 때, 그것을 온전한 기쁨으로 바라보는 법을 배우십시오. ³여러분의 믿음이 시험받을 때 인내가 생기는 줄 여러분이 알기 때문입니다. ⁴더 나아가, 여러분은 인내를 온전히 발휘하여, 모든 일에 부족함 없이 완전하고 온전해져야 합니다.
>
> ⁵만일 여러분 가운데 누가 지혜가 부족하다면, 하나님께 구해야 합니다. 그러면 지혜를 받을 것입니다. 하나님께서 모든 사람에게 흔쾌히 넉넉하게 주십니다. ⁶그러나 아무 의심 없이 믿음으로 구해야 합니다. 의심하는 사람은 바람에 밀려 휩쓸리는 바다의 파도와 같습니다. ⁷그런 사람은 주께 무엇을 받으리라 기대하지 말아야 합니다. ⁸그들은 무슨 일을 하든 두 마음을 품어 불안정하기 때문입니다.

파도가 아주 먼 곳에서 온다고 생각했었다. 바닷가에 서서 잿빛 머금은 푸른 괴물들이 밀려오는 걸 지켜보노라면, 이번 파도, 그 다음 파도, 이어지는 또 다른 파도는 먼 나라에서 왔다고 상상할 만했다. 파도들은 동방 박사들처럼 선물을 가져다주려고 여기까지 달려오는 게 아닐까.

물론 그렇지 않다. 바람과 조수가 늘 제자리에 있는 바닷물을 조종하여 자기들의 곡조에 맞추어 춤을 추게 한 것이 파도. 나는 바로 어제 밝은 햇살을 맞으며 서서, 작은 항구를 향해 밀려오는 파도가 반짝거리며 부서지고 배들을 살랑살랑 흔드는 모습을 지켜보았다. 멋진 광경이었다. 파도에는 자신만의 특성과 에너지가 있는 것처럼 보인다. 그러나 그렇지 않다. 파도는 다른 힘들에 의해 우발적으로 생겨난다.

*믿음이 도전하는 것은 파도가 되지 말라는 것이다. 인생살이에는 온갖 바람과 조수가 있으며, 때로 우리가 이런저런 춤을 추며 반짝거리기 때문에 우리 자신을 중요하게 여기기 쉽다. 그러나 중요한 질문은 이것이다. 우리 속에서 생겨난 성품은 진짜인가? 아니면 야고보가 6절에서 말하듯, 우리는 그저 두 마음을 품은 채 불안정하게 바람에 밀려 출렁이는가?

우리는 야고보가 누구인지 확실히 알지 못한다. 야고보라는 이름은 오늘날처럼 1세기에도 흔한 이름이었다. 하지만 이 서신은 1세기에 가장 유명했던 야고보가 썼을 가능성이 매우 높다. 예수님의 동생 야고보는 기독교의 첫 30년 동안 예루살렘 교회의 유력한 핵심 지도자였다. 베드로와 바울을 비롯한 다른 이들은 세계 전역을 다녔지만 그는 예루살렘에서 지내며, 사랑하는 형을 죽은 자들 가운데서 일으키신 하나님이 이미 시작하신 일을 완성하실 줄 믿고 기도하며 가르쳤다. 그렇다면 이 서신은 그 사역의 일부로, 온 세상 그리스도인들, 곧 그가 이스라엘의 새로운 "흩어져 있는 열두 지파"라고 보았던 이들이 믿음의 도전에 잘 대처하도록 격려하고자 썼을 것이다.

당시에 그것은 엄청난 도전이었다. 물론 지금도 그러하며 언제나 마찬가지일 것이다. 예수를 따르기로 결정하는 순간, 당신은 시험이 시작되리라 예상해야 한다. 그것은 산책을 하려고 뒷문을 열었는데 출발도 하기 전에 바람이 당신을 안으로 밀어붙이는 것과 비슷한 상황이다. 그런데 야고보는 그런 순간들을 경축해야 한다고 말한다!(2절) 우리는 그런 순간들을 기쁨으로 여기는 법을 배워야 한다. 그가 무슨 뜻으로 한 말일까?

그리스도인이 시험을 받는다는 것은 실제로 어떤 일이 일어나고 있다는 뜻이다. 여러 종류의 시험이 있다. 오늘날 많은 이들이 맞닥뜨리는 실제적 박해, 예상치 못한 순간 갑자기 찾아오는 거세고 고약한 유혹, 육체의 질병과 사별, 가정의 불화나 재정적 어려움 등이다. 그러나 진지하게 뭔가를 하고 있지 않다면 시험받지 않을 것이다. 기술자에게 고철은 시험할 대상이 아니다. 혹독한 조건을 맞닥뜨릴 자동차들이 시험 대상이다. *메시아 예수를 따르는 이들은 그저 살아남아 있기만 하는 존재가 아니다. 그들은 세상에 살면서 세상에 영향을 미치게 되어 있다. 신실하고 온유한 일상생활의 증거를 통해서든, 많은 사람들에게 *복음을 드러내는 말을 하고 행동을 하는 (몇몇 사람에게 주어지는) 기회를 통해서든. 이 모든 것을 위해 우리는 강해져야 하며 도전에 맞서야 한다.

그래서 야고보는 그 시험의 결과물인 인내에 주목한다. 우왕좌왕하지 말라. 과잉 반응 하지 말라. 문제를 위기로 만들지 말라. 인내하라. 이것이 이 서신의 중요한 주제 가운데 하나다(5:7을 보라). 야고보는 인내를 온전히 발휘해야 한다고 말한다. 자신 안에서 인내가 제대로 발휘되도록 하라(4절). 당신의 삶을 집이라고 생각해 보라. 믿음은 자신에게서 눈을 돌려 자신보다 훨씬 크신 하나님을 바라볼 때 생겨난다. 인내는 당신이 그렇게 할 때 집 안에서 생겨나는 것이다.

이 서신의 또 다른 중요한 주제 가운데 하나가 서두인 이 단락에 인내와 나란히 나온다. 바로 지혜! 고대 이스라엘 민족의 성경(구약)에는 '지혜 문학'으로 여겨지는 것들이 있는데, 신약 성경에서는 가장 대표적인 책이 야고보서다. 지혜 문학은, 어떤 일에서든 하나님을 신뢰하는 법을 배우고 그 신뢰가 일상생활의 모든 면에서 어떻게 드러나야 하는지 깨달은 이들의 지혜를 거르고 검증하여 모은 것이다. 이런 상황, 저런 까다로운 순간에 어떻게 대처해야 하는가? 지혜가 필요하다. 그러므로 지혜를 구해야 한다.

그러나 하나님이 내게 지혜를 주실지 어떻게 아는가? 여기에 야고보가 말하려는 핵심이 있는데, 곧 인내와 지혜가 결합된 믿음의 핵심이다. 하나님은 흔쾌히 모든 사람에게 넉넉하게 주신다(5절). 하나님을 인색하고 쩨쩨하다고 생각하기가 얼마나 쉬운가. 우리는 현실에서 자주 만나는, 때로는 거울을 들여다볼 때 만나기도 하는 무섭거나 옹졸하거나 심지어 악의가 있는 인물을 만물의 창조주에게 투사한다. 하나님이 실제로 누구시고 진정 어떤 분이신지를 배우는 일, 또 그것을 자주 기억하는 일이 이 모든 것의 열쇠다. 그렇게 하지 않으면, 두 마음을 품고 잠시 동안은 이쪽으로 그 다음에는 다른 쪽으로 휩쓸릴 것이다. 당신은 그저 파도일 뿐이다. 그러나 그렇게 한다면, 당신은 안정된 성품을 지니게 될 것이다. 지혜와 인내와 믿음을.

야고보서 1:9-18

세상의 덫과 하나님의 선물

⁹자신이 가난한 줄 아는 형제자매들은 자신이 이만큼 높아지게 된 것을 기뻐해야 합니다. ¹⁰또 부유한 이들은 자신이 낮아진 것을 기뻐해야 합니다. 부자는 들꽃처럼 사라질 것이기 때문입니다. ¹¹알다시피, 부자는 풀과 같이 될 것입니다. 해가 떠올라 열기를 내뿜으면, 풀이 시들어 꽃은 떨어지고 아름다운 겉모양은 사라질 것입니다. 부자가 분주한 삶에 묻혀 시들어 버릴 때도 그러할 것입니다.

¹²시험을 견디는 사람에게 하나님의 복이 있습니다! 시험을 통과할 때, 그는 하나님께서 그분을 사랑하는 이들에게 약속하신 생명의 면류관을 받을 것입니다. ¹³시험을 받고 있는 사람은 아무도 "하나님께서 나를 시험하신다"라고 말해서는 안 됩니다. 하나님께서 악에게 시험받으실 수도 없고, 또 친히 아무도 시험하시지도 않기 때문입니다. ¹⁴도리어 각 사람이 자기 욕망에 이끌려 꾐에 빠질 때 시험을 받습니다. ¹⁵그러므로 욕망이 잉태하여 죄를 낳고, 죄가 장성하여 죽음을 낳습니다.

¹⁶내 사랑하는 가족이여, 속지 마십시오. ¹⁷모든 좋은 선물, 모든 완전한 선물은 위에서 곧 빛들의 아버지로부터 내려옵니다. 그분의 한결같은 빛은 달라지지 않습니다. 그 빛은 변하지 않고 그림자를 만들지 않습니다. ¹⁸그분은 진리의 말씀으로 우리 아버지가 되셨습니다. 그것은 그분의 확고한 결정이었고, 그 결과 우리는 그분의 피조물 가운데 첫 열매가 되었습니다.

"소리의 울림을 잘 들어봐." 친구가 말했다. 우리는 대성당 뒤편에 서 있었고, 성가대는 힘차고 아름다운 성가를 막 부를 참이었다. 당연히 지휘자는 자신이 해야 할 일을 알고 있었다. 성가의 각 부분이 전개되자, 그 건물은 그 부분을 포착하여 고이 간직했다가 갖고 놀더니 다음 부분의 배경으로 활용하는 것 같았다. 그 다음 연주에 귀 기울이는 동안, 잠시 어떤 것이 실제 울림이고 어떤 것이 우리 마음속 기억인지 구별하기가 어려웠다. 마침내 성가대가 조용해졌을 때, 우리는 10초 동안 내내 마지막 화음을 즐길 수 있었다. 사람들로 이루어진 성가대와 더불어 더 오래된 목소리들, 수백 년 동안의 예배가 함께 어우러지고 있다는 인상을 주기 위해, 건물 전체가 그렇게 설계되어 있었다. 천군 천사들은 말할 것도 없다.

울림을 잘 들어보라! 초기 그리스도인들은 어떤 대성당보다 광대하고 엄청나게 울림이 큰 방 안에서 살며 일했다. 물론 그것은 구약 성경, 곧 옛 이스라엘의 성경이다. 예수님을 따랐던 이들은, 그들의 주님이자 선생님의 삶과 죽음과 *부활 안에서 구약의 모든 내용이 새로운 의미를 향해 나아간다고 믿었다. 초기 그리스도인들의 글에 자주 나오듯, 우리는 여기서 한 유명한 구절이 분명하게 울리는 것을 알 수 있다. 예언자는 "풀은 마르고 꽃은 시드나 우리 하나님의 **말씀**은 영원히 서있다"(새번역)라고 썼다. 이 말씀은 이사야 40:7-8에서 볼 수 있다. 이사야의 이 부분은 지금껏 가장 위대한 장 중 하나이므로, 단락 전체를 살펴볼 만하다. 야고보는 이런 훨씬 더 울림이 큰 방 안에서 자신이 주는 특별한 가르침을 들으라고 권한다. 또 그가 하는 말을 숙고할 때, 이 고대로부터 울려오는 말씀으로 채색을 하라고 권한다.

그는 세상의 덫이 아닌 하나님과 그분의 말씀을 신뢰하는 법을 배워야 한다고 말한다. 그는 부의 덫과 현실적인 유혹의 덫이라는 두 가지를 염두에 두고 있다. (부자가 되려고 하면 속이거나 훔치려는 유혹을 받는 것처럼, 이 두 덫은 흔히 함께 나타난다.) 또 이 강력한 충동들은 아주 기만적이라고 경고한다. 그것은 마치 탁 트인 땅에 갑자기 피어나는 아주 아름다운 들꽃들 같다. 오늘은 여기 있지만 내일, 아니 햇볕이 뜨거우면 내일이 되기도 전에 지고 마는 꽃들 말이다. 질문은 이것이다. 지속될 것은 무엇인가? 영원한 것은 무엇인가? 그의 대답은 명백하다. 하나님과 하나님의 말씀이다. 그 '말씀'은 단지 참된 정보를 전달하는 것 정도가 아니다. 하나님이 말씀하실 때 무슨 일이 일어난다. 우리에게 무슨 일이 일어난다. 우리 **안에** 무슨 일이 일어난다. 하나님의 말씀은 마음 깊은 곳까지 다가와 우리 내면의 상처를 치유하고 우리 내면의 동기를 바꾸는 약과 같다. 그리하여 우리는 다른 사람이 된다(18절).

하나님의 말씀이 긴급히 필요하다. 말씀이 없으면 우리는 (비유로 말해서) 눈부시게 아름다운 들꽃들을 보고 그것들 자체가 중요하다고 생각할 것이기 때문이다. 우리는 사람들이 부자가 되고 유명해져 멋진 집, 큰 차, 호화 휴가를 즐기는 모습을 볼 것이다. 그러나 오늘날 유명 인사들의 모습을 보면 모든 것이 자명해진다. 어느 날은 유명한 축구 선수였는데 다음 날은 거리로 내몰린다. 어느 날은 호화 결혼식을 했지만 다음 날은 엉망인 이혼이 이어진다. 우리는 이런 이야기들을 알지만, 그 모든 것의 눈부신 모습에 미혹된다.

야고보는 날카롭고 풍자적이기까지 한 어휘들로 그런 모습에 대해 말한다. 가난하다고 느낀다면 기뻐해야 한다. 실제로는 당신이 염원하는 대로 높아진 것이기 때문이다! 부자라고 느낀다면 겸손해지고 있다는 사실을 기뻐하라. 그것이 다 사라질 것이기 때문이다! (다시 말하면) 예수님이 계속해서 가르치셨듯이 세상을 뒤집어 거꾸로 보는 법을 배우라. 자신의 생각이 덫에 휘말리도록 내버려두지 말라. 하나님이 보시는 것처럼 보라.

특히 유혹을 받을 때 어떤 일이 일어나는지 인지하라. 야고보는 2절에서 "시험과 시련"에 대해 한 말을 발전시키면서, 유혹이 올 때 하나님 탓이라 생각하지 말라고 경고한다. 시험은 안에서 생긴다(예수님도 이를 분명히 하셨다). 충동과 희망과 두려움의 내부 '구조'가 완전히 순결한 상태로 인생을 시작하는 사람은 우리 가운데 없다. '자아'를 충실하게 잘 따르면, 결국 완전히 엉망진창인 상황에 이를 것이다. 우리에게 주어진 과제는 내면의 '자아'를 받아들이고, 따라야 할 충동과 욕망, 그리고 저항해야 할 충동과 욕망을 지혜롭게 택하는 일이다.

어떤 욕망은 나름의 가계도를 형성한다고 야고보는 말한다(15절). 욕망은 아이를 잉태한 여인과 같은데, 그 아이는 죄다. 죄란 자아의 한 부분, 즉 하나님이 우리를 위해 마련하신 진정한 *생명에서 우리를 떼어 놓는 '자아'의 그 한 부분에서 직접 나오는 행동이다. 그 아이인 죄가 자라 자라면 역시 아이를 낳는다. 그 아이는 죽음이다. 죽음은 진정한 인간 **생명**을 약화시키는 욕망을 따를 때 나타나는 최종 결과다. 더 이상 예리할 수 없는 대조다. 즉 하나님은 "생명의 면류관"을 약속하시지만(12절), 그러한 욕망은 정반대 방향으로 나아간다. 성경에서 자주 그렇듯이 여기서 '지혜'가 가르치는 바는, 옛 이스라엘 백성이 하나님의 *'언약' 약속이라 보았던 것과 서로 잘 어울린다. 생명과 죽음 사이에서 선택을 요구한 그 언약 말이다.

그래서 야고보는 다시 한 번, 넉넉하게 주시는 하나님, "빛들의 아버지"이신 하나님에 대한 참 지식에 가르침의 기초를 둔다. 진실로 세상을 밝히는 모든 것은 그분에게서 오는 선물이다. 그러나 해와 달과 별들은 다 그 빛이 비추다가 사라지는 반면, 하나님의 빛은 한결같다. 다시 이사야 40장을 메아리처럼 울리는 구절이 나온다. "그분은 진리의 말씀으로 우리 아버지가 되셨습니다." 하나님은 새로운 가계를 형성하셨다. 예수님의 *복음이라는 강력한 말씀을 통해, 새 생명을 낳는 새로운 출산을 시작하셨다.

그것은 우리에게서 멈추지 않는다. 누군가의 삶 속에서 말씀이 말씀 자신의 일을 하는 것은 시작일 뿐이다. 야고보는 우리가 "그분의 피조물 가운데 첫 열매"라고 말한다. 또다시 떠오르는 장면이 있다. 이번에는 *성전에서의 맥추절이다. 사람들은 수확이 시작될 때 '첫 열매'를 하나님께 바칠 제물로 가져온다. 그것은 앞으로 더 많은 수확이 나오리라는 표지이기도 하다. 언젠가 하나님의 말씀이 *하늘과 땅을 그분의 풍성하고 멋진 빛과 생명으로 채우며, 창조 세계 전체를 변화시킬 것이다. 복음으로 변화되어 세상을 다르게 보는 법을 배우고 유혹에 맞서 꿋꿋이 서 있는 우리의 삶은, 바로 그 더 큰 계획의 첫 실현이다.

야고보서 1:19-27

말씀을 듣고 실행함

¹⁹그러므로 내 사랑하는 형제자매들이여, 이것을 바로 알아 두십시오. 누구든 듣기는 빨리하되 말하기는 더디 하고, 화내는 것도 더디 해야 합니다. ²⁰알다시피, 사람의 분노는 하나님의 정의를 낳지 못합니다! ²¹그러므로 추악한 모든 것, 넘쳐나는 온갖 악을 버리고, 여러분 안에 심겨져 여러분의 생명을 구출할 능력이 있는 말씀을 겸손하게 받아들이십시오.

²²그러나 그저 말씀을 듣기만 하여 자신을 속이는 사람이 아니라 말씀을 실행하는 사람이 되십시오. ²³알다시피, 말씀을 듣지만 실행하지 않는 사람은, 자신의 민낯을 거울에 비추어 보는 사람과 같습니다. ²⁴그는 자신을 살펴보지만, 물러가서 금세 자기 모습이 어땠는지 잊어버립니다. ²⁵그러나 완전한 자유의 율법을 들여다보고 간직하는 사람, 듣고 잊어버리는 것이 아니라 그 일을 행하는 사람, 그런 사람은 그들이 한 일에 복을 받습니다.

²⁶누구든지 자신이 경건하다고 생각하고 혀를 다스리지 않으며 도리어 제 마음을 속인다면, 그런 사람의 경건은 헛것입니다. ²⁷아버지 하나님 편에서는, 순수하고 더럽혀지지 않은 경건이 하는 일은 이와 같습니다. 여러분은 슬픔에 빠진 고아와 과부를 찾아가고, 세상이 여러분에게 더러운 얼룩을 묻히지 않도록 막아야 합니다.

인간의 지혜에서 나온 격언들이 있다. "제때 바느질 한 땀이면 아홉 바느질을 던다" "구르는 돌에는 이끼가 끼지 않는다" 등이다. 내가 아주 어린 시절에 알게 된 격언 중 하나가 있다. "막대기와 돌로는 내 뼈를 부러뜨릴 수 있지만, 말로는 결코 나를 해치지 못한다." 학창 시절 우리 사내 녀석들은 운동장에서 주고받는 유치한 욕설에 맞서 서로에게 이 격언을 되풀이했던 것 같다.

물론 이 격언에는 어폐가 있다. 다리나 팔이 부러지면 회복할 수 있다. 그러나 누가 명성에 먹칠을 하면, 이를테면 누가 당신에 대해 거짓말을 하는데 다른 사람들이 그것을 믿는다면, 매우 심각한 타격을 입을 수 있다. 원하는 직장에 못 들어갈 수도 있다. 사람들이 당신을 전적으로 신뢰하지 않을 수도 있다. 친구들이나 가족들마저 외면할 수도 있다. 말은 끔찍한 결과를 낳을 수 있다. 지워지지 않는 상처를 남길 수 있다.

여기서 야고보는 핵심 주제들 가운데 또 하나를 소개한다. 그것은 혀의 위험스런 위력이다. 이는 조금 전에 하나님 *말씀에 대해 했던 그의 말과 일맥상통한다. 말은 단지 정보를 전달하는 데서 그치지 않는다. 실제로 뭔가를 하며, 무엇을 변화시키며, 새롭고 지속적인 상황을 초래한다. 따라서 우리는 이 단락에서 하나님 말씀이 무엇을 이루어 내는 것을 보는 동시에, 우리 인간의 말은 무엇을 그와 다른 방향으로 이루어 낸다는 경고를 듣는다. 야고보서에서는 자주 다른 개념들이 나란히, 한 단락에서 다음 단락으로 이어져 나오는 듯 보이는데, 그럴 때 훨씬 더 큰 그림이 나타난다.

따라서 우리는 초기의 많은 그리스도인 저자들이 강조했던 주제로 시작하려 한다. 그것은 인간의 분노가 지닌 위험성이다. 야고보는 앞에서부터 인내의 중요성을 강조하고 있다. 물론 분노는 인내가 한계에 다다를 때 나타나는 현상 가운데 하나다. 19-21절에서 그는 인내에 관한 가르침을 특정한 상황에 적용한다. 늘 세상이 뭔가 어긋날 때 우리는 우리의 작은 분노로 상황을 바로잡을 수 있으리라 상상한다. 바울은 에베소서 4:26에서 적절한 분노가 있을 수 있다고 인정하지만, 수위를 철저하게 지켜야 한다고 주장한다. 야고보 역시 우리가 말하기를 더디게 해야 하듯이 "화내는 것도 더디게 해야" 한다고 말할 때, 바울처럼 분노를 인정한다는 암시를 준다. 그러나 요점은 이렇다. 우리가 원하는 바가 문제를 해결하는 하나님의 정의라면, 우리가 분노를 터뜨리는 것(이는 자존심 상함, 악감정, 시기 같은 온갖 추잡한 감정들을 낳을 가능성이 매우 크다)이 하나님이 하셔야 할 일을 하시는 데 도움이 되리라 여기는 것보다는 하나님이 그분의 일을 하시도록 비켜서는 편이 낫다는 것이다.

하나님이 우리 안에서, 우리를 통하여 일하시는 방식은, 끔찍하거나 추악한 분노를 일으켜서라도 상황을 바로잡는 것이 아니다. 하나님은 역시 그분의 **말씀**을 통해서 일하신다. 앞 단락에서 야고보는, 우리를 새로운 창조 세계의 시초로, 새로운 피조물로 나게 하시는 그 말씀의 역할을 언급했다. 여기서는 이사야에 나오는 또 다른 구절(55:10-11)을 배경으로 하나님의 말씀을 뿌려지거나 심기는 무엇으로 본다. 그것은 그렇게 심겨서 멋진 나무가 되거나 풍성한 수확을 낸다.

그런데 어떻게 그런 일이 일어나는가? 어느 시대의 교회든, 교회에서 말씀 듣는 것을 즐기는 듯 보이지만 실제로 삶의 변화는 없이 그저 왔다 갔다 하는 사람들이 걱정을 끼친다. 이른바 '명목상의 그리스도인들' 말이다. 첫 세대 안에서도 야고보가 정확히 같은 문제에 맞닥뜨린 것을 보면, 조금은 위로가 된다. 사람들은 말씀(이는 구약의 가르침과 예수님에 대한 *메시지 둘 다를 의미할 것이다) 듣는 일은 아주 좋아했지만, 그 말씀에 별 영향을 받지 않고 지나쳤다.

여기서 그는 흥미로운 예화를 든다. 당시에는 당연히 사진이 없었다. 초상화를 그리게 하는 경우도 거의 없었다. 거울을 지닌 사람 역시 많지 않았다. 그러므로 우연히 자기 모습을 언뜻 보았다면 그 모습이 어땠는지 금세 잊어버렸을 것이다. 야고보는 하나님의 말씀을 듣는 일부 사람들의 모습이 그와 같다고 말한다. 잠시 흘끗 보고는, '응, 맞아. 재미있네'라고 생각한다. 그러고는 곧바로 잊어버리고 이전처럼 살아간다.

야고보는 이에 대한 해결책으로, 성경의 말씀과 예수님에 대한 메시지가 실제 어떤 것인지를 상기시킨다. 그것은 "완전한 자유의 *율법"이다. 우리에게 이 용어는 모순처럼 들린다. 어떻게 '율법'이 '자유'로울 수 있을까? 율법은 자유를 제한하고, 하고 싶은 것을 못하게 하는 것 아닌가?

그렇기도 하고 아니기도 하다. 도로에서 어느 쪽으로 운전해야 하는지 정한 법이 없다고 가정해 보라. 모든 사람이 자기 마음대로 다닐 것이다. 그것은 혼돈이다. 사고와 일촉즉발의 상황이 이어지고, 참사가 두려워 아무도 속도를 낼 수 없다. 좌측 도로로 운전하라는 법(영국과 다른 여러 곳) 혹은 우측 도로로 운전하라는 법(미국과 다른 여러 곳)이 운전자를 자유롭게 해준다. 하나님의 율법이 바로 그와 같다. 그 율법은 어떤 면에서는 당신의 '자유'를 제한함으로써 다른 모든 면에서 훨씬 큰 진정한 자유를 열어 준다. 요점은 이렇다. 이 '율법', 즉 하나님의 말씀을 들여다보면, 그것이 우리를 변화시키게 되어 있다는 것이다. 말씀은 반드시 뭔가를 이루어 낸다. 그런 일이 일어날 때 하나님의 복, 즉 하나님이 온갖 새로운 방식으로 우리 *삶을 풍요롭게 하시는 일이 반드시 뒤따를 것이다.

야고보서는 매우 실제적이다. 그는 이러한 빛나는 신학 이론을 잠깐 비친 후에 현실로 되돌아온다. 말버릇이 나쁜 경건한 사람이라는 말은 모순이다(26절). 그런 사람은 다른 누구도 아닌 자신을 속이고 있다. 야고보는 해결책이 무엇인지 바로 말하지는 않지만, 사실상 이렇게 말하고 있다. "하나님의 길을 따르고 싶죠? 여기 방법이 있습니다! 저기 여러분의 도움이 필요한 사람들이 있어요. 저기 여러분의 삶마저 엉망진창으로 만들려 하는 엉망진창인 세상이 있어요. 여러분은 도움이 필요한 사람들에게 초점을 확고하게 맞추고, 엉망진창인 세상은 피해야 합니다." 훌륭하고 예리한 가르침이다. 한 편의 잠언 같다.

야고보서 2:1-13
차별 금지!

> ¹내 형제자매들이여, 기름 부음 받은 영광의 왕이신 우리 주 예수의 믿음을 실천할 때, 여러분은 차별하지 않아야 합니다. ²이 말은 이런 뜻입니다. 여러분의 공동체에 금반지를 낀 사람이 근사하게 차려입고 들어오고, 또 가난한 사람이 남루한 옷을 입고 들어온다면, ³여러분은 화려한 옷을 입은 사람에게 시선을 돌리며, "자! 여기 앉으세요!"라고 말하고 나서는, 가난한 사람을 향해서는 "그쪽

에 서 있어요!"라거나 "거기 내 발치에 앉아요!"라고 말합니다. [4]여러분이 이렇게 하는 것은 여러분끼리 차별하는 것 아닙니까? 악한 생각을 품은 재판관으로 돌변하는 것 아닙니까? [5]내 사랑하는 형제자매들이여, 잘 들어보십시오. 하나님께서 (세상이 보기에) 가난한 사람을 택하셔서 믿음에 부자가 되게 하시고, 그분을 사랑하는 이들에게 약속하신 나라를 상속으로 주시지 않았습니까? [6]그런데 여러분은 가난한 사람에게 망신을 주었습니다. 결국 부자는 어떤 사람들입니까? 부자는 여러분 위에 군림하여 여러분을 법정으로 끌고 가는 자들 아닙니까? [7]부자는 여러분에게 전해진 놀라운 이름을 모독하는 자들 아닙니까?

[8]하지만 여러분이 성경에 기록된 대로 "네 이웃을 너 자신처럼 사랑해야 한다"는 왕의 법을 지킨다고 해 봅시다. 여러분이 이렇게 한다면 잘하는 일입니다. [9]그러나 여러분이 차별한다면 죄를 짓는 것이고, 율법에 의해 범법자로 선고받을 것입니다. [10]알다시피, 누구든 율법 전체를 지키다가 한 가지 조항을 어기면 그 전체를 어긴 사람이 됩니다. [11]"간음하지 말라"고 말씀하신 분이 "살인하지 말라"고도 말씀하셨기 때문입니다. 그러므로 여러분이 간음하지 않더라도 살인을 한다면, 여러분은 범법자가 됩니다. [12]자유의 율법에 따라 심판받을 사람으로서 그에 맞게 말하고 행동하십시오. [13]알다시피, 자비를 보이지 않은 사람들에게는 자비 없는 심판이 임합니다. 그러나 자비는 심판을 이깁니다.

교회에서 당혹스러웠던 적이 자주 있었지만, 오래전 어느 부활절 아침은 최악이었다. 적당한 시간이라 생각하고 예배에 갔는데, 이미 밖에는 엄청난 행렬이 늘어서서 움직이지도 않았다. 교회 안은 이미 사람들로 꽉 들어찼음이 분명했다. 낯익은 목소리로 누가 내게 인사를 건넸을 때 나는 어찌할 바를 몰랐다. 고개를 돌려 안면이 있는 그 남자를 보았다. 그 도시에서 유명한 고위급 인사였다. 나는 그가 나를 알아보고 지목해 주어 어깨가 으쓱했다. 그런데 그 순간이 왔다. 그 사람은 "저와 함께 가시죠" 하고 무슨 음모라도 있는 듯 말했다. 그는 나를 이끌고 대기 행렬을 지나 한 좌석 안내자에게로 데려갔다.

"나는 스미스 경이오." 그가 그 남자에게 말했다(물론 '스미스'는 익명이다). "내 친구와 내가 앉을 만한 자리를 찾아주시면 감사하겠습니다."

생각할 겨를도 없이, 우리 둘은 교회의 맨 앞자리로 안내받아 갔다. 우리는 예배의 전경을 볼 수 있는 아주 좋은 자리를 얻었다.

그러나 나는 그것을 즐기지 못했다. 야고보서 2장을 생각하며, 나를 아는 사람이나 그 안내자가 최근에 그 부분을 읽었으면 어쩌나 염려하고 있었다. 물론 야고보서 2장은 심판을 해서는 안 된다고 말한다(13절). 그러나 전체 단락이 교회에서 사회적 지위를 오용하는 것과 관련된 것임은 의문의 여지가 없다.

이 부분은 야고보가 앞 장 말미에서 세상의 더러운 얼룩이 묻지 않도록 경계하라고 말한 의미와 연결된다. 세상은 늘 사람들을 평가하고, 판단하고, 마음대로 추정하고, 서열을 매긴다. 그러나 모든 사람을 차별 없이 바라보시고 사랑하시는 하나님은 교회가 너그럽고 평등한 사랑의 행동을 보여 주기를 바라신다. 초기 교회의 일부 지역에서는, 교회에 속한 회중이 교회에 오면 안내자가 그들을 맞이하지만, 낯선 사람 특히 가난한 낯선 사람이 들어오면 주교가 일어나 문 앞으로 가서 새로 온 사람을 맞는 규율이 있었다. 내게도 그렇게 할 용기가 있었으면 좋겠다.

그러나 야고보는 그저 동등하게 대우하라고 주장하기보다 한걸음 더 나아간다. 그는 뒤에서 더 발전시킬 무엇을 암시한다. 부자는 교회의 압제자나 박해자까지 될 가능성이 있다는 것이다. 세심하게 주의를 기울이지 않으면, 어떤 사회에서든 부자들은 '정의' 체계를 자신들에게 유리하게 조작할 수 있다. 그들은 최고의 변호사를 고용할 수도 있고, 혹 판사들에게 뇌물도 줄 수도 있다. 부자들은 마음대로 할 수 있고, 가난한 이들은 그것을 참고 견뎌야 한다. 야고보 당시의 사회에서 '부자들'은 더 사악했을지도 모른다. 7절이 시사하듯, 1세기에는 '부자들'이 새로운 *메시아 운동의 위험성과, 처형당한 미치광이에 대해 크게 떠들어대며 하나님의 새로운 세상이 이미 시작되었다고 생각하는, 예수를 따르는 이 오합지졸들의 위험성을 염려했을 가능성이 높다. 그들은 이곳을 책임지고 있는 이가 누구인지 모른단 말인가?

야고보는 대답이 준비되어 있다. '예, 이곳을 책임지고 있는 분은 왕이신 예수입니다. 그분은 주님이시며, 기름 부음 받은 분이시며, 영광의 왕이십니다!'(1절) 인간의 모든 지위, 부와 좋은 차림에서 나오는 자부심은 모두 그분 앞에서 빛이 바랜다. 그 예수님은 이스라엘의 고대 *율법에서 가장 핵심적인 구절 가운데 하나를 다시 강조하셨다. "네 이웃을 너 자신처럼 사랑하라." 이는 예수님의 가르침에서 핵심이었고, 초기 기독교에서도 여전히 핵심이었다. 그러나 이곳에서처럼 이 구절은 어떤 한 상황에서 다른 상황에 맞게 설명되고 적용되어야 한다. 이는 "왕의 *법"(royal law)이다. 야고보는 아마 '왕이신 예수님이 직접 지지하고 강조하신 것'이라는 의미로 이 표현을 썼을 것이다. 말이 나온 김에 덧붙이자면, 이 구절은 초대교회가 실제로 예수님을 '왕'으로, *'메시아'로 보았다는 사실을 분명히 보여 주는 몇 구절 중 하나다. 그들은 하나님이 예수님 안에서, 예수님을 통하여 그분의 *'나라'를 세우셨다고 믿었고, 세상이 신경을 쓰든 말든, (예수께서 유대 백성들의 메시아로 오셨지만) 유대 백성들이 신경을 쓰든 말든 그 다스림 아래서 살기로 결단했다.

이것이 왕의 법, "자유의 율법"(12절은 1:25과 연관된다)이라면, 이 율법을 깨는 것은 실로 범법자가 되는 것이다. 오래전에 한 지혜로운 저자가 썼듯이, 법은 유리판 같다. 유리판이 깨지면 그것은 그냥 깨진 것이다. 아주 조금 깨졌다고 말하는 것은 아무 소용도 없다. 유리판이 일부만 깨졌다고 할 수 없는 것은, 자동차 타이어가 일부만 펑크 났다고 할 수 없는 것과 마찬가지다. 타이어에 펑크가 났으면 펑크가 난 것이다. 야고보는, 당시 기독교 운동의 초기에도 이미, 일부 사람들이 이웃을 자신처럼 사랑하는 온전한 타이어보다는 사회적 위신이라는 펑크 난 타이어로 운전하려 하고 있음을 알았다.

여기 역설이 있다. 야고보는 13절에서 역설로 돌아간다. 하나님의 자비는 최고의 권위가 있다. 하나님의 자비가 이길 것이다. 그러나 당신이 "할 수 없지, 괜찮아. 하나님이 용서하실 거야. 그러면 내가 한 일은 상관없어"라고 말하는 순간, 특히 '내가 한 일'에 가난한 이들을 차별한 것이 포함되어 있다면, 바로 하나님이 자비의 하나님이시기 때문에 그분은 반드시 심판하실 것이다. 하나님은 자비를 삶의 궁극적 원칙으로 여기지 않는 세상을 영원히 참지는 않으실 것이다. '자비'는,

'무슨 일이든 상관없다'는 태도나 어깨를 으쓱거리는 '아량' 같은 것이 아니다. '무슨 일이든 상관없지' 않다. '무슨 일'에는 온갖 오만, 부패, 모독, 편애, 범법이 포함되어 있기 때문이다. 하나님이 그 모든 것에 '자비로우셨다면', 가난한 이들, 무력한 이들, 무죄한 이들, 피해자들에게는 끔찍이 **무자비**하셨을 수밖에 없다. 온전한 *복음은 정확히 그런 경우에 그분의 자비가 아주 특별하게 빛난다고 주장한다. 우리의 자비도 그러해야 한다.

야고보서 2:14-26
믿음과 행동

¹⁴내 사랑하는 가족이여, 누가 믿음이 있다고 말하면서 행동이 없다면, 그게 무슨 소용이겠습니까? 믿음이 그런 사람을 구원할 수 있겠습니까? ¹⁵이를테면, 형제나 자매가 옷이 없고 하루치 양식마저 부족한데, ¹⁶여러분 가운데 누가 "평안히 가서 몸을 따뜻하게 하고 배불리 드세요"라고 말은 하면서 정작 몸에 필요한 것은 주지 않는다면, 그게 무슨 소용이겠습니까? ¹⁷마찬가지로 행동 없는 믿음은 그 자체로 죽은 것입니다.

¹⁸그런데 누가 "자, 그대에게는 믿음이 있고 내게는 행동이 있습니다"라고 말한다고 해 봅시다. 좋습니다, 행동 없는 그대의 믿음을 내게 보여 주십시오. 그러면 내가 행동으로 **내** 믿음을 그대에게 보여 줄 텐데, 나는 행동으로 믿음을 보여 주겠습니다! ¹⁹그대

> 는 '하나님은 한 분'이심을 믿습니까? 훌륭합니다! 귀신들도 그렇게 믿고 떱니다! [20]그대 어리석은 사람이여, 행동 없는 믿음에는 생명이 없음을 알고 싶습니까? [21]우리 아버지 아브라함이 아들 이삭을 제단에 바쳤을 때, 그가 행동으로 의롭다 함 받은 것이 아닙니까? [22]이로부터 그대는 믿음이 행동과 협력했으며, 믿음이 행동을 통해 성취를 이룬 것을 알 수 있습니다. [23]이런 식으로 '아브라함이 하나님을 믿었고, 그것이 그에게 의로 인정되었다'는 성경 말씀이 이루어졌고, 그는 '하나님의 친구'라 불렸습니다. [24]그러므로 여러분은 사람이 행동으로 의롭다 함을 받지 믿음만으로 그렇게 되지 않는 줄 압니다. [25]마찬가지로, 창녀 라합도 정탐꾼들에게 숨을 곳을 제공하고 그들을 다른 길로 보냈을 때 행동으로 의롭다 함을 받은 것이 아닙니까? [26]알다시피, 영 없는 몸이 죽은 것처럼, 행동 없는 믿음은 죽은 것입니다.

순서가 뒤바뀐 것 아닌가? 이 마지막 절을 읽을 때 우리는 이렇게 생각하곤 한다. 내가 만일 '몸과 *영혼'을 '*믿음과 행동'에 대한 이미지로 사용한다면, '믿음'을 '영혼'에, '행동'을 '몸'에 대응시킬 것이다. 결국 믿음은 영적 영역에서 일어나고, 행동은 육체적 영역에서 일어나는 것 아닌가?

어떤 의미에서는 그렇다. 그러나 성경이 말하는 바가 혼란스럽게 보일 때면 자주 그러하듯, 찾아내야 할 더 깊은 진리가 있다. 야고보는 초대교회에서 이미 생겨나고 있었고 오늘날까지도 우리에게 있는 문제를 염려하고 있다. 그는 이미 앞 장에서 '*말씀을 듣기만 하는 게 아니라 실행하는 사람'을 말할 때부터 이 문제를 다룬다. 그는 사람들이 '믿음'에 관해 말하는 것을 들었다. 그런데 그 믿음은 사랑이 크시고 살아 계신 하나님을 믿는 풍성하고 살아 있는 믿음이 아니라, 도리어 껍데기만 있고 속은 텅 빈 확언, 공허한 시인이었다. 즉, 영혼 없는 몸이었다.

이는 19절에서 분명히 알 수 있다. 야고보는 고대 유대교에서 가장 기본적으로 주장하는 내용 중 하나, 즉 '하나님은 한 분이시다'라는 고백으로 거슬러 올라간다. 예전에도, 또 지금도 유대교 매일 기도의 핵심 내용은 이것이다. "이스라엘아 들으라. 우리 하나님 야웨는 오직 한 분이신 야웨이시니, 너는 마음을 다하고 뜻을 다하고 힘을 다하여 네 하나님 야웨를 사랑하라." 예수님은 바로 여기에다, 야고보가 앞에서 '왕의 *율법'이라 칭한 것, 즉 "네 이웃을 너 자신처럼 사랑하라"를 덧붙이셨다.

그러나 그저 "하나님은 한 분"이라고 말만 하고 그것으로 삶이 변화되지 못한다면, 그런 사람에게는 아무런 발전도 없다. 야고보가 지적하듯, *귀신들도 이 모든 것을 알지만 그것이 그들에게 아무 쓸모도 없다. 그저 두려워서 꼼짝 못할 뿐이다. 그러므로 야고보가 이 단락에서 '믿음'이라는 단어로 의미하는 바는, 바울과 다른 이들이 발전시킨 의미, 즉 예수님이 보이셨던 의미의 온전한 믿음과는 다름이 분명해진다. 야고보가 말하는 믿음은, **고대 유대교에서의 기본적 의미**, 곧 하나님이 '한 분'이시라는 고백이다. 어떤 유의미한 변화를 이루려면 이 믿음이 행동으로, 곧 예수님이 보이셨던 행동으로 나타나야 한다고 그는 말한다. 이 지점에서 그는 실제로 바울과 동일 선상에 있다. 바울은 믿음과 행위를 다룬 가장 강렬한 편지에서 "중요한 것은 사랑을 통해 일하는 믿음"(갈 5:6)이라고 밝혔다.

15절과 16절에서 야고보가 든 실례에 동일한 요점이 나온다. 실제로 이것은 그저 한 '실례'가 아니다. (우리가 이 서신 전체에서 보듯) 야고보가 예수님을 따르는 이들에게 기대하는 가장 중요한 '행동' 가운데 하나가 가난한 이들을 보살피는 것이기 때문이다. 그러나 이는 실례의 측면에서도 제 역할을 한다. 입을 옷이나 먹을거리가 없는 사람에게 "몸을 따뜻하게 하고 배불리 드세요"라고 말해 봐야 아무 소용도 없다. 그런 말은 아무런 도움도 되지 않는다. 그 말을 행동으로 옮겨야 한다. 온전하지 않은 '믿음'은 틀에 박힌 말에 불과하다. 그저 "나는 한 분이신 하나님을 믿는다"는 말에 동의 표시를 하고 그것으로 충분하기를 바라는 것으로는 안 된다. 그것으로는 충분하지 않다. 급진적 삶의 변화가 없다면 그 '믿음'은 쓸모없고, 사람들을 죄와 죽음에서 구원하지 못할 것이다.

이 지점에서 야고보는 성경에서 유명한 두 인물을 언급한다. 바울처럼 야고보도 이스라엘 백성의 조상인 아브라함을 먼저 언급한다. 그는 중요한 단락 두 개를 연결한다. 창세기 15장과 22장이다. 창세기 15장에서는, 아브라함은 자녀가 없는데도 거대한 가족을 이루게 해 주시겠다는 하나님의 약속을 믿는다. 또 창세기 22장에서는, 여종 하갈에게서 아들을 얻고 그들을 내보내는 끔찍한 에피소드에 뒤이어, 아브라함은 가혹한 시험에 맞닥뜨린다. 그는 사라에게서 얻은 아들, 하나님의 놀라운 약속이 성취될 통로인 그 아들 이삭을 *희생 제물로 바치라는 명령을 받는다. 암울한 에피소드다. 그러나 아브라함은 그 시험을 이겨낸다. 그는 처음에 지녔던 믿음을 행동으로 옮겼다. 그는 하나님이 약속한 대로 행하시는 분임을 믿었고, 그 믿음대로 실행할 준비를 했다. 중요한 것은 그것이다.

그것은 살아 있는 믿음이었다. 그것은 하나님을 말로만 시인한 것이 아니라, 오히려 하나님과 친구가 된 것이었다(23절. 사 41:8 같은 구절에서 인용). 하나님이 창세기 15:7-20에서 세우시고 22:15-18에서 재차 확인해 주신 *'언약'에 포함되어 있는 그 우정은, 바울처럼 야고보가 *'칭의'라 부르는 것의 근거다. 그것은 어떤 한 사람이 언약의 구성원이며, '의로우며', 죄 용서받은 하나님 가족의 일원임을 하나님이 선언하시는 것이다.

야고보가 언급하는 두 번째 사람은 라합이다. 언뜻 보기에 라합은 믿음의 본일 것 같지 않다. 이방인 창녀였기 때문이다. 이스라엘 백성이 약속의 땅으로 향해 가는 길에 여리고를 첫 목표로 잡고 요단강을 건너려 할 무렵, 그녀는 여리고 성에 살고 있었다. 그 이야기에서 여호수아는 성을 공격하기에 앞서 성을 정탐하도록 두 사람을 보냈고, 그 두 사람이 라합의 집에서 하룻밤을 묵었다. 그때 라합은 이스라엘의 하나님을 *하늘과 땅의 유일하신 참 하나님으로 믿게 되었다고 설명하며(수 2:11), 그들을 찾아다니던 군대에 발각되지 않도록 그들을 보호해 주었다. 요점은, 위험에도 불구하고 **그는 믿음을 행동으로 옮겼다**는 것이다. 그 보답으로, 그 성에 들어갈 때 여호수아는 라합과 그 가족이 해를 입지 않게 해주었다. 라합은 이스라엘 사람과 결혼한 듯하며, 놀랍게도 다윗 왕의 고조할머니가 됨으로써 예수님의 족보에 포함되었다(마 1:5).

불가능해 보이거나 위험해 보일지라도 믿음을 행동으로 옮기는 것. 그것이 중요한 믿음이다. 그것이 의로 여겨지는 믿음이다(24절).

그것이 구원하는 믿음이다(14절). 그것이 야고보가 전하는 *메시지의 핵심에 가깝다. 야고보는 믿음이 진짜임을 확실히 하라고, 믿음은 설명서에 적힌 대로 하는 것이라고 도전한다.

야고보서 3:1-12
혀를 길들이십시오

¹내 형제자매들이여, 여러분 가운데 선생이 되려는 사람이 많지 않아야 합니다. 여러분은 우리가 훨씬 엄격하게 심판받을 것임을 압니다. ²사실 우리는 모두 실수를 많이 저지릅니다. 누구든 말할 때 실수하지 않는다면, 그런 사람은 온몸도 확실히 통제할 수 있는 더 없이 완전한 사람입니다. ³우리가 말의 입에 재갈을 물려 복종시키면, 그 뒤에는 말의 온몸을 부릴 수 있습니다. ⁴또한 큰 배를 생각해 보십시오. 강한 바람이 불어야 큰 배가 움직이지만, 키잡이는 작은 키 하나로 어느 쪽이든 바라고 정한 대로 배를 돌립니다.

⁵마찬가지로 혀는 작은 지체지만 커다란 일들을 자랑합니다. 아주 작은 불길이 거대한 숲을 불사르는 것을 보십시오! ⁶혀는 불입니다. 혀는 우리 지체들 사이에 자리 잡은 불의의 세계입니다. 혀가 온몸을 더럽힙니다. 혀가 자연의 수레바퀴를 불사르고, 그 자체는 지옥 불에 타 버립니다. ⁷알다시피, 온갖 짐승과 새, 파충류와 바다 생물은 사람이 길들일 수 있고 또 길들여 왔습니다. ⁸그러나 혀를 길들일 수 있는 사람은 한 명도 없습니다. 혀는 걷잡을 수 없

> 는 악이며 치명적 독으로 가득합니다. ⁹우리는 혀로 주님과 아버지를 찬양하고, 또 혀로 하나님의 형상으로 지어진 사람을 저주합니다! ¹⁰축복과 저주가 같은 입에서 나옵니다! 내 사랑하는 가족이여, 그렇게 하면 안 됩니다. ¹¹샘이 한 근원에서 단물과 쓴물을 한꺼번에 냅니까? ¹²사랑하는 친구들이여, 무화과나무에 올리브 열매가 맺히거나 포도나무에 무화과 열매가 맺힐 수 있습니까? 염수가 담수를 내지 못합니다.

얼마 전, 내 어린 시절과 내가 이 길로 들어선 이유에 대해 강연해 달라는 요청을 받았다. 강연을 준비하면서, 내가 열다섯 살이 될 때까지 중요했던 여러 순간이 내가 만난 선생님들과 관련된 것을 깨닫고 적잖이 놀랐다. 대개 그렇듯 내게도 좋은 선생님들과 나쁜 선생님들이 있었던 것 같다. 좋은 선생님들 가운데 두세 분은, 나를 알려고 애쓰셨고, 나를 움직이는 것을 찾아 친절하게 격려와 조언을 해주려고 애쓰셨다. 격려와 조언은 꼭 필요한 것이다. 자신이 신뢰하는 누군가가 건네는 한두 마디 말이 완전히 새로운 세상을 열어 주기도 한다.

그래서 야고보는 선생들이 더 엄격한 심판을 받을 거라고 분명히 말한다. 한 사람이 잘못된 방향을 가리키면, 다른 사람의 인생, 아마도 다양한 인생으로 가득한 교실 전체가 잘못된 길로 빠질 수 있다. 물론 잘못된 길도 그 양상이 다양하다. 많은 사람이 뭔가 잘못되었음을 깨닫고 되돌아올 것이다. 그러나 심한 손상을 입는 경우도 있다.

교회에서는 그런 일이 얼마나 더하겠는가! 어떤 설교 한 편이 어떤 입장을 밀어붙이거나, 소중하게 여겨지는 교리를 경멸하거나, 그다지 바르지 않은 것을 옹호하면, 교회 전체가 잘못된 방향으로 빠질 수 있다. 목회자와의 대화에서 나온 부적절한 한 마디에, 취약하고 민감한 시기에 처한 청자는 그릇된 행보를 취할 수 있다. 그래서 '선생들이여, 조심하라!'는 교훈이 있다. 많은 직업 상담가들이 목회자 후보생들에게 달리 할 일이 있다면 그 일을 하라고 말하는 것도 그 때문일 것이다.

야고보는 다소 칙칙하게 출발한 다음, 이제 자신의 주제를 전개한다. 선생으로서 표준에 이르는 일이 얼마나 어려운지 경고하며 시작한 그는 그 요점을 확대한다. 누구에게든 일반적으로 혀를 길들이는 일은 매우 어려워 거의 불가능하다는 것이다. 그 일을 제대로 하면 분명 자아 전체를 제어할 수 있을 것이다. 혀는, 아마도 인간의 몸에서 가장 교훈을 배우려 하지 않는 부분인 듯하다.

그러나 그것은 얼마나 중요한가! 혀는 작을지 모르지만 말의 재갈이나 배의 키처럼 인격 전체가 가는 방향을 결정할 수 있다. 잘못된 순간에 잘못된 말을 발설하면 귀중한 관계를 영원히 망칠 수 있다. 약속이 깨질 수 있다. 결코 바로잡을 수 없는 나쁜 인상을 줄 수 있다. 시편 기자가 자기 입에 파수꾼을 세워 나오는 모든 말을 점검케 해 달라고 기도한 것은 놀랄 일이 아니다(시 141:3). 야고보가 앞에서 말했듯, 언어 습관을 진지하게 다루지 않은 채 경건한 척 하는 것은 가짜다. 이는 진정한 인간됨의 중요하고 핵심적인 부분이다.

하지만 그보다 훨씬 더 심각한 면이 있다. 혀는 뭔가를 태울 수 있는 불이라고 야고보는 선언한다. 우리는 미디어가 정치인들과 다른 유명 인사들을 걸어 넘어뜨리려 애쓰는 것을 보기에, 적절하지 않은 한마디가 경력을 엉망으로 만들 수도 있고 한 정권을 파멸에 이르게 할 수도 있음을 아주 잘 안다. 인터넷에 보도되고 회자되는 어떤 현명하지 못한 발언 때문에 세상의 반대쪽에서 폭동이 일어날 수도 있다. 그래서 야고보는, 혀를 작은 세계, 한 나라 안에 있는 나라 같다고 말한다. 더 큰 나라, 즉 인격 전체는 잘 다스릴 수 있을지라도 이 작은 지방의 부패와 부정은 점검하지 못할 수 있다.

여기서 진짜 근본 논지를 깨달을 수 있다. 혀가 그러한 이유가 무엇인가? 예수님은 입에서 나오는 것은 사실 마음 깊은 곳에 있는 것의 표지라고 지적하셨다(마 12:34; 눅 6:43). 야고보는 무화과나무에 올리브 열매가 맺히는 것이나 포도나무에 무화과 열매가 맺히는 것을 말할 때 이 구절을 상기시킨다. 결코 그렇게 되지 않는다! 누군가가 저주를 퍼붓는 모습을 드러냈다면, 하나님의 형상으로 지어진 다른 사람을 저주했다면, 적어도 그들의 마음이 하나님의 강력한 *영에 의해 깨끗하게 씻겼는지 질문해 봐야 한다. 그러지 않았다면, 혀는 단순히 사적 불의의 세계만이 아니라는 사실이 밝혀진다. 그것은 실제로 *지옥으로부터 영감을 얻는다(6절).

그렇다면 야고보가 말하려는 것은 일관성이다. 그는 사람들이 철두철미하게 예수님을 따르기를 바란다. 축복도 하고 저주도 하는 사람이 아니라 축복만 하는 사람이 되기를 바란다. 이는 높은 기준이지만, *복음이 진실로 *구원의 *메시지라면, 우리는 그만큼을 기대해야 한다. 위험한 것은, 늘 그렇듯, 사람들이 자신이 원하는 일부 메시지만 받아들이고 진짜 도전은 슬그머니 한쪽 구석에 버려두는 것이다. 그래서는 안 된다. 샘이 깨끗해져야 신선한 단물이 솟아날 수 있다. 그러려면 우리는 도움이 필요하다. 다행히도 복음이 우리를 도와준다.

야고보서 3:13-18

참 지혜와 거짓 지혜

> ¹³여러분 가운데 지혜롭고 분별 있는 사람이 누구입니까? 그런 사람은 올바르게 처신함으로써, 지혜에서 우러난 겸손으로 자신의 행동을 드러내야 합니다. ¹⁴그러나 여러분의 마음에 지독한 시기심과 경쟁심이 있다면, 자랑하지 말고, 진리를 거슬러 거짓말하지 마십시오. ¹⁵그것은 위에서 오는 지혜가 아닙니다. 그것은 땅의 것이고, 한낱 인간적인 것이며, 귀신의 세계에서 오는 것입니다. ¹⁶시기심과 경쟁심이 있는 곳에서, 여러분은 방종한 행위와 온갖 악한 행실을 거둘 것이기 때문입니다. ¹⁷그러나 위에서 오는 지혜는 먼저 거룩하고, 그 다음으로 평화롭고, 온유하고, 양순하고, 자비와 좋은 열매로 가득하고, 편견 없고, 진실합니다. ¹⁸그리고 의의 열매는 평화를 일구는 사람들이 평화롭게 뿌린 것입니다.

모든 것이 오진에서 비롯되었다. 며칠 전 우연히 신문에서 한 유명 여배우의 사망 기사를 접했다. 그는 나이가 아주 많지는 않았다. 70대 초반이었으니 요즘에는 꽤 젊은 편이다. 그를 치료한 의사는 초기의 경고 징후를 보지 못했다. 그가 고통을 호소했을 때는 너무 늦어 버렸다. 병이 퍼져 있었고, 살 수 있는 날이 몇 달밖에 남지 않았다.

슬픈 이야기다. 의학의 dcv 진보를 이룬 요즘에도 무수히 반복되는 이야기다. 불쾌한 무엇이 속에서 자신을 조금씩 갉아먹으며 돌아다니는데도 자신은 더할 나위 없이 건강하다고 여길 수 있다.

여기서 야고보가 말하는 바가 그것이다. 물론 그는 여기서 육체의 질병을 언급한 것이 아니다. 문제의 병이 이따금 실제로 육체의 아픔을 수반하기도 하지만, 어느 쪽이 어느 쪽을 야기하는지 말하기 어려울 때도 있다. 여기서 그가 말하는 것은 "지독한 시기심과 경쟁심", 항상 트집을 잡고 비판하는 마음, 좋은 말을 할 때에도 (소위) 밥맛 떨어지게 하려고 못된 말을 꼭 덧붙이는 마음을 말한다. 이런 마음을 가진 사람이 자신은 건강하다고 주장할 때, 이를테면 실천하는 그리스도인이라고 주장할 때, 야고보는 날카롭게 반응한다. 그런 사람은 자랑하는 것이라고 그는 말한다. 그들은 진리를 거슬러 거짓말을 하고 있다(14절).

진단은 더 깊어진다. 그는 이미 혀를 *지옥에 의해 타오르는 불이라고 말했다. 지금은(15절) *귀신의 세계에서 오는 사고 체계라고 말한다. 그것은 지혜의 모양을 하고 있을 수 있다. 비꼬는 말이 종종 그렇다. 사실, 우리는 귀신 세계의 사고 체계가 그 정체를 명확히 밝히리라고는 생각하지 않는다. 그렇지 않은가?

그렇다면 우리는 두 종류의 지혜에 맞닥뜨린다. 이는 우리 시대를 향한 말일 것이다. 세계 전역의 수많은 사람들이 자국의 운영 방식이나, 경찰력의 작동 방식, 국제 경제가 기능하는 방식 등에 진저리를 칠 때 그렇다. 대개 이런 비판들은, 야고보 당시에 분명히 그러했듯이, 충분히 타당성이 있다. 그러나 하나님의 백성에게 주어지는 도전은, 세상의 방식과 사악한 사람들의 행동 방식에 대해 진실을 말하되, 끊임없이 투덜거리는 식이어서는 안 된다는 것, 특히 그 '지혜'의 외형이 어떤 사람이나 사물에 대해서든 가슴을 후비는 말을 찾는 식이어서는 안 된다는 것이다. 어쨌든 세상에는 여전히 지대한 아름다움, 사랑, 관대함, 순수한 선이 있다. 예수님을 따르는 이들은 그것을 기뻐해야 할 뿐 아니라 그것에 기여해야 한다. 속담에서도 말하듯이, 어둠을 탓하기보다는 촛불 하나를 밝히는 편이 낫다.

예수님은 "평화를 일구는 사람들"에게 특별한 축복을 하셨다. 야고보는 다음 장에 나올 다툼 그리고 욕망과 관련한 도전을 미리 암시하며, 그 개념을 여기로 끌어온다. 시기심이 흠 잡기와 험담으로 흘러가도록 내버려 두는 것은 단지 평화를 일구지 못하는 정도가 아니다. 그것은 다툼과 싸움이 너무 쉽게 일어날 수 있는, 두려움과 분노와 의심의 분위기를 만드는 일이다.

그렇다면 해결책은 무엇인가? 야고보는 이러한 경고를 하는 와중에, 17절에서 "위에서 오는 지혜"에 관한 압축적이지만 아주 멋진 묘사를 제시한다.

야고보는 서신 초두에서 이미, 하나님은 누구든 *믿음으로 구하는 사람에게 이 지혜를 주실 것이라고 말했다. 지금은 그런 일이 일어날 때 그 지혜가 어떤 양상일지 말해 준다. 분명 그 '지혜'는 어떤 사실들을 많이 아는 것이 아니다. 협상이나 경영이나 리더십이나 학문 분야에서의 특정한 기술도 아니다. 그 지혜는 이 모든 것보다 훨씬 깊이 있다. 그 지혜는 "거룩하고, 평화롭고, 온유하고, 양순하고, 자비와 좋은 열매로 가득하고, 편견 없고, 진실"하다. 야고보가 이미 묘사한 사람들, 시기심과 경쟁심으로 가득한 이들은 이런 특성들을 쉽게 멸시할 것 같다. 냉소적인 우리 시대에 사람들은 온유하고 양순한 사람들을, 세상이 얼마나 추잡한지 모르는 겁쟁이나 순진해 빠진 사람으로 보는 것 같다.

그러나 이런 특성들은 순진함과 전혀 관련 없다. 이런 특성들은 언기도 어렵고 유지하기도 어렵다. 개인적으로 엄청난 대가를 지불해야만 유지할 수 있다. 또한 꾸준한 기도와 절제의 습관이 있어야만 나타난다. 그런다 해도 이런 특성들이 드러나려면 시간이 필요할 것이다. 이 목록에 나오는 것들은 하나씩 실천할 시간을 가져 볼 만하다. 천천히 해 보라. 이런 특성들에 비추어 당신의 삶을 점검해 보라. 이렇게 살지 못하도록 하는 시간, 장소, 특히 사람들을 적어 봐도 좋다. 그런 다음, 힘을 주시기를, 또 위에서 오는 지혜를 주시기를 기도하고, 다시 한 번 도전이 올 때 굳게 견뎌 보라.

이렇게 생각해 보라. 당신이 어떤 마을에서 살고 있거나, 대학이나 공장 혹은 농장에서 일하고 있다고 가정해 보라. 당신이 매일 만나는 몇몇 사람은 16절에 나오는 사람들 같고, 또 다른 몇몇은 17절에 나오는 사람들 같다고 가정해 보라. 거리에서 어떤 사람이 당신에게 다가왔으면 좋겠는가? 어떤 사람이 이웃이었으면 좋겠는가? 질문 자체가 답이다. 당신 앞에 있는 도전은 이것이다. 어떻게 그런 이웃이 될 것인가? 다시 한 번 답은 이것이다. 지혜는 '위에서' 온다. 그것을 위해 기도하라. 꾸준히.

야고보서 4:1-10

겸손과 믿음

¹분쟁이 어디서 나옵니까? 여러분 가운데서 사람들이 싸우는 이유가 무엇입니까? 그 모든 것이 안에서 나오지 않습니까? 여러분의 지체들 안에서 분쟁을 일으키는, 쾌락을 추구하는 욕망에서 나오지 않습니까? ²여러분은 무엇을 원하는데 얻지 못해서 다른 사람을 살해합니다. 여러분이 무엇을 간절히 갖기 원하지만 얻지 못해서 싸우고 분쟁을 일으킵니다. 여러분이 그것을 갖지 못하는 것은 구하지 않기 때문입니다! ³또 여러분이 구하는데도 얻지 못하는 것은 자신의 쾌락에 쓰려는 속셈으로 그릇되게 구하기 때문입니다. ⁴간음하는 사람들이여! 여러분은 세상과 친구 되는 것이 하나님과 원수 되는 것임을 모릅니까? 그러므로 누구든 세상과 친구 되려는 사람은 스스로를 하나님의 원수로 삼는 것입니다. ⁵"하나님께서 우리 안에 머물게 하신 영을 질투하실 정도로 갈망하신다"라는 성경 말씀이 빈말이라고 생각합니까?

⁶그러나 하나님께서 더 큰 은혜를 주십니다. 그래서 성경은 "하나님께서 교만한 자를 적대하시지만, 겸손한 자에게는 은혜를 주신다"라고 말합니다. ⁷그러므로 하나님께 복종하십시오. 마귀에게 맞서십시오. 그러면 마귀가 여러분에게서 달아날 것입니다. ⁸하나님께 가까이 다가가십시오. 그러면 하나님께서 여러분에게 가까이 다가오실 것입니다. 죄인들이여, 손을 깨끗이 하십시오. 두 마음을 품은 이들이여, 마음을 순결하게 하십시오. ⁹스스로를 비참

> 히 여기십시오. 애통해하며 우십시오. 여러분의 웃음을 애통으로 바꾸고 기쁨을 슬픔으로 바꾸십시오. [10]주 앞에서 스스로를 낮추십시오. 그러면 그분이 여러분을 높여 주실 것입니다.

어떤 연령대의 학생들은 친구를 독차지하고 싶어 한다. 어느 날 당신의 딸이 울며 집에 돌아온다. 딸아이의 '가장 친한 친구'가 이제는 그 아이와 가장 친한 친구가 아니라고 선언하고 다른 아이와 어울렸기 때문이다. 그 순간 짧지만 엄청난 드라마가 상영된다. 잠시 동안은 세상이 끝난 것 같다. 그러나 그런 고비는 대개 오래가지 않는다. 무엇보다 아이가 그 단계를 지나 자라면서 더 폭넓고 다양하게 친구들을 사귀는 법을 배우기 때문이다.

그러나 다른 측면에서 배타성은 관계의 본질 그 자체다. 분명한 예는 결혼 관계다. 다양한 사회에서 일부다처제나 여러 연인을 두는 정도까지 실험해 보았지만, 인간의 심령 깊은 곳에 있는 뭔가는 많은 사람들 중 특별한 한 사람과의 유대를 추구한다. 물론 탈선의 유혹은 악명 높고 때로는 강력하기도 하지만, 탈선한다 해도 대개는 동시에 다수와 관계를 맺지는 못하고(혹 그런다 해도, 그 사람들은 내면이 찢어지는 것을 깨닫는다) 새로운 배타적 관계를 맺는다.

성경에서는 결혼의 배타적 동반자 관계가 인간의 *삶에 대해 하나님이 주장하시는 배타적 관계의 이미지로 자주 사용된다. 여기서도 그렇다. 야고보는 "간음하는 사람들"을 비난하는데(4절), 이는 독자들의 실제 간음을 비난하는 것이 아니라 "세상과 친구 되는 것이 하나님과 원수 되는 것"임을 경고하는 것이다. 이는 아주 중요한 원리이기에, 그는 그것을 거의 그대로 반복해서 언급한다.

그런데 그가 여기서 '세상'이라는 단어로 의미하는 바는 무엇일까? 또 그런 의미의 세상과 '친구 되는 것'은, 분쟁과 싸움에 관해 그가 한 말 그리고 잘못된 방식의 간구와 어떤 관련이 있을까? 성경에서 자주 그렇듯이, 그가 '세상'이라는 단어로 의미하는 것은, '세상의 행동 방식', 삶의 양식, 근원적으로 내재된 이야기, 사람들이 원하고 기대하고 갈망하고 꿈꾸고 있어서 그렇게 생각하고 행동하도록 몰고 가는 것들인 듯하다. 만일 이런 흐름을 따라간다면, 당신이 행하고 있는 것을 돌아보지 않고 그저 주변의 사고 습관과 몸의 습관을 취한다면, 당신은 아마 그런 의미의 '세상'과 '친구가 될' 것이다. '평범한 사람'이 될 것이다. 두드러지고 달라지는 데는 용기가 필요하다. 또 생각과 결정과 결단도 필요하다.

그렇다면 "세상과 친구 되는 것"이 분쟁과 싸움의 근원인 이유는 무엇인가? 그런 의미의 '세상'에서 최후의 논쟁 방식은 주먹이다. 혹은 발길질이나 총, 혹은 폭탄이다. 폭력, 힘, 권력이 중요하다. 사람들은 미소 짓고, 친절하고 교양 있어 보일지 모른다. 사회는 개방적이고 관대해 보일지 모른다. 그러나 거기에 저항한다면, 사람들이 소중히 여기는 전제에 도전한다면, 그들은 불쾌해한다. 오늘 한 친구가 들려준 이야기가 있다. 그가 강도짓을 목격하고 증언을 요청받은 후에, 누군가가 자기 집 창문에 벽돌을 던졌다는 것이다. 범죄가 일어난 작은 마을이든 거대한 독재 국가든, 세상이 궁극적으로 작동되는 방식은 폭행과 위협이다.

그렇다면 하나님의 친구가 된다는 것은 어떤 의미일까? 그것은 우선 욕망을 길들이는 것을 의미한다. 얻을 수 없는 것을 가지고 내면을 뒤흔드는 욕망, 당신을 싸움으로 밀어붙이고 심지어 살인이나 전쟁을 일으키도록 밀어붙이는 욕망을 길들이는 것이다. 또 뭔가를 구하기는 하지만(3절) 하나님의 영광보다는 당신의 쾌락을 만족시키기 위해 구하도록 이끄는 욕망도 있다. 그러면서도 당신은 하나님의 백성이라 주장한다고 야고보는 말한다! 이것이 영적 간음이다. 하나님과 결혼했지만 '세상'과 오랫동안 불륜 관계에 있는 것이다. 하나님은 자신의 형상으로 지어진 모든 사람과 배타적 친구가 되기를 간절히 원하신다.

특히 야고보는 당시 세계에서 심각하게 부족했던 것을 강조한다. 바로 겸손이다. 겸손의 반대는 오만이다. 내 욕망이 최우선이어야 한다고, 내 명분이 가장 중요하기에 싸우고 죽일 만하다고 말하는 오만이다. 물론 해결책은 하나님께 복종하고 마귀에게 맞서는 것이다(7절). 그 반대로 할 것이 아니라!

이는 당연히 진지한 자기 성찰의 시간을 의미할 것이다. 이 모든 충동들, 진정으로 나와 친구가 되기를 간절히 바라시는 하나님에게서 나를 떼어 놓는 이런 욕망들은 어디에서 오는가? 8-10절(하나님께 다가가기, 손을 깨끗이 하고 마음을 순결하게 하기, 애통과 겸손)은 내게 최소 6개월의 영적 지도 혹은 긴 침묵 피정의 주제로 들린다. '세상'은 이런 것들을 재미 삼아 하라고 부추기는 데 온 힘을 다할 것이다. 5분 동안 하나님께 다가간 다음 재빨리 돌아와 두 시간 텔레비전 시청. 잠시 손을 깨끗이 한 다음 진흙탕으로 되돌아가기. 우리는 마음 깊은 곳을 들여다보는 것이 내키지 않아 잠깐 슬쩍 본 다음, 다음 기회를 기다리는 편이 낫다고 결정한다. 결국 우리는 우울해지고 싶지 않은 것 아닌가? 하나님은 우리가 기뻐하기를 원하시지 않는가?

물론 그분은 그러신다. 그러나 기쁨으로 가는 길은 자기 만족의 '행복'으로 가는 길이 아니다. 두 마음을 품는 것, 그분을 기쁘시게 하기 위해 재빨리 고개를 끄덕인 다음 또다시 '세상'과 팔짱을 끼는 것으로는 되지 않을 것이다. 하나님을 바라보고 우리가 잘못된 길로 얼마나 멀리 가고 있는지 인정하는 데는 시간과 노력이 들 것이다.

이 도전의 중심에는 두 가지 약속이 있다. 이 약속들은 아주 엄청나서 우리들 대다수는 있는 그대로 진지하게 받아들일 것 같지 않다. 우선, 야고보는 "마귀에게 맞서십시오. 그러면 마귀가 여러분에게서 달아날 것입니다"라고 말한다. 마귀는 겁쟁이다. 마귀는, 우리가 십자가에서 예수님이 이루신 승리를 주장하는 기도로 맞서면, 자신이 진다는 사실을 안다. 그의 속임수는 우리가 자신과 맞설 수 없다고 속삭이는 것이다. 그는 이전에도 우리를 설득했고 다시 우리를 설득할 것이다. 그러니 즉시 항복하고 성가신 일들은 피하는 것이 어떻겠는가? 하지만 그것은 거짓말이다. 마귀에게 맞서면 그는 달아난다.

다음으로 야고보는, "하나님께 가까이 다가가십시오. 그러면 하나님께서 여러분에게 가까이 다가오실 것입니다"라고 말한다. 정말 놀라운 일이다! 하나님은 준비하며 기다리고 계신다. 그분은 당신과 친구 관계를, 당신이 상상할 수 있는 수준보다 더 깊고 강력하고 만족스러운 우정 관계를 세우기를 애타게 바라신다. 우정이라 불릴 만한 것이 다 그러하듯, 이 일 역시 시간이 걸릴 것이다. 그러나 이보다 더 가치 있는 일이 무엇이 있을까? 조금이라도 더 많은 사람들이 이 약속들을 진지하게 받아들이려 하고 그것이 세상을 어떻게 바꿀지 생각한다면, 교회는 걱정할 것이 없다.

야고보서 4:11-17

하나님을 신뢰하며 살기

> ¹¹내 사랑하는 가족이여, 서로 헐뜯지 마십시오. 누구든 다른 가족들을 헐뜯거나 심판하는 사람은 율법을 헐뜯고 심판하는 것입니다. 그런데 그대가 율법을 심판한다면, 그대는 율법을 실행하는 사람이 아니라 심판하는 사람입니다! ¹²한 분 입법자, 한 분 심판자가 계시니, 그분은 구원하실 수도 있고 멸망시키실 수도 있습니다. 그런데 그대가 누구기에 이웃을 심판한단 말입니까?
>
> ¹³"오늘이나 내일, 우리가 이런저런 고을로 가 거기서 일 년 동안 지내며 장사하여 돈을 벌겠다"라고 말하는 사람들이여, 보십시오. ¹⁴다음 날 무슨 일이 벌어질지 여러분은 전혀 모릅니다. 여러분의 생명이 무엇입니까? 여러분은 잠시 나타났다가 다시 사라지는 안개입니다. ¹⁵오히려 여러분은 "주의 뜻이라면 우리가 살아 있겠고, 이 일이든 저 일이든 할 것이다"라고 말해야 합니다. ¹⁶그런데 사실상 여러분은 교만하게 자랑합니다. 그런 자랑은 모두 악합니다. ¹⁷그러므로 누구든 무엇이 옳은 일인지 알면서도 그렇게 하지 않으면, 그것이 그들에게 죄가 됩니다.

C. S. 루이스가 쓴 유명한 '나니아 나라 이야기' 중에서 가장 기억에 남는 조연 중 하나가 『마법사의 조카』(*The Magician's Nephew*)에 나오는 '앤드류 삼촌'이다. 괴상하고 점점 더 사악해지는 앤드류 삼촌은 제목에 나오는 '마법사'고, 그의 조카 디고리가 이야기의 남자 주

인공이다. 처음에 앤드류 삼촌은 그저 약간 괴상한 인물로 나온다. 그는 변덕스럽고 특이하고 예측할 수 없지만 그 이상도 이하도 아니다. 그런데 그에게는 사악한 계획, 즉 그가 마법의 반지라 믿는 것을 디고리와 그의 여동생 폴리에게 시험적으로 사용해 보려는 계획이 있었다. 그는 너무 겁이 많아서 자신이 직접 그 반지를 사용해 보지 못한 것 같다.

결국 디고리와 폴리가 반지를 시험적으로 사용하고, 그렇게 모험이 시작된다. 그러나 이 이야기에서 정말 악한 순간은, 루이스가 의도한 대로, 결말에 가까워지면서 앤드류 삼촌이 이런 설명을 할 때다. 자신이 했던 일을 다른 누군가가 하면 잘못된 일일지도 모르지만, 자신은 다른 규칙이 적용되는 세상에서 산다는 것이다. "숨겨진 지혜를 지닌 나 같은 사람들은 일반 규칙에서 자유롭지. 우리 같은 사람들은 일반적인 즐거움은 누리지 못하니까. 얘야, 우리는 고귀하고도 외로운 운명이란다." 자주 그러듯이 루이스는 여기서도 중요한 도덕적 교훈을 가리켜 보여 준다. 어떤 사람이 자신은 어쨌든 구별되고 다르다는 이유로, '보통 사람들'에게는 잘못된 행동이 자신에게는 괜찮다고 (자신에게든 다른 누구에게든 개의치 않고) 말하는 순간, 그 사람은 엄청난 허영을 드러내며 파멸로 치닫고 있는 것이다.

야고보는, 동료 그리스도인들을 헐뜯는 것에 대해 또 다른 경고를 하면서, 거의 정확하게 이 논거를 사용한다. 그는 마치 암처럼 그리스도인 *공동체를 갉아먹는, 치명적이지는 않더라도 긴급한 조치가 필요한 모략과 험담 같은 것을 염두에 두고 있다. 요점은 이렇다. 그런 일을 하는 사람은 누구든 앤드류 삼촌처럼, 그리스도인들에게 적용되는 일반 *'율법', 즉 이웃을 자기 자신처럼 사랑해야 한다는 법이 자신들에게는 적용되지 않는다는 뜻을 내비치는 이들이라는 것이다. 그들이 그 법 위에 있다! 그들은 아주 높은 위치에서 그러한 사소한 기준들을 내려다본다! 그들은 율법이 말하는 대로 행하려 하기보다는 "율법을 심판"하고 있다고 야고보는 말한다. 그런 태도를 취하는 것은 단지 어리석고 오만한 정도가 아니다. 그것은 하나님의 역할을 빼앗는 일이다(12절). 유일한 입법자, 유일한 심판자가 계시며 그분이 구원하실 수도 있고 멸망시키실 수도 있다.

위의 마지막 문장은, 그리스도인이 다른 그리스도인의 악에 대해 말할 때 내리는 심판 같은 것은 하나님만이 하실 수 있다는 말 같다. 그러나 그것은 경고일 수도 있다. 입법자이자 심판자는 실로 구원하실 수도 있고 멸망시키실 수도 있다. 자신을 그분의 거룩하며 자유를 주는 최고의 율법(1:25, 2:8, 2:12을 보라) 위에 둔다면, 자신이 그 율법에 의해 심판받으리라는 것을 깨닫게 될 것이다.

따라서 이 단락의 두 부분 모두, 자신을 하나님의 위치에 두려는 유혹에 대해 경고한다. 13-16절에서는 한 사람의 장래 계획과 관련하여 이러한 위험을 강조한다. 작은 기업을 운영하는 그리스도인이 있다. 그런데 그는 마음속으로 (아마도 친구에게도 털어놓을 것이다) 다른 도시로 가서 거기서 장사를 하여 돈을 벌겠다고 생각한다. 그 남자는(혹은 그 여자는. 사도행전을 비롯한 여러 구절에서 알 수 있듯이, 고대 세계에는 독립적으로 일하는 여성 사업가들이 있었다) 미래는 그렇게 계획하고 설계해야 한다고 생각한다. 우리가 이제 *메시아의 백성이므로 하나님이 우리 편이시니, 우리의 계획은 더 확실하게 이루어질 수 있다는 암시도 있다.

어떤 경우든, 야고보는 다시 단호하게 말한다. 그는 여러분의 생명이 무엇인지 모르냐고 말한다. 가을 아침 창밖으로 보이는 안개를 생각해 보라. 그 안개가 작은 시내 위에 걸려 있다. 그것은 인간만큼이나 아름답고 신비로우며 생각을 불러일으킨다. 그런데 그때 멀리서 태양이 떠오르고…안개는 사라지고 만다. 우리의 생명이 이렇다. 내일은 고사하고 오늘 어떨지도 알 수 없다.

6절과 10절에서 말했던 바를 적용하면, 다시 한 번 교훈은 겸손이다. 하루하루를 하나님이 주시는 선물로 여기고, 그런 시각으로 계획 세우는 법을 배우라. 실로 오늘날까지 이것이 그리스도인들이 이해한 바였다. 그래서 많은 사람들이 장래 계획을 세울 때 하나님의 주권을 빼앗지 않으려 조심하고 그것을 분명히 하기 위해, "하나님이 뜻하시면"이나 "주님의 뜻이라면"이라 말한다. '데오 볼렌테'(*Deo Volente*, 하나님이 뜻하시면)를 나타내는 라틴어 약어 'DV'로 축약하여 표시하기도 한다. 물론 이것 역시 사람들이 생각 없이, 혹은 실제로 별 의미 없이 말하는 구호가 될 수도 있다. 그러나 적어도 이것은 (슬프게도 몇몇 다른 이들과는 다른) 야고보의 이 가르침이 기독교적 사고의 본류에 들어와 있음을 보여 준다.

그런 다음 이 장은, 앞에서 언급했던 경고보다 훨씬 일반적이면서 실로 훨씬 더 불안을 야기하는 경고로 끝난다. 해야 하는 줄 알면서 하지 않는 것은 사실상 죄다! 명백한 죄의 행위를 피하는 것만으로는 충분치 않다. 일단 하나님의 최고 율법을 받아들이고 그 율법에 따라 살아가는 겸손을 배웠다면, 삶 전체를 향한 하나님의 주권적 다스림을 받아들이고 그 안에서 살아가는 겸손을 배웠다면, 당신이 어떠한 구체적 삶으로 부름받았는지 좀 더 분명히 보게 될 것이다. 이는 인생의 중요한 결정, 당신의 소명이나 인생의 길과 관련한 문제일 수 있다.

혹은 이웃이나 낯선 이들에게 작은 친절을 베풀라는, *성령이 주시는 가벼운 자극일 수도 있다. 그러나 그런 자극을 받거나 그런 부르심을 받고 나서 그것을 무시하거나 못 들은 척한다면, 그것은 자신을 하나님의 자리에 두는 더 심각한 교만의 행위다.

4장 마지막 절을 보고 민감한 심령들은 계속 자기 성찰의 고뇌를 겪기도 한다. 나는 불충실하지 않은가, 불순종하지 않는가? 나는 해야 할 일을 하고 있다고 확신할 수 있는가? 이에 대해 할 수 있는 최선의 말은, 그 점에 대해 걱정스럽다면, (솔직히 나는 더 많은 그리스도인이 이런 식으로 마음을 성찰했으면 한다) 당신은 잘 하고 있을 가능성이 높다는 것이다. 그러나 그것에 대해 강박적으로 염려하는 것은, 당신 자신을 그림 한가운데 두고 하나님과 이웃보다는 '나와 내 생각과 내 마음 상태'에 모든 주의를 집중하는 것인지도 모른다. 물론 일부 사람들은 병적이거나 피해망상적인 자기 성찰의 고통을 겪기 때문에, 그에 대해서는 좀 더 사려 깊은 목회적 돌봄이 필요하다. 그러나 우리들 대다수에게는, 우리 내면의 문제를 더 넓은 시야로 보는 방식으로, 고통을 겪는 다른 사람을 돕는 것 만한 것이 없다.

야고보서 5:1-6

부자에게 하는 경고

> ¹부자들이여, 보십시오! 여러분에게 일어날 끔찍한 일들을 두고 울며 통곡하십시오! ²여러분의 재물은 썩었고 여러분의 옷은 좀먹었습니다. ³여러분의 금과 은은 녹슬었고, 그 녹이 여러분을 고발하는 증거가 될 것이며, 불처럼 여러분의 살을 먹어 치울 것입니다. 여러분은 마지막 날에 부를 쌓았습니다! ⁴보십시오. 여러분은 여러분의 밭에서 곡식을 벤 일꾼들을 속여 그들의 품삯을 가로챘고, 그 품삯이 울부짖고 있습니다! 농장 일꾼들의 울부짖는 소리가 만군의 주님 귀에 닿았습니다. ⁵여러분은 땅의 기름진 것에 얹혀 사치스럽게 살아왔습니다. 여러분은 살육의 날에 자기 마음을 뒤룩뒤룩 살찌웠습니다. ⁶여러분은 의로우신 분께 유죄 판결을 내려 죽였지만, 그분은 여러분에게 대항하지 않으십니다.

갑자기 우리는 전혀 다른 두 세계에 와 있음을 깨닫는다. 또 야고보가 내내 이런 식으로 생각하고 있었음을 깨닫는다. 우리는 무심코 이 책을 죽 읽으면서 이 책은 다양한 도덕적 명령들을 한데 모아 놓은 것이라고 추측했을 것이다. 해야 할 것과 하지 말아야 할 것들을 다루는, 삶에 대한 일반 지침서라고. 그런데 지금 우리는 이 모든 것 말고도 두 가지 다른 요소, 두 가지 더 넓은 영역이 있음을 발견한다. 앞으로 돌아가 그런 관점으로 여기까지 이 서신을 다시 읽고 싶을지도 모른다.

그 두 세계 중 하나는, 우리가 6절에 다다랐을 때 크고 어두운 구덩이처럼 우리 앞에 펼쳐진다. "부자들"을 향한 마지막 비난은, 그들이 억압적이고 사치스럽게 살고 일꾼들의 품삯을 인정하지 않았다는 것이 아니다. 그들이 한 최악의 행동은 **의로운 분을 저주하고 죽인** 것이다. 그들은 예수님의 죽음에 대해 책임이 있다.

우리는 갑자기 실제로 "부자들"이 누구인지, 또 야고보가 언제 어디서 이 서신을 쓰고 있는지 거의 확실하게 깨닫는다. "부자들"은 예루살렘의 엘리트들, 곧 *사두개인과 대*제사장들이다. 그들은 좋은 집에서 살고, 순례자들의 행렬과 신실한 유대인들이 가져온 *희생 제물로 유복해졌지만, 하나님과 그분의 *율법에 대해서는 아주 실용적 태도를 견지한 이들이었다. *성전에서 해야 할 일을 하고, 사람들이 기대하는 방식대로 예배와 축제를 집전하는 것이 그들이 권력을 유지하는 방식이었다. 그들의 일은 로마인들을 위해 필요하면 폭력을 써서라도 치안을 유지하는 것이었다. 그것은 유대에서, 특히 예루살렘과 성전에서 일어나는 일들을 강력하게 통제한다는 의미다.

그러니 예수님이 예루살렘에 도착하여 잘 알려진 대로 성전을 '깨끗하게' 하셨을 때, 그 일은 예레미야나 에스겔의 행동처럼 예언자적 행동으로서 임박한 성전 파괴를 상징하는 것으로 여겨졌고, 한편 그들의 권리를 침해한 것이었다. 그들은 부유한 엘리트들이 그러한 도발에 으레 반응하듯이 반응했다. 그들은 그분을 제거하기로 했다.

그러나 셀 수 없이 많은 폭군들이 여러 해를 지내며 깨달았듯이, 예수님을 제거할 수는 없다. 하나님이 그분을 죽은 자들 가운데서 일으키셨다. 그것은 첫 제자들뿐 아니라 야고보처럼 그 시점까지 그분이 *메시아임을 믿지 않던 가족들 역시 그분이 "의로우신 분"임을 알게 되었다는 의미다. 하나님은 *부활로 그분을 '의롭다고' 선언하셨고, 그분은 그 이후로 언제까지나 '의로우시다.'

그런데 바로 "부자들"이 그분을 죽였다. 예수님이 그러셨듯이, 야고보는 유대 사회 전체에 만연했던 경제적 압제를 책망한다. 그러한 압제의 책임은 주로 공식적 통치자에게 있다. 그들이 분위기를 만들고 다른 이들(세리들과 나머지 사람들)이 그것을 따른다. 그러나 예수님은 다른 길을 보여 주셨다. 그분은 하나님의 백성들이 열망했던, 엄청난 채무 면제인 *희년을 선언하셨다. 우리 시대에 우리가 알 듯이, 가난한 이들의 빚을 탕감해 주자고 제안하면 부자들은 비웃을 것이다! (그러나 2008년 엄청난 신용 위기가 서구 세계를 강타했을 때, 부자들이 납세자의 돈으로 채무를 면제해 달라고 줄을 섰다. 몇 개국 정부는 요청받은 대로 순순히 해주었다. 어떤 법은 부자들을 위한 것이고, 다른 법은 가난한 이들을 위한 것이었다. 오래전부터 그랬다.)

특히 "부자들"은 일일 노동자들의 품삯을 주지 않으려 하여 가장 기본적인 사회적 죄를 범했다. 분명 그들은 하루나 이틀 돈을 쥐고 있으면 그 돈에 대한 이자를 얼마간 벌 수 있음을 알았을 것이며, 부양할 가족은 있지만 부양할 돈이 없는 노동자들이 함성을 질러대도 자신들의 대저택은 잘 지킬 수 있음을 알았을 것이다. 이에 야고보는 선포한다. 당신들이 가로챈 그 품삯이 아우성 치고 있으며, 하나님이 그것을 듣고 계시다!

이제 우리는 서신 전체를 바라보는 두 번째 새로운 시각에 이른다. 그것은 여기 3절에서 밝혀진다. 야고보는 "여러분은 *마지막 날에 부를 쌓았습니다"라고 경고한다. 이 역시 야고보가 예수님에 대해 믿는 내용에 기초한다. 예수님과 함께 하나님의 새로운 세상이 시작되었다! 그분은 하늘에서처럼 이 땅에 하나님의 *나라를 출범시키셨다. 이는 이스라엘이 바라고 기도했던 *'오는 시대'다. 그런 의미에서 이는 모든 것이 마침내 바로잡히는 위대한 새 시대인 '마지막 날'이다.

이 새 시대에 가장 부적절한 일이 부를 축적하는 것이다. 하나님은 모든 것을 뒤엎으시고, 가난한 사람들과 낮은 사람들을 높이시며, 권세자들과 부자들을 망하게 하고 계시다. 그런데도 여러분은 더 큰 부자가 되고자 애쓰고 있다! 여러분은 생각보다 훨씬 더 무모한 짓을 하고 있다고 야고보는 말한다. 야고보는 예언자의 눈으로 바라본다. 그는 음식이 가득한 식품 저장실과 포도주로 가득한 지하 저장고를 갖춘, 금은과 아름다운 옷들이 가득한 멋진 집들을 본다. 하나님이 보시는 것처럼 그것들을 본다. 좀과 녹이 가득해 보인다(또다시 예수님이 떠오른다. 마 6:19-20과 비교해 보라). 그 모든 음식은 성탄절 전의 칠면조처럼 살육의 날을 위해 그들을 살찌울 것이다(5절). 이는 성경 곳곳에 나오는 경솔한 사치에 대한 예리한 경고 가운데 하나다.

물론 그런 양태는 오늘날의 세상 여러 부분에서도 마찬가지다. 우리는 아마 그런 말을 하고 듣는 데 진저리가 났을 것이다. 그러나 세계 경제의 구축 방식은, 고대 유대 경제와 거의 같은 결과를 낳도록 설계되어 있다. 거의 모든 돈이 꾸준히 한 방향으로 흘러가게 되어 있다. 이는 지역적으로 계속 재현된다. 영향력 있는 작은 그룹들이 그저 '충분한' 정도가 아니라 그 이상을 소유하고 그것으로 또다시 더 많이 소유하는 반면, 다른 이들은 그들이 보는 눈앞에서 굶주리며 구걸하고 있다.

부자들은 분명 예루살렘 엘리트들처럼 가난한 이들을 경멸할 것이다. 그들은 그럴 만하다고, 그들은 게으르며 인생이 뭔지 모른다고 할 것이다. 그러나 교회는 야고보서 5:1-6을 가까이에 두어야 하며, 그런 상황에 관련된 불의에 반대한다는 의사를 개인적으로만 아니라 조직적으로도 계속해서 분명히 밝혀야 한다. 그것은 지도자들의 마음을 강퍅하게 하는 행동이었을 것이고, 그래서 그들은 예수를 죽이는 일은 옳을 뿐 아니라 손쉽고 당연한 일이라 여겼을 것이다. 그것은 또한 굶주리는 자들을 풍성하게 채우시고 부자들을 빈손으로 돌려보내시는 그날이 밝아오고 하나님의 새 시대가 완성될 때의 모습이 어떠할지를 보여 주는 행동이다.

야고보서 5:7-12
인내와 신뢰

> [7]그러므로 내 형제자매들이여, 주께서 나타나심을 바라며 인내하십시오. 여러분은 농부가 값진 농작물이 땅에서 올라오기를 어떻게 기다리는지 압니다. 농부는 인내하면서, 농작물에 이른 비와 늦은 비가 내리기를 기다립니다. [8]마찬가지로, 여러분은 인내하고 마음을 강하게 해야 합니다. 주께서 나타나실 날이 매우 가깝기 때문입니다. [9]내 형제자매들이여, 심판받지 않도록 서로 불평을 늘어놓지 마십시오. 보십시오, 심판하실 분이 문 앞에 서 계십니다! [10]내 형제자매들이여, 주의 이름으로 말했던 예언자들을 주의 깊게 생각하십시오. 그들을 참을성과 인내심의 본보기로 삼으십시오. [11]사람들이 참을 때, 우리는 그들이 "하나님께 복을 받았다"라

> 고 말합니다. 자, 여러분은 욥의 인내에 관해 들었고 주님의 궁극적 목적을 보았습니다. 주님은 긍휼이 많으시며 친절하십니다.
>
> ¹²무엇보다 내 형제자매들이여, 맹세하지 마십시오. 하늘을 걸고 맹세하지 마십시오. 땅을 걸고 맹세하지 마십시오. 어떤 것으로도 맹세하지 마십시오. "예" 할 것은 "예" 하고 "아니요" 할 것은 "아니요" 하십시오. 그렇게 하면 여러분은 심판받지 않을 것입니다.

여동생과 내가 돌보미가 필요 없을 만큼 컸다고 여겨졌을 무렵, 부모님은 종종 우리끼리 있게 두시고 저녁에 외출을 하셨다. 보통은 별문제가 없었다. 우리는 알아서 잘할 수 있었고, 현관문은 잠겨 있었고, 어쨌든 당시의 세상은 더 안전해 보였다. 그런데 어느 날 저녁, 무슨 까닭인지 나는 걱정이 되었다. 이유는 모르겠지만 평상시처럼 잠들지 못하고 깬 채로 초조해했다. 틀림없이 곧 부모님이 오실 거야! 나는 부모님이 돌아오실 시간을 어림짐작해 보았는데, 그 시간이 지났는데도 아무 기미가 없었다. 큰길에 다니는 자동차 소리를 들을 수 있었으므로, 자동차가 그 길로 들어서는지 열심히 귀를 기울였다. 가끔 자동차가 다가왔지만 이내 지나쳐 버렸다. 시간이 조금 더 지나자 온갖 생각이 밀려왔다. 부모님께 무슨 일이 일어났을까? 사고가 난 거면 어쩌지? 혹 오늘 밤만이 아니라 영원히 안 돌아오시면 어쩌지? 그때쯤 여동생은 잠들었을 것이다. 내게 바보 같은 소리 하지 말라고 말했으니까. 하지만 나는 결국 두려움에 떨며 창문 옆에 쪼그리고 앉았다. 그 말을 믿을 수가 없었다. 마침내 차가 큰길로 들어와 멈춰섰을 때까지는. 부모님이 좋은 시간을 보내고 안전하게 들어오셔서 내가 걱정하고 있었다는 말에 어쩔 줄 몰라 하셨을 때까지는.

예수님이 나타나실 때 우리 중 많은 이들이 그때의 나처럼 느끼지 않을까 하는 생각이 든다. 어떻게 그 사실을 의심할 정도로 그렇게 어리석을 수 있을까? 단지 우리가 바라고 소망했던 때보다 늦는다는 이유로, 어떻게 그분이 절대 오시지 않으리라고 생각할 수 있을까? 어느 시대든 그리스도인들은 그분이 약속하신 대로 오시기를 기도했다. 그러므로 지금까지 어느 시대든 인내의 교훈을 배워야 했다. 사실, 인내하라는 명령, 또 인내가 우리 삶 속에 임하시는 *성령의 사역 가운데 한 가지 핵심이라는 사실 자체가, 그런 귀한 은사가 필요함을 말해 준다. 그날이 늦어지는 것은 놀랄 일이 아니다. 어쨌든 유대인들은 오랜 세월 정확히 그 문제를 지니고 살아왔다. 그들은 그들의 *메시아가 오셔서 모든 문제를 해결하시기를 바랐고, 그러다 보니 그들 중 일부는 그 약속에 다른 의미가 있다고 믿게 되었다.

이번에도 이것은 겸손의 문제다. 우리가 알고 있듯이 겸손은 야고보서의 주요한 교훈 가운데 하나다. 우리의 시간 개념과 하나님의 시간 개념이 똑같다고 생각하지 말라. 농부의 입장에서 생각해 보자. 몇 주 전 나는 한 지역의 농부가 밭을 갈고 씨를 뿌리는 모습을 보았다. 그 후 이 부분을 쓸 무렵 다시 그 밭을 보게 되었다. 아무런 변화도 없어 보였다(쟁기 뒤를 따르던 새들이 사라진 것만 빼고). 땅은 그 농부가 일을 시작했을 때처럼 텅 비어 보였다. 그렇다면 그는 시간을 낭비한 것일까? 농사를 망친 것일까? 물론 아니다. 시간이, 우리 생각보다 더 긴 시간이 필요할 뿐이다. 농부들은 계절의 흐름에 따라 사는 법을 배운다. 정신없이 바쁜 현대 사회, 사람들이 1년 내내 가게에서 온갖 채소를 사 가려 하기 때문에 아주 멀리서 비행기로 채소를 공수해 오는 현대 사회는 인내가 필요 없도록 온 힘을 다한다. 예수님을 따르는 우리가 인내를 배우고 인내를 실천하는 일은 더더욱 중요하다.

야고보서에서 으레 그렇듯이, 그것을 행하는 방법은 하나님께 집중하는 것이다. 야고보는 이렇게 말한다. "주님은 긍휼이 많으시고 친절하십니다." 이 말을 믿기가 얼마나 어려운가. 하지만 또 얼마나 중요한가. 이와는 반대로, 하나님을 멀리 계시고 무신경하시고 무감각하신 분으로 여기기가 얼마나 쉬운가. 혹 감정이 있다면 이런저런 것에 대해 우리에게 짜증을 내거나 화를 내시는 것 같다(고 우리는 생각한다). 해결해야 할 문제들이 있을지 모르지만, 야고보가 이미 말했듯이(2:13), 하나님의 자비가 모든 것 위에 있다. 이것이 그분에 대한 가장 깊은 진리다.

이는 구약의 위대한 예언자들이 살짝 보여 준 진리였다. 그들은 오랫동안 하나님을 알아 가면서, 겉으로 보이는 것 이면의 진리를 보는 법을, 이 땅의 일상적 실재에서 하늘의 영역을 보는 법을, 이 땅의 시간 개념과 교차하는 하늘의 시간 개념을 보는 법을 배웠다. 욥이 최고의 본보기지만, 히브리서가 주장하듯 약속된 것을 직접 받지는 못했지만 신실하게 행했던 다른 이들도 많았다. 서두르며 조바심을 내는 것은, 교만의 또 다른 모습이다. 하나님보다 자신이 더 잘 안다고 상상하는 인간의 오만의 또 다른 모습이다.

다시 한 번 이 인내와 신뢰는 적절한 말로 표출되어야 한다. 다시 서로 불평하는 것에 대한 경고가 나온다(9절). 분명 이것은 야고보의 교회에서 꽤 큰 문제였다. 슬프긴 하지만 놀랄 일은 아니다. 예루살렘과 그 인근 지역에 있던 초기 그리스도인들은 스데반이 죽은 후로(행 7장) 박해를 받아 왔다. *공동체가 외부로부터 박해받을 때, 두려움과 염려로 인해 내부에서 말다툼과 불평이 생기기 쉽다. 서로에 대해 인내하는 것은 더 성숙한 겸손의 한 측면이다.

앞의 장들에서는 일반 진리(이를테면 2:8-13)를 언급했지만, 이제 다가올 심판에 대한 경고를 반복하면서 다가올 주님의 날에 대한 더욱 구체적인 경고로 진전된다. "심판하실 분이 문 앞에 서 계십니다!"(9절) 잘못된 말이 심판을 초래할 수 있다고 야고보는 거듭 주장한다. 어떤 말에 힘을 싣기 위해 몇 마디 덧붙이기가 얼마나 쉬운가. 맹세를 덧붙이는 것은, 말 그대로 보자면, 우리가 하는 말을 옹호하며 초자연적 능력에 의지하는 것이다('하나님의 이름으로 맹세한다' 등). 이는 법정에서는 엄숙하게 행해지는 것이며, 실제로 대다수 사람들이 (공식적 선서를 할 때 언급하는) '하나님'을 믿지 않는 세상에서도 위증죄는 역시 아주 진지하게 취급된다. 그러나 야고보는 다시 한 번 형의 가르침을 따라(마 5:34-37), '예', '아니요'라고 말하는 것만으로 충분하다고 주장한다. 그 이상의 말은 하나님의 지지보다는 하나님의 심판을 불러일으키는 위태로운 일이다.

이에 대해서는 물론 논란이 많다. 많은 나라에서 아직도 진실된 증언임을 보증하기 위해 법정에서 맹세를 활용하기 때문이다. 하지만 대다수 그리스도인들은, 그것은 이 본문에서처럼 일반 법칙이 적용되지 않는 '특별한 경우'라 여긴다. 그러나 그러한 논란 때문에 야고보와 예수님의 가르침 이면에 있는 매우 흥미로운 요점을 놓쳐서는 안 된다. 예수님을 따르는 것은 진정한 인간 존재에 이르는 길이다. 그리고 진정한 인간의 삶은 분명하고 바르고 정직한 말로 표출되어야 한다. 우리가 하는 말에 맹세나 다른 비슷한 장식물을 덧붙이는 일은 결국 그 말의 액면가를 떨어뜨린다. 수식 없이 그 자체로는 설득력이 없는 말처럼 보이게 한다. 성경에는 누군가가 저주하면서 맹세하는 모습이 딱 한 번 나오는데, 그것은 베드로가 예수님을 모른다고 주장하는 장면이다. 이는 진지하게 생각해 볼 만하다.

야고보서 5:13-20
믿음으로 기도하십시오

> ¹³여러분 가운데 고난받는 사람이 있습니까? 기도하게 하십시오. 즐거워하는 사람이 있습니까? 시편으로 찬양하게 하십시오. ¹⁴여러분 가운데 아픈 사람이 있습니까? 그들은 교회의 장로들을 부르고, 장로들은 주의 이름으로 기름을 바르며 아픈 사람을 위해 기도해야 합니다. ¹⁵신실한 기도는 아픈 사람을 구출할 것이고, 주께서 그들을 일으켜 주실 것입니다. 그들이 어떤 죄를 범했다면 용서받을 것입니다. ¹⁶그러므로 서로 죄를 고백하고, 서로를 위해 기도하십시오. 그래서 병이 치유되게 하십시오.
>
> 의로운 사람이 기도할 때, 그 기도는 엄청난 능력을 발휘합니다. ¹⁷엘리야는 우리와 같은 성정을 지닌 사람이었으되, 비가 내리지 않게 해 달라고 기도하고 또 기도했습니다. 그러자 삼 년 육 개월 동안 땅에 비가 내리지 않았습니다. ¹⁸그 뒤에 그가 다시 기도하

자, 하늘이 비를 내렸고, 땅이 열매를 맺었습니다.

[19]내 사랑하는 가족이여, 여러분의 동료 가운데 진리에서 벗어나 방황하는 사람이 있는데 누가 그를 돌아서게 한다면, [20]이 점을 알아 두십시오. 오류에 빠져 방황하는 죄인을 돌아서게 하는 사람은, 그 사람의 생명을 죽음에서 구출할 것이고, 또 숱한 죄를 덮어 줄 것입니다.

인생을 살다 보면 일이 어떻게 진행되는지 모르는 사람들에게는 아주 이상해 보이는 것들이 많다. 평생 음악을 들어 본 적이 전혀 없는데, 누군가가 악기를 만드는 모습을 보았다고 상상해 보라. 아마 이런 생각이 들 것이다. 저런 물건을 어디에 쓸 수 있을까? 왜 저런 데다 시간과 노력을 낭비하고 있지? 혹은 갓난아기나 그런 아기가 어디에서 오는지 모르는 아이가, 혹은 엄마가 곧 아기를 낳을지를 모르는 아이가, 태어날 아기를 위해 엄마가 방을 준비하는 모습을 보고 있다고 상상해 보라. 이 작은 아기 침대는 왜 있지? 이 새로운 장난감들은 왜 있지?

물론 그 순간이 오면 저절로 모든 것을 알게 된다. 그러나 때로는 기다려야 한다. 인내해야 한다(다시 이 주제다). 상황이 분명해지리라 믿어야 한다. 야고보는 다른 예들을 들었다. 그중 농부와 추수의 예는 매우 명확한 것이었다. 야고보서 전체를 가로지르는 이 인내라는 주제에 의해, 그의 생각은 당시의 도덕주의와 구별된다. 야고보는 하나의 이야기 안에서, 사실 하나님의 이야기 안에서 살고 있음을 일관적으로 인식하고 있다. 또 그 이야기가 그의 형이기도 한 예수님 안에서 이미 절정에 이르렀으며, 그분이 그렇게 확고하게 시작하신 것을 언젠가 완성하시리라는 사실을 인식하고 있다.

가장 불가해한 행위인 기도는, 바로 이러한 배경 안에서 이해된다. 하나님을 모르는 이들, 보고 만질 수 있는 것과는 다른 세상이 있음을 모르는 이들에게 기도는 기껏해야 이상한 미신, 최악의 경우에는 심각한 자기기만으로 보인다. 혼잣말을 하고 그것을 생각하는 것만으로 무엇이든 달라지게 할 수 있다니! 그러나 역사와 문화를 가로지르는 거의 모든 인간 전통은, 우리의 차원과 신비롭게 교차하는 듯한 다른 차원이 있음을 알아차렸다. 고대 유대 전통은 '다른 무엇'에 대한 이러한 일반적이고 막연한 인식을 '다른 누구'로, 또 더 나아가 이름이 있는 '누구'에 대한 인식으로 선명하게 만들었다. 이 전통은 예수님 자신과 초기 제자들과 가족들에게서 새롭고 생생하게 나타났다. 그것이 바로 우리가 예수님 안에서 예수님을 통해 아는, 예수님과 동일한 하나님이다. 그러고 나면 문득, 기도와 그 기도에 포함된 인내가 온전히 이해된다.

그렇다면 예상과 다를지 모르지만, 기도하라는 요청으로 이 서신을 마무리하는 것은 아주 적절하다. 기도는, 슬픈 일이든 행복한 일이든, 고통스러운 일이든 즐거운 일이든, 우리가 하는 모든 일을 에워싸야 한다. 오늘날 많은 그리스도인들이 시편을 등한시하는 것 같지만, 오늘날까지 시편은 예수님을 따르는 이들의 기도서로 당연시된다(13절). 기름을 바르는 일은, 오늘날까지, 사람들을 치유하시려는 하나님의 마음을 아주 단순하지만 심원하고 효과적으로 보여 주는 표지다. 기도 자체가 그렇듯, 그러한 행위도 기이하다. 하지만 야고보가 말하는 바를 진지하게 여긴 이들에게 그것은 의미와 능력이 충분하다. 자신을 넘어뜨리는 죄를 고백하고 치유받기 위해 기도하려는 이들에게, *용서는 오늘날까지 놀라운 열린 문, 새로운 가능성, 새 출발의 기회가 된다.

야고보는 다시 예수님이 그러셨듯이, 죄와 질병이 연관이 있다고 보는 듯하다. 예수님은 그 둘을 밀접하게 관련짓는 것에 대해 경고하셨지만(요 9장), 마가복음 2:1-12 같은 다른 경우에는 용서와 치유가 서로 관련 있어 보인다. 기도가 이해되는 곳, *하늘과 땅이 겹치는 곳, 우리의 현재 시간과 하나님의 미래 시간이 겹치는 곳에 서 있을 때 전면에 나오는 두 가지가 바로 용서와 치유인 듯하다.

결국 그것 때문에 그리스도인의 기도, 그리스도인의 성례전이 있는 것이다. 기도는 그저 어둠 속에 있는 나를 불러내어, 멀리 떨어져 있거나 알 수 없는 하나님께로 향하게 하는 것이 아니다. 기도는 야고보가 약속한 대로 하나님이 그분께 나아오는 이들과 아주 가까이 계시기 때문에 의미가 있고 능력을 발휘한다. *성령 안에서 누군가가 주의 이름을 부를 때 하늘과 땅이 만난다. 또한 하나님의 새로운 시간이, 지속되고 있는 이 슬픈 옛 세상의 시간 속으로 침투해 들어올 때, 기도는 의미가 있고 능력을 발휘한다. 그러므로 기도하는 사람은 한 발은 고난과 질병과 죄의 장소에 딛고, 다른 발은 치유와 용서와 소망의 장소에 딛고 서 있다. 기도는 전자를 견디기 위해 후자를 가져온다.

이 모두를 이해하기 위해 상상이라는 노력이 필요하다. 그러나 일단 이해하고 나면 기도는, 무슨 물건인지 몰라 당황스러웠던 악기처럼 만들어진 목적대로 연주를 시작할 수 있다. 갑자기 그 모두가 이해된다.

야고보가 기도의 위대한 모범, 곧 예언자의 전형인 엘리야에게로 주의를 환기시키는 이유가 여기에 있다. 열왕기상 17장과 18장의 이야기에는 끌어낼 교훈이 아주 많다. 그러나 우리는 야고보가 제시하는 요점을 파악하지 못했을지 모른다. 이스라엘 백성을 향한 심판으로 내린 가뭄, 또 그들이 우상을 버리고 주께 돌아왔을 때 내린 비, 이 모든 것이 엘리야의 기도라는 맥락에서 일어났다는 것이다. 물론 기도는 '전문가'인 교역자와 그리스도인 지도자들만의 임무가 아니다. 모든 그리스도인에게 서로를 위한 기도, 아픈 이들을 위한 기도, 죄인들을 위한 기도, 나라와 세계를 위한 기도 같은 기도에 참여할 권리와 소명이 있다. 이 말씀을 읽는 이들 모두 매일 30분씩 이 일에 헌신하기로 결심한다면 그 결실은 막대할 것이다.

　늘 그렇듯 야고보는 마무리하면서 실제적 차원을 다룬다. 그 교훈이 이해되었다면, 그리스도인이 기도하면서 하늘과 땅, 현재와 미래가 겹치는 지점에 서 있다면, 해야 할 목회 사역이 있다. 누군가가 위험한 방향을 향해 방황하는 것을 보고도 아무것도 하지 않는 것은 비극적 태만이다. 그들을 돌아서게 하는 일은 어려울지 모른다! 그들은 자신들이 옳고 우리가 틀렸다고 고집할지도 모른다! 그러나 야고보가 내내 권했던 겸손과 인내로 노력해야 한다. 그렇게 할 때 하늘의 일부가 땅에 도달하고, 하나님의 미래 일부가 현재의 실제가 된다. 새 *생명과 용서가 실제로 거기 있다.

　놀랄 일이 아니다. 야고보는 형 예수님이 새 생명과 용서를 구체적으로 보여 주셨음을 알았다. 그분은 새 생명과 용서가 하나님의 세상에서 우리 세상으로 침투해 들어온 곳에 계셨다. 야고보가 말하는 모든 것은 그 놀라운 사실에서 흘러나온다. 야고보와 함께 사랑이라는

"최고의 법"(royal law)을 배우고 이해하고 순종하는 것은, 예수님 자신을 알아 가는 일이다. 그런 일이 일어날 때, 우리가 강조하고 있는 인내와 겸손, 사랑과 기도, 지혜와 진실한 말이 우리 삶의 일부가 될 것이다. 이것이 우리의 *믿음을 증명할 '행동'이다.

베드로전서

베드로전서 1:1-9

진실한 믿음과 확실한 희망

¹메시아 예수의 사도 베드로가 본도, 갈라디아, 갑바도기아, 아시아, 비두니아에 흩어져 외국인으로 사는 하나님의 택함 받은 사람들에게 보냅니다. ²여러분은 영의 거룩하게 하심을 통해 순종하고 또 메시아 예수의 피 뿌림을 받도록 아버지 하나님께서 미리 구별하신 사람들입니다. 은혜와 평화가 여러분 위에 아낌없이 부어지

벧전 1:1

기 바랍니다!

³우리 주 메시아 예수의 아버지 하나님, 하나님을 송축합니다! 그분은 자비가 풍성하셔서, 메시아 예수께서 죽음에서 부활하심으로 말미암아 우리가 산 희망 안에서 다시 태어나게 하심으로 우리 아버지가 되셨습니다. ⁴이로써 우리는 어떤 것도 더럽히거나 약화시킬 수 없는 썩지 않는 유산을 받았습니다. 지금 그 유산은 여러분을 위해 하늘에 안전하게 보관되어 있습니다. ⁵그동안 여러분은, 온전히 준비되어 마지막 때에 드러나기를 기다리던 구출을 받기 위해, 믿음을 통하여 하나님의 능력으로 안전하게 보호받고 있습니다.

⁶그것이 바로 여러분이 기뻐하는 이유입니다! 그렇습니다. 여러분은 어쩔 수 없이 한동안 온갖 시련과 시험을 견뎌야 할 것입니다. ⁷그러나 이는 여러분이 지닌 믿음의 진정한 가치가 드러나게 하려는 것입니다. 그 믿음은, 없어질 수 있는데도 불로 연단하는 금보다 훨씬 더 값집니다. 그 결과 메시아 예수께서 나타나실 때 칭찬과 영광과 영예가 있을 것입니다. ⁸여러분은 그분을 본 적이 없는데도 사랑합니다. 또 여러분은 그분을 보지 않고도 믿고, 무슨 말로도 표현할 수 없는 영광스러운 기쁨으로 즐거워합니다. ⁹그것은 여러분이 믿음의 마땅한 목표, 곧 생명의 구출을 받기 때문입니다.

나는 새로 만든 방 안에 앉아 있다. 이곳은 이전에는 문도 없이 거의 개방되어 있던 차고였다. 우리는 이곳을 내가 일할 수 있는 곳으로 개조해야 했다. 그래서 난생 처음으로 건축사와 건설업자들, 목수와 전기 기사들을 대해야 했고, 그들이 늘 마주치는 도전도 어느 정도 이해해야 했다.

방을 설계한 건축사를 만나 보자. 우선 우리는 바닥부터 계획해야 했다. 방을 어느 정도 넓이로 해야 할지, 기존 구조를 얼마나 살릴지 결정해야 했다는 말이다. 그러고 나니 높이가 문제였다. 기존 지붕을 살린다면, 단열재와 조명을 추가할 때 천장은 어느 정도 높이여야 할까? 마지막으로, 특히 책장의 너비를 감안하여, 뒤쪽으로 얼마나 넓힐 수 있을지 고려해야 했다.

이런 결정을 하고 나니, 방의 기본 틀이 잡혔다. 이제부터 진짜 작업을 시작할 수 있었다. 창문에서부터 벽 설치에 이르기까지, 도색 작업에서 카펫에 이르기까지 설계와 제작이 진행되었다. 마침내 몇 달 전 우리가 구상한 공간에 새로운 방이 모습을 드러냈다. 그리고 나는 지금 여기 그 방 안에 앉아 있다.

또 내 앞에 이 놀라운 서신, *사도 베드로가 오늘날의 터키에 해당하는 나라에 흩어져 있던 그리스도인들에게 쓴 편지가 있다. 우리가 여기서 함께 다룰, 서두의 세 단락은 이어질 모든 내용이 자리를 잡도록 너비와 높이와 깊이를 설정하는 역할을 한다. 이 첫 아홉 절은 분량도 꽤 길고 생각할 거리도 많지만, 서신이 전개되면서 베드로가 말하려는 보다 구체적인 내용을 위한 틀로서 아홉 절 모두 함께 살펴볼 만하다.

우선, 건물의 너비부터 보자(1-2절). 이는 그리스도인들이 어떤 사람인지 보여 준다. 그들은 선택받았고, 구별되었으며, 거룩해져서 순종하게 되었고, *메시아의 피 뿌림을 받았다! 벌써 생각할 거리가 아주 많다. 베드로는 이 사람들을 언급할 때, 그들의 조상, 도덕적 배경, 사회적 지위, 그들의 부 혹은 가난을 말하지 않는다. 이 모든 것은 낡은 건물에 속한 것이다. 그는 새 건물을 그리고 있다. 우리는 그리스도인으로서 우리의 기본 정체성을 잊어버리기 쉽다. 그러므로 정기적으로 그것을 기억하는 것이 중요하다. 현명한 사람은 정기적으로 자동차 점검을 받는다. 그래야 고장으로 이어질 수 있는 문제를 바로잡을 수 있다. 마찬가지로 우리는 자주, 진지하고 철저하게 진실로 우리가 누구인지 상기해야 한다. 그렇게 하지 않으면, 우리도 모르는 사이에 주변 세상에서 다가오는 메시지(부모가 누구인지, 어디에서 사는지, 돈을 얼마나 버는지에 따라 우리 존재가 결정된다는)가 자동차에 생기는 녹처럼 우리를 조금씩 갉아먹을 것이다.

그렇다면 우리는 누구인가? 베드로가 우리를 초대하는 그 방의 기본 규모는 얼마나 되는가? 우리는 하나님의 자비하심으로 특별한 목적을 위해 선택받은 사람들이다. 모든 그리스도인이 이상한 이중생활을 한다. 베드로는 수신인을 '외국인'이라 칭한다. 이는 그들이 지금 사는 곳으로 이민을 왔기 때문이 아니라, 이제 이중 국적을 지니고 있기 때문이다. 그들은 실제 나라 혹은 지역(본도, 갈라디아, 혹은 다른 어느 곳)의 거주자인 동시에, 베드로가 곧 말할 터인데, 이제 펼쳐지기를 기다리고 있는 하나님의 새로운 세계의 시민이다.

하나님의 목적은, 다른 용도로 쓰이는 사람들을 따로 구별해 그들을 이 새로운 실재, 이 새로운 세상의 이정표가 되게 하는 것이다. 이 새로운 세상은, 메시아 예수의 삶과 죽음, *부활을 통해 이미 시작되었다. 하나님은, 한편으로는 그 희생적 죽음을 통해, 다른 한편으로는 하나님의 *영의 내주하심을 통해, 사람들을 이 새로운 세상을 알리는 살아 있는 신호로 따로 구별해 놓으셨다. 그러므로 그들은, 하나님이 이 목적을 위해 구별하셨다는 전문적 의미에서, 또 그들의 실제 삶이 변화되었다는 실제적 의미에서 '거룩한' 존재다. 이제 그들이 행동하는 모습에, 인간 피조물을 향해 하나님이 바라시는 바가 반영되어 있다. 벅차고 가능성이 없어 보여도 이것이 그리스도인으로서 우리의 정체성이다.

그렇다면 우리가 초대받은 이 방의 세로 치수는 어떠한가?(3-5절) 하나님과 그분이 하신 일을 명확하게 말하는 최선의 방법은 단순한 묘사가 아니라 찬양이다. 베드로가 지금 제안하는 것이 바로 찬양이다. 베드로는 하나님의 자비로 인해 그분을 찬양한다고 말한다. 이 방의 높이는 하나님의 자비다. 이는 당신이 얻을 수 있는 가장 높은 천장이다. 우리는 그 자비가 의미하는 바가 무엇인지 안다. 우리의 실제 부모가 어떠하든, 하나님이 우리 아버지가 되시기 때문이다. 우리는 새로운 사람이 되었다. 이는 베드로가 곧 꽤 자세히 설명할 주제다. 우리 안에 새로운 *생명이 생겼다. 메시아 예수가 죽은 자들 가운데서 부활하심으로써 세상에 새로운 생명이 왔기 때문이다(3절). 그리스도인이 된다는 것은, 하나님이 부활절에 예수님을 위해 하신 일을 당신의 존재 가장 깊은 곳에서 당신을 위해 하신다는 것이다. (그리스도인들이 흔히 부활절 아침에 *세례식을 통해 이 새 생명을 기념하는 이유가 여기에 있다.)

더욱이 하나님이 부활절에 창조하신 새 생명은 단지 변화된 개인과만 관련 있는 것이 아니다. 하나님은 그 위대한 행위를 통해, 온전히 새로운 세상을 창조하셨다. 지금 그것은, 우리 세상(땅)과 하나님의 세상(*하늘)을 나누는 보이지 않는 얇은 커튼 뒤로, 보이지 않게 간직되어 있다. 그러나 언젠가 그 커튼이 걷힐 것이고, 그러면 지금은 하늘에 간직되어 있는 "썩지 않는 유산"이, 하나님의 임재와 사랑과 자비가 스며들어 변화시키신 이 땅의 실재와 어우러질 것이다(4절). 그 새로운 세상이 우리를 위해 간직되어 있다면, 우리는 보호받을 것이라고 베드로는 우리를 안심시킨다. *믿음이야말로 우리가 이런 소망을 단단히 붙잡게 해주는 닻이다(5절).

마침내, 그 방의 깊이(6-9절)와 그 안에 들어 있는 것을 살펴볼 차례다. 이 편지의 상당 부분은 초기 그리스도인들의 고난에 관심을 둔다. 여기서 베드로는 앞으로 전개할 주제를 언급한다. 바로 이 고난을 통해, 그리스도인들의 믿음이 오히려 더욱 빛날 것이고, 마침내 예수님이 나타나실 때 그로 인해 찬양이 넘쳐날 것이다. 그 사이 기간에 그들은 자신들의 삶을 살아야 하고, 마음 깊이 예수님을 사랑하며, 그들 안에서 솟아나오는 "영광스러운 기쁨"(8절)으로 이 위대한 *복음의 방에 거해야 한다. 이렇게 하나님이 그들을 위해 이루신 '구원'이 시작된다.

그 방에 들어가 주변을 둘러보면 볼 것이 많다. 그러나 우리는 이미 그 너비와 높이와 깊이를 안다. 여기에는 우리가 직면해야 할 어려운 것들이 있다. 그러나 이 새로운 정체성과 우리를 보호하시는 하나님의 큰 자비로 우리는 앞을 향해 갈 수 있고, 그 방—즉, 이 놀라운 서신, 이 서신이 오늘날 우리 삶에 의미하는 바—을 우리가 구석구석 전적으로 집처럼 편안한 곳으로 만들 수 있다.

베드로전서 1:10-21

은혜로 속량되었습니다

¹⁰여러분에게 주어질 은혜에 대해 예언했던 예언자들은 이 구출에 대해 자세히 살피고 연구했습니다. ¹¹그들은 그때가 어떤 때일지, 곧 그들 안에 계신 메시아의 영께서 메시아의 고난과 그 뒤에 올 영광을 말씀하시면서 지시하신 때가 언제일지 물었습니다. ¹²그들이 이 일들을 섬길 때, 그들은 자신들이 아니라 여러분을 섬기는 것이라는 계시를 받았습니다. 그 일들은 하늘에서 보낸 성령으로 말미암아, 여러분에게 좋은 소식을 전한 이들을 통해 이제 여러분에게 선포되었습니다. 천사들도 이 일들을 간절히 보고 싶어 합니다!

¹³그러므로 허리띠, 곧 여러분 마음의 허리띠를 단단히 매십시오! 정신을 바짝 차리십시오! 메시아 예수께서 나타나실 때 여러분이 받을 은혜에 온전히 희망을 두십시오. ¹⁴순종하는 자녀답게 여러분이 아직 무지하던 시절에 탐닉했던 욕망의 모습으로 찌그러들지 마십시오. ¹⁵도리어 여러분을 부르신 분이 거룩하신 것처럼, 여러분도 어떤 행동을 하든 거룩하십시오. ¹⁶알다시피, "내가 거룩하니 너희도 거룩하라"고 성경에 기록되어 있습니다. ¹⁷여러분이 하나님, 곧 모든 사람을 각자의 행동에 따라 공정하게 심판하시는 하나님을 '아버지'라 부른다면, 여러분이 여기서 거류민으로 머무는 내내 거룩한 두려움을 품고 행동하십시오.

¹⁸알다시피, 여러분은 조상들에게서 상속받은 헛된 관습에서 속량되었습니다. 이 속량은 금이나 은처럼 사라질 것을 통해서가

> 아니라 ¹⁹흠이나 티가 없는 어린 양과 같은 메시아의 고귀한 피를 통해 왔습니다. ²⁰그분은 세상의 기초가 놓이기 전부터 이를 위해 예정되셨고, 여러분을 위해 마지막 시대에 나타나셨습니다. ²¹여러분은 그분을 죽은 자들 가운데서 일으키시고 영광을 주신 하나님을 그분을 통해 믿습니다. 이는 여러분의 믿음과 희망이 하나님 안에 있게 하려는 것입니다.

며칠 전 존은 여기서 멀지 않은 작은 마을의 중고품 가게에 들렀다. 특별한 무엇을 찾고 있었는데, 잠시 둘러보다가 바로 그것을 보았다고 생각했다. 지름이 20센티미터쯤 되는 우묵한 그릇이었다. 분명 누군가가 꽃을 꽂는 데 사용했던 것 같았다. 흙먼지가 묻어 지저분했고 잎이 몇 개 남아 있었다. 또 한쪽 면은 길게 금이 가 있는 듯 보였다. 가게 주인은 아마 그런 것에 개의치 않았을 것이다. 가게는 이미 다른 오래된 물건들, 책들, 병들로 꽉 차 있었으니 누군들 알겠는가.

존은 그 그릇을 조심스럽게 꺼내어, 자신이 기뻐한다는 것을 숨긴 채 계산대로 가 그것을 샀다. 그리고 나서 집으로 가져가 깨끗이 씻었다. 존은 그 그릇을 조심스럽게 다루었다. 그 그릇이 아주 훌륭한 자기임을 알아본 것이다(그 가게 주인은 분명 몰랐을 것이다). 존은 금이 간 부분을 보수했다. 또 그만큼 중요하게 여기며 한 일이 있다. 그릇에 묻은 먼지와 흙을 닦아 내고 그것을 새것처럼 만들었다. 그러고 난 다음에는 그것을 귀한 자리에 두었다. 그곳에는 아주 멋진 장식용 달걀 세 개를 두었는데, 서로 어울려 효과가 극대화되었다. 그가 원했던 것이 바로 그것이었다.

이제, 다음 날 그 그릇의 원래 주인이 중고품 가게에 나타나, 다시 꽃을 꽂는 데 쓰고 싶으니 자기 그릇을 돌려달라고 했다고 가정해 보자. 가게 주인은 그를 존에게로 보낼 것이다. 하지만 존은 그 그릇은 이제 없다고 아주 정확하게 말할 것이다. 그가 샀기 때문만이 아니라, 안팎으로 깨끗이 닦았고 꼭 맞는 완전히 새로운 용도로 쓰고 있기 때문이다. 그저 꽃 몇 송이 꽂아 두는 데 사용하는 일은 부당할 뿐 아니라 그 그릇에 모욕이 될 것이다.

*좋은 소식은, 우리가 그 그릇 같다는 것이다. 이 단락의 핵심 단어는 '속량'(ransomed, 18절)이다. 이는 우리가 중고품 가게의 지저분한 물건처럼 '되사옴'을 받았다는 의미다. 우리는 본래 지음받은 목적이 아닌 온갖 다른 용도로 사용되고 있었다. 베드로는 그것을 "헛된 관습"이라고 말한다. 하나님이 중고품 가게에 들어오셔서 우리를 위해 최고가, 즉 하나님의 아들 *메시아의 고귀한 피를 지불하셨다. 베드로는 여기서, 스스로 분명히 밝히듯이, 성경에 나오는 희생 제물로 사용한 어린양을 생각하고 있다. 아마 특별히 유월절이라는 유대 절기에 *희생된 어린양을 생각했을 것이다. 유월절은 하나님이 자기 백성 이스라엘을 이집트의 학대받던 종살이에서 '되사오셨던' 순간을 나타낸다. 지금 베드로는 예수님의 희생적 죽음 역시 우리를 '속량'했다고 선포한다. 그것이 애초에 예수님이 보냄 받으신 이유였다. 그것이 처음부터 하나님의 뜻이었다.

베드로가 우리를 포함한 독자들에게, 보통 사람들의 행동 방식과는 전혀 다른 삶을 요구하는 이유가 여기에 있다(13-17절). 그것은 바른 생각으로 시작된다. 당신은 가게에서 매매되어 이제는 깨끗하게 된, 흙과 먼지가 묻은 식물들로 채워져 구석에 놓여 있는 것보다 훨씬 영광스러운 전혀 새로운 용도로 놓여 있는 그릇이다. 이 사실을 기억하라. 이전 주인이 나타나 당신을 예전의 용도로 되돌리려는 것을 허용하지 말라(14절). 이 사실을 충분히 숙고하라. 베드로는 이전 상태를 '무지'로 묘사한다. 당신은 무엇을 위해 지어졌는지 알지 못했던 것이다! 그러나 이제는 안다. 이제 당신은 훨씬 멋진 용도로 쓰이도록 깨끗해졌다. 그러니 반드시 그에 합당하게 살아야 한다.

'거룩'이 의미하는 바가 이것이다. 즉, 그것은 모든 면에서, 모든 차원에서 하나님을 위해 구별되는 것이다. 이러한 소명은 미래를 내다볼 때, 즉 예수님이 마침내 직접 나타나실 때 일어날 일에 대한 영광스러운 소망(13절)과, 하나님이 모든 사람이 행한 일을 공정히 심판하실 다가올 심판(17절)을 내다볼 때 더욱 강화된다.

이 서신의 대부분에서 그렇듯이, 이 모든 권면은 지난 몇 십 년 동안 일어난 갑작스러운 극적 사건들—예수님의 삶과 죽음과 *부활, *성령의 오심, 초기 기독교 운동의 발흥과 확산—이 무에서 시작된 전혀 새로운 것이 아니라는 베드로의 인식에 기초하고 있다. 오히려 그 반대다. 그 사건들은 옛 예언자들이 얼핏 본 아주 오래된 하나님의 계획이 아주 놀라운 방법으로 성취된 것이다. 앞에서 보았듯이, 예언자들은 *하늘과 땅 사이, 우리의 현재 시간과 하나님의 미래 시간 사이의 경계선에 서 있던 사람들이다. 그들은 하나님을 더 잘 알게 됨으로써(일부 예언자들이 깨달았듯이, 그것은 아주 고통스러운 경험이다), 그분의 계획이 무엇인지 분별할 수 있었다. 곧 그것은 그분이 택하신 이, 그분이 기름 부으신 메시아의 고난을 통해 세상을 구원하시고, 그런 다음 메시아를 '영광' 가운데, 즉 세상의 통치자로 세우시는 것이었다.

베드로는 이어지는 단락들에서 몇몇 예언자, 특히 이사야와 스가랴를 인용할 것이다. 또 그는 그들의 시대가 그들에게 어떤 의미였을지 인식하며 그들의 시대를 돌아볼 것이다. 그들은 장차 하나님이 더 큰 은혜를 주실 것을 알았다. 그것은, 사람들을 그 처한 곳에서 구해 내시고, 그들에게 아주 놀랍고 영광스럽고 새로운 운명과 소망을 주시는 은혜다. 그들은 그 일이 어떻게 일어날지 어느 정도 보았다. 그런데 언제 일어나는가? 그것이 문제였다. 기도가 그렇듯, 예언도 절대 자동적으로 실현되지 않았고 지금도 그렇다. 어느 날 무슨 말을 하면 그 다음 날 그것이 이루어지는 것이 아니다. 내일 일어날 수도 있고, 수천 년이 지난 후 일어날 수도 있다. 중요한 것은 그것이 확실하다는 것이다. 그것은 확고하고 변하지 않을 것이다. 하나님이 이 은혜를, 이 한량없는 은총을 당신에게 주기로 약속하셨고, 그렇게 하셨다(10절). 그분은 얇은 커튼이 열리고 예수님이 나타나실 때 더 놀라운 은혜의 선물로 이 일을 완성하겠다고 약속하셨다(13절).

예언자들은 이 사실을 잘 알았다(12절). 그들은 유대로부터 세상 전역에 퍼져 있는 모든 민족이 복음을 들을 때가 다가오고 있음을 알았다. 또 하나님의 *성령이 하늘에서 오셔서 그 복음이 그들의 삶에서 강력하게 역사하도록 하실 때가 다가오고 있음을 알았다. 이제 그 일이 일어났으므로, 그 다음 단계는 이미 일어난 '속량'처럼 더욱 더 확실하다. 이제 중요한 것은 우리를 '되사오셔서' 깨끗케 하시고 우리를 새로운 용도로 쓰기 시작하신 분께 우리 시선을 고정하는 것이다. 그것은 베드로가 마지막에 말하듯이, "예수를 죽은 자들 가운데서 일으키시고 영광을 주"시고 만물을 다스리는 권세를 주신 하나님을 믿는 것을 의미한다. 그것이 현재 "믿음과 희망이 하나님 안에 있게 하려는" 것이 의미하는 바다(21절).

베드로전서 1:22–2:3
갓난아기

> ²²진리에 순종함으로써 여러분의 생명이 정결하게 되어 모든 동료 신자들을 진실로 사랑하게 되었으니, 순전한 마음으로 서로 뜨겁게 사랑하십시오. ²³여러분은 썩는 씨가 아니라 썩지 않는 씨로부터, 곧 살아 있고 영원한 하나님의 말씀을 통해 다시 태어났습니다. ²⁴알다시피, 이런 이유에서입니다.
>
> > 모든 육체는 풀 같고
> > 그 모든 영광은 들의 꽃 같다.
> > 풀은 시들고 꽃은 떨어지지만
> > ²⁵주의 말씀은 영원토록 있다.
>
> 이것이 바로 여러분에게 전해진 말씀입니다.
> ²:¹그러므로 모든 악, 속임수와 증오로 가득한 모든 적개심, 모든 험담을 버리십시오. ²갓난아기처럼 영적인 젖, 물로 희석되지 않은 진짜 젖을 갈망하십시오. 이것이 여러분을 구원에 이르도록 자라게 할 것입니다. ³여러분이 주님이 은혜로우심을 정말로 맛보

왔다면 말입니다.

며칠 전 차 안에 있을 때였다. 나는 라디오에서 흘러나오는 한 프로그램에 찬탄했다(감히 이런 표현을 써 본다). 어떤 기자가 다양한 종류의 사슴을 사육하는 농장에 찾아갔다. 그 농장에서는 유럽 전역의 고급 레스토랑에 사슴 고기를 판매하고 있었다. 분명 사슴 고기는 새로운 유행이었고, 그들은 돈을 벌기 위해 최선을 다하고 있었다.

독자들 중에는 일반적으로 육류를 먹는 것이나, 특히 사슴 고기를 먹는 것에 반대하는 이들도 있을 것이다. 그러나 여기서 요점은 그것이 아니다. 요점은, 그 기자가 농장에서 운영하는 식당에 가서 다양한 고기를 맛보았다는 것이다. 생각해 보라. 라디오 프로그램이었다. 우리는 그 기자가 다양한 고기 부위를 먹고 씹고 다양한 고기의 다채로운 맛을 설명하는 소리를 들었다. 이런 내용을 라디오에서 다루는 것은 거의 불가능하리라 생각할지 모르겠다. 맛의 세세한 요소를 어떻게 전달할 수 있을까? 그러나 그는 아주 잘 해냈다. 다른 사람은 어땠을지 모르겠지만, 나는 그 기자 때문에 배가 고파졌다. 라디오 방송으로는 놀라운 성과 아닌가.

베드로는 이 단락의 마지막 부분에서 '맛'이라는 개념을 중요한 표지로 사용한다. 모든 그리스도인의 삶의 핵심 요소 가운데 하나가 주님의 은혜로우심을 '맛보는' 것이다. 이는 라디오로 특정한 고기의 맛을 묘사하기 어려운 만큼 설명하기 어려운 듯하다. 그러나 그는 독자들에게 도전한다. "여러분은 그것을 맛보았습니까? 내가 무슨 말을 하는지 알겠습니까?" 하고 묻는다.

자주 그러듯이 그는 성경을 인용한다. 이번에는 시편 34:8이다. "너희는 주님의 은혜로우심을 맛보아 알지어다"라고 시편 기자는 말한다. 그 맛을 보면 엄마 젖을 맛본 갓난아기처럼 더 먹고 싶어 할 것이다. 그리고 또 더 먹고 싶어 할 것이다.

그 갓난아기가 이 단락을 지배하는 이미지다. 즉, 갓 태어나 이제 음식을 먹고 자라 가족 안에서 사는 법을 배워야 하는 아기다. 그리스도인이 되는 것은 우리 안에 있는 새 생명과 관련 있다. 태어난 다음 돌봄을 받으며 지내다 자라 어른이 되는 생명. 성장하는 아이가 다 그러듯이, 이 마지막 단계에서는 주변 사람들과 관계를 맺는 좋은 방식과 나쁜 방식이 있음을 깨닫게 된다. 이때 좋은 방식은 택하고 나쁜 방식은 버리는 법을 배워야 한다.

여기서 베드로 역시 우리가 아는 초기의 다른 모든 그리스도인 교사들과 정확히 똑같은 말을 한다. 즉, 좋은 방식은 뜨겁고 순전하고 진실한 사랑의 방식이고(1:22), 나쁜 방식은 속이고 증오하고 적개심을 갖고 험담을 하는 방식이다(2:1). 분별하기는 어렵지 않다. 그러나 물론 행하기는 어렵다. 우리에게 "영적인 젖", 진짜 젖이 필요한 이유가 여기에 있다. 간혹 '친절해야' 한다고 생각하고 한 번에 지나치게 많은 요구를 하지 않으려는 설교자들은 자주 그것을 희석한다. 그러면 영적 아기는 잘 자라지 못하고, 영양실조가 된 아이처럼 영적으로 무기력하고 힘을 잃는다. 주님과의 진실하고 강력하고 생생한 관계가 핵심이다. 그분의 은혜로우심을 맛보고, 그 맛을 계속 갈망하라. 영리한 아기가 그러듯이, 그보다 못한 것에 만족하지 말라.

베드로는 이 맛을 본다는 이미지와 아기라는 핵심 이미지 안에 또 다른 그림을 배치한다. 그것은 씨 뿌리는 농부의 그림이다. 그러나 평범한 씨앗은 아니다. 사실 베드로는 자신이 좋아하는 책인 예언자 이사야의 글을 인용하면서, 결국 시드는 한낱 풀과 꽃을 싹 틔우는 평범한 씨와 중요한 다른 씨를 구분한다. 씨 뿌리는 사람의 이미지는, 특히 예수님이 중요한 *비유로 사용하셨기 때문에 초기 기독교에서 유명했다.

어쨌든 그것은, 옛 이스라엘 사람들이 그들에게 일어난 끔찍한 일들에서 하나님이 그들을 어떻게 구원하고 회복하실지(그들은 그렇게 희망했다) 생각할 때 흔히 떠올리는 이미지였다. 하나님은 농부처럼 밖에 나가 다시 한 번 그분의 밭에 씨를 뿌리실 것이고, 그분의 참 백성인 진짜 이스라엘은 싹이 터서 훌륭한 작물로 자라나 추수를 기다릴 것이다. 베드로는 이사야 40:6-8을 인용하면서 이 이미지를 가져온다. 중요한 것은 "주의 *말씀"(25절), "살아 있고 영원한 하나님 말씀"(23절), "여러분에게 전해진 말씀"(25절)이다. 그렇다면 이 '말씀'은 무엇이며 이 말씀은 어떻게 역사하는가?

많은 그리스도인들이 '하나님의 말씀'이라는 어구를 들으면 그저 단순히 '성경'이라 추정한다. 이 어구는 사실 자주 그런 의미로 사용된다. 그러나 베드로가 이 편지를 쓸 때 우리가 아는 신약 성경은 존재하지 않았다. 여기저기서 일부 단편들이 회람되었을 뿐이다. 그에게 '성경'은 옛 이스라엘의 성경인 '구약'을 의미했을 것이다. 그러나 여기서 그는 그 이상을 의미하는 듯하다. 그가 "여러분에게 전해진 말씀"이라고 말한 것은 *메시아 예수에 대한 *메시지를 의미하는 듯하다. 그것은 하나님이 메시아를 보내어 그분의 희생적 죽음과 그분에게서 나온 *성령을 통해, 우리가 앞에서 보았듯이, 모든 민족 사람들을 이전 삶에서 해방하여 온전한 새 생명과 하나님을 섬기는 목적을 주려 하신다는 메시지다.

그러나 예수님에 대한 메시지는, 베드로가 이미 말했듯이, 옛 예언자들이 했던 말이 성취된 것이기 때문에 의미가 있다. 우리는 그것을 이렇게 표현할 수 있을 것이다. '하나님의 말씀'은 '예수님에 대한 메시지, 곧 옛 성경의 성취로, 하나님이 그분을 통해 하신 일에 대한 메시지'를 의미한다. 이것이 핵심이다. 이것이 사람들을 '거듭나게' 한다(23절).

이 말씀은 어떻게 역사하는가? 초기 기독교의 다른 자료들은 물론 앞 단락에 나오는 1절을 보건대, 이런 식이었을 듯하다. 예수님을 따르는 이들은, 자신들이 사람들에게 예수님에 대해 말할 때 무슨 일이 일어나는 줄을 이미 *오순절에 알았던 것 같다. 그것은 그저 사람들이 흥미를 보이거나, 그 메시지에 동의하거나 거부하기로 결심하는 정도가 아니었다. 그 '말씀'에는, 그 자체로도 단순한 '말들'을 넘어서는 어떤 놀라운 에너지, 능력이 있는 듯 보였다. '말씀'이 선포되었을 때, 적어도 청중 일부에게 마치 수혈을 받은 듯한 일이 일어났다. 그들은 그 말씀에 붙잡혔고, 그 말씀으로 인해 변화되었으며, 그 말씀으로 씻음 받았고, 하나님의 임재를 새롭게 의식했다. 그렇다. 그들은 '말씀'을 들음으로써 "주님이 은혜로우심을 맛보았다." 그들은 거듭났다.

영원한 말씀에 대한 이사야서의 이미지는 그 자체로도 연구할 만한 가치가 있다. 그것은 특히 베드로가 여기서 인용하는 구절(40:6-8)과 55:10-13에서 볼 수 있다. 이 아주 중요한 구절은 이사야서의 가장 중요한 부분(40-55장) 양 끝에 나온다. 이 가장 중요한 부분에서 서서히 모습을 드러내는 인물은 '고난받는 종'이다. 초대교회에서는 이를 예수님과 그분의 희생적 죽음에 대한 직접적 예언으로 보았다. 베드로는 다음 장에서 바로 그 단락을 인용할 것이다. 그는 이미 이사야서의 이 부분 전체를 숙고하고 있는 듯 보인다. 그가 하는 말을 이해하고 싶다면 우리도 그렇게 해야 할 것 같다.

베드로전서 2:4-10
산 돌

⁴산 돌이신 그분께 나아갑시다. 사람들은 그분을 거부했지만, 하나님께서 그분을 선택하셔서 아주 존귀하게 높이셨습니다! ⁵여러분 자신은 살아 있는 돌들처럼 영적인 집으로 지어져, 메시아 예수를 통해 하나님께서 아주 기뻐하실 영적 제사를 드리는 거룩한 제사장이 됩니다.

⁶그래서 성경에 이런 말씀이 있습니다.

보라! 내가 시온에
택함 받은 귀한 모퉁잇돌 하나를 세우니,
그를 믿어라! 너희가 부끄러움을 당하지 않을 것이다.

⁷그분은 여러분 신자들에게 실로 귀한 분이십니다. 그러나 사람들이 믿지 않을 때, "건축자들이 거부한 돌이 모퉁이의 머릿돌이 되었고" ⁸또 "걸리게 하는 돌과 부딪치게 하는 바위"가 되었습

> 니다. 그들은 말씀에 불순종하여 걸려 넘어졌으니, 사실 그것이 그들의 운명이었습니다. ⁹그러나 여러분은 "택함 받은 족속, 왕같은 제사장", 거룩한 나라, 하나님께서 소유하신 백성입니다. 여러분의 목적은, 여러분을 어둠으로부터 자신의 놀라운 빛으로 부르신 분의 고결한 위업을 전하는 것입니다. ¹⁰전에는 여러분이 "백성이 아니었지만", 이제는 "하나님의 백성"입니다. 전에는 여러분이 자비를 받지 못했지만, 이제는 자비를 받았습니다.

나는 한 번도 정원을 잘 관리해 본 적이 없다. 참을성이 부족하다든가, 이사를 너무 자주 했다든가 하는 다른 많은 이유가 있지만, 가장 큰 이유로 처음 살던 집의 작은 정원을 손보려는 첫 순간에 마주했던 문제를 꼽고 싶다. 잡초가 무성해서 정돈해야 했다. 작업을 시작하려는데, 삽에 뭔가 단단한 것이 부딪혔다. 삽질을 할수록 좌절감만 더해 갔다. 그 땅에는 크고 작은 온갖 돌들이 아주 많았다. 30여 분 지났을 때쯤, 그곳에 식물을 심을 수 있게 돌들을 다 골라내려면 많은 시간이 걸릴 뿐 아니라 엄청난 돌무더기를 처리해야 한다는 것을 깨달았다.

이런 이유로 몇몇 나라(아일랜드가 떠오른다)의 수많은 작은 들판이 돌담으로 둘러싸여 있다. 들판에서 양을 키우려 그런 것이 아니라 거기서 돌들을 골라내느라 그렇게 되었을 것이다.

우리에게도 '돌'이 이 멋진 단락을 읽을 때 문제가 된다. 이 단락에는 다섯 절 안에 '돌'이라는 단어가 여섯 번, 거기다 '바위'까지 나온다. 우리에게 돌들은 귀찮은 것이다. 걸림돌이기도 하다.

그러나 성경을 아는 1세기 유대인들은, '돌'이라는 단어에는 이중적 약속이 담겨 있다고 보았다. 첫째, 이스라엘에는 참 하나님 '야웨'가 성전에서 영원히 사시기 위해 마침내 시온(예루살렘)으로 돌아오시리라는 위대한 희망이 있었다. 그래서 그 *성전은 그분께 합당한 거처가 되도록 제대로 다시 지어졌다. 이것이 '돌'이나 '바위'와 어떤 관련이 있는가? 그들에게는 '바위' 위에, '모퉁잇돌' 위에 세워진 성전에 대해 이야기하는 오랜 전통이 있었다. 딱 맞는 '돌'을 찾으라. 그러면 하나님이 돌아오실 만한 새 성전을 짓는 일을 추진할 수 있을 것이다.

둘째, 고대 히브리어에서 '돌'이라는 단어는 '아들'이라는 단어와 아주 흡사하다. 영어 'son'(아들)이 'stone'(돌)이라는 단어의 다섯 글자에서 세 글자를 가져다 만든 단어인 것처럼, '아들'에 해당하는 히브리어 '벤'(*ben*)은 '돌'을 의미하는 네 글자로 된 '에벤'(*eben*)에서 세 글자를 가져다 만든 단어다. 예수님은 한 유명한 이야기의 마지막 부분에서 이 단어로 말장난을 하시는 듯하다(막 12:1-12. 이 이야기는 '아들'에 대한 것이지만 예수님의 핵심 구절은 '돌'에 대한 것이다. 그 구절은 시 118:22을 인용하신 것으로, 본문 7절에서 베드로가 인용한 이사야의 동일한 구절을 암시한다).

어떻게 '돌'과 '아들'이 연결되는가? 예수님 당시에 많이 인용되던 또 다른 유명한 성경의 약속에서, 하나님은 다윗에게 그의 아들이 예루살렘에 성전을 지을 것이고, 이 *다윗의 자손이 실제로 *하나님의 아들일 것이라고 약속하셨다(삼하 7:12-14). 하나님의 고귀한 아들(*ben*)이 성전을 지을 것이라고 이 예언자는 말한다. 그런 다음 이사야는 계속해서, 그가 딱 맞는 돌(*eben*) 위에 성전을 지을 것이라고 말한다. 사실 초기 그리스도인들을 비롯하여 일부 사람들은 이사야의 그 구절을 읽을 때, "택함 받은 귀한 모퉁잇돌"은 물리적인 돌 자체가 아니라 한 인간, 이스라엘의 하나님이 완전히 새로운 것을 그 위에 지을, 오실 왕을 의미한다고 본 듯하다. 분명 베드로도 6절에서 그렇게 이해한 듯하다. 베드로는 "그를 믿어라"라고 말한다.

이것이 복잡해 보인다면, 실제로 복잡하기 때문에 그렇다. 그러나 일단 그 그림을 확실하게 이해하면, 즉 자신의 아들을 보내시겠다는 하나님의 약속과 그분이 영원히 살 집을 지으시겠다는 약속, 이 두 가지를 이렇게 다양한 방식으로 함께 붙여 놓은 이 그림을 확실하게 이해하면, 나머지 부분은 간단하고 순조롭다.

베드로가 보기에, 예수님은 분명 '돌'이고, 새 성전은 이미 그분 위에 지어지고 있다. 그분은 "산 돌"(4절)이다. 베드로는 이미 이사야의 구절이 아니라 시편 118:22의 성전 건축 그림 안에서 생각하고 있다. 그 구절에서 건축가들은 적당하지 않은 것 같아서 어떤 돌을 버리지만, 결국 벽의 꼭대기 모퉁이에 이르자 정확히 그 모양의 돌이 필요했다. 베드로는 예수님이 자기 백성에게 버림받으셨다고 지적한다. 그분이 그들의 당시 계획에 맞지 않으셨기 때문이다. 그러나 하나님은 그분을 건물 전체에서 가장 중요한 돌이 되게 하셨다. 그 돌은 가장 중요한 곳에만 들어맞기 때문에 다른 어디에도 맞지 않는 돌이었다.

논지를 이해하리라 생각했던 바로 그 사람들이 논지를 놓치고 있는데, 그들에게 이렇게 기이한 시나리오를 제안하고자 한다면, 성경에서 정확히 그것을 말하는 한두 구절을 찾는 게 도움이 될 것이다. 바울이 그랬듯 베드로도 같은 취지로 이사야와 시편의 몇몇 구절을 활용한다.

꼭 필요한 논지다. 그가 예수님에 대해 말하는 바는 모든 그리스도인의 *삶과 예배에 아주 중요하다(당신이 자신에게 '귀한' 사람이라 표현할 만한 사람들을 생각해 보라. 당신에게 예수님도 이 단어로 표현할 만한 분인가?). 그의 편지를 받은 흩어진 공동체가 그 사실을 확실하게 이해하는 것은 훨씬 더 중요하다. 그들 역시 이 새 성전의 일부이기 때문이다. 하나님은 더 이상 예루살렘 성전에 거하시지 않고, "살아 있는 돌들"로 이루어진, 세상 전역에서 '지어져' 가는 "영적인 집"에 거하신다. 결국 하나님은 온 세상에 그분의 영광이 가득하기를 원하신다(민 14:21; 시 72:9. 다른 비슷한 구절들도 보라). 그러므로 이미 그분이 거하시는 '집'을 이루고 있는 세상 전역의 사람들을 확고하게 세우는 일은 그 전반적 계획에서 중요한 측면이다.

이 모든 것은, 베드로가 이 흩어져 있는 예수님의 제자들 그룹을, 성경이 이스라엘 민족을 지칭할 때 사용하는 용어로 부를 수 있다는 의미가 된다. 물론 초대교회는 확실히 유대적이었다. 그러나 바울처럼 베드로도, 하나님이 비유대인들을 이 가족에 속하게 하셔서 그런 유대인들과 함께 이스라엘의 운명을 공유하도록 하셨다고 보았다. 즉, 십자가에 못 박힌 *메시아라는 개념이 엄청난 충격이었음에도 불구하고 베드로와 다른 *사도들처럼 예수님을 믿은 유대인들과 함께, 그들은 "영적 *제사"를 드리는 "거룩한 제사장"이었다. 그들은 출애굽기 19:3-6에 언급된 "택함 받은 족속, 왕같은 제사장"이었다. 그들은 세상에 참 하나님이 행하신 일을 보여 주어야 했다.

베드로는 이 요점을 강조하기 위해 10절에서 호세아 2:23의 잘 알려진 어구를 택한다. 이전에는 "백성이 아니었"던 사람들이 이제 "하나님의 백성"이다. 자비를 받지 못했던 사람들이 이제 자비를 받았다.

이 모든 것은 이전에 한 민족이었던 이스라엘에게 내려졌던 말씀이다. 그러나 베드로는 이스라엘을 향한 하나님의 모든 약속이 메시아 예수님 안에서 성취되었고, 따라서 이제 예수님께 속한 모든 사람이 그 "하나님의 백성", 참 성전에 속했다고 믿었다. 이제 한 분이신 참 하나님이 그들 가운데 거하셨다! '성전'은 예루살렘이 아니라 세상 전역에 지어졌다! 이는 이 서신에 실린 다른 모든 내용의 토대가 되는 위대한 진리다.

만일 베드로가 이 부분에 쏟아붓는 엄청난 범위의 관련 성경 구절을 따라잡기가 어렵다면, 이해를 도와줄 책이나 다른 도움거리들이 없었던 1세기 터키 시골 지역의 이교도 개종자들이 어떠했을지 생각해 보라. 우리에게 어떤 책임이 있는지, 우리가 어떤 특권이 있는지 생각해 보라. 우리는 이런 거대한 진리들을 이해하기 위해 사고를 더 넓혀야 하고, 또 미래의 교회 역시 그렇게 하도록 가르쳐야 한다. 예수님이 어떤 분이시고 그분을 따르는 우리가 어떤 사람인지에 대한 진리에 확고하게 닻을 내리고 있을 때에만, 이 서신의 나머지 부분이 권면하는 대로 살 수 있을 것이다.

베드로전서 2:11-17

이방 세계에서 살아가기

> ¹¹내 사랑하는 이들이여, 나그네요 거류민인 여러분에게 간청합니다. 여러분의 참 생명에 맞서 전쟁을 벌이는 육신의 욕망을 저지하십시오. ¹²이방인들 가운데서 늘 선한 행동을 하여, 그들이 여러분을 향해 악을 저지르는 사람이라고 비방하다가도 여러분의 선한 행동을 보고 하나님께서 왕으로 오시는 날에 하나님을 찬양하게 하십시오.
>
> ¹³주를 위해 인간의 모든 제도에 복종하십시오. 최고 주권자인 황제든, ¹⁴악을 저지르는 사람을 심판하고 선을 행하는 사람을 칭찬하려고 황제가 파송한 총독이든 마찬가지입니다. ¹⁵알다시피, 이것이 하나님의 뜻입니다. 그분은 여러분이 바르게 처신하여 어리석고 무지한 사람들을 잠잠하게 만들기를 바라십니다. ¹⁶자유인으로 살되(물론 여러분의 자유를 악을 숨기는 가리개로 쓰지 마십시오!), 하나님의 종으로 사십시오. ¹⁷모든 사람을 존경하십시오. 가족을 사랑하십시오. 하나님을 경외하십시오. 황제를 존중하십시오.

그날 아침 나는 천천히 잠에서 깼다. 전날의 행사들로 녹초가 되어 깊은 잠에 빠졌다가 따스하고 어두운 터널에서 서서히 나오는 느낌이었다. 불쾌한 느낌은 아니었다. 하지만 마침내 눈을 떴을 때 잠시 내가 어디에 있는지 어리둥절했다. 익숙한 게 하나도 없었다. 분명 집은 아니었다. 할머니 할아버지와 함께 있지도 않았고, 내가 잘 아는 다른 집에 있지도 않았다.

곧 모든 것이 한꺼번에 밀려왔다. 긴 자동차 여행. 여행 가방과 상자들. 계단 세 개를 오르내린 것. 방을 정리한 것. 옛 친구 두세 명과 수많은 새로운 사람들을 만난 것. 밥을 먹고, 한잔한 다음 침대에 드러누운 것. 나는 대학에 와 있었다. 나는 대학생이었다. 내 인생 전체에서 가장 큰 걸음 가운데 하나였다.

나는 내가 누구고 어디에 있는지 파악하려 애쓰면서 잠시 그곳에 누워 있었다. 나는 이 걸음에 대해 충분히 여러 번 생각했지만, 이제 그 일이 일어난 것 같았고, 그것은 실로 엄청났다. 이제 곧 새로운 언어를 배울 참이었다. 새로운 과목들과 책들을 공부할 참이었다. 다른 어떤 사람이 되려는 과정에 있었다. 전체 체제가 어떻게 돌아가는지, 이 새로운 세상에서 어떻게 살아야 하는지 알아야 했다. 이 새로운 신분은 아주 많은 것을 주었지만, 또한 중대한 도전이었다.

바로 앞 단락에서 보았던 2장 첫 부분에는 아주 놀라운 비전이 나와 있었다. 그러나 그 다음인 이 단락에는, 눈을 비비고 깜빡이며 다시 보아야 할 것 같은 내용이 있다. 이 단락은 사실상 이렇게 말한다. 자, 이제 우리가 이러한 존재이니 무엇을 우선순위에 두어야 할까? 이제 우리는 어떻게 행동해야 할까? 이 새로운 세상에서 어떻게 살아야 할까? 베드로는 곧바로 작업을 시작한다. 세상을 변화시키려는 하나님의 위대한 목적 안에서 당신이 정말 누구인지 알았다면, 그에 알맞게 사는 법을 배우는 것은 필수다.

수세기 동안 이스라엘 백성들은, 비유대인(나중에는 '이교도'라 불린다)들의 통치를 받으면서 자신들의 *믿음과 소망을 삶으로 드러내고 공동생활을 하는 법을 배워야 했다. 이교도들은 유대인들의 믿음에는 관심이 없었다. 그들과 같은 소망을 품지 않은 것도 확실했고, 그들의 공동생활을 비웃거나 적극적으로 방해했다. 베드로는 '흩어져'—이는 베드로가 1:1에서 이곳저곳에 사는 그리스도인 공동체를 향해 사용한 바로 그 단어다—있던 유대 백성들의 이러한 경험을 기초로, 이제 자신이 해야 할 말을 한다. 그가 취하는 입장은 영리하고 균형 잡혀 있다. 이는 세심하게 숙고해 볼 만큼 중요하다.

우선, 그는 그저 엄격한 도덕주의자 같아 보인다. "육신의 욕망을 저지하십시오!" 오늘날 세상 여러 지역에서 그러듯이, 고대 세계에서도 육신의 욕망을 만족시킬수록 좋다고 생각하는 경향이 있었다. 사람들을 저지할 수 있는 것은 돈(좋아하는 모든 음식과 음료를 소유할 형편이 되는가?)과 두려움(원하는 만큼 성생활에 탐닉한다면, 자신의 배우자를 포함하여 질투심 많은 배우자들을 감당할 수 있겠는가?)뿐이었다. 초기의 다른 그리스도인들이 그랬듯이, 베드로도 결코 음식이나 음료나 성 자체에 어떤 나쁜 것이 있다고 말하지 않는다. 적절한 시간과 장소에서는 모든 것이 괜찮다. 그러나 우리 인간에게는 그냥 내버려 두면 우리를 온갖 어리석고 인간성을 말살시키는 곳으로 이끄는 욕망이 있는 듯하다. 오늘날 마음껏 먹고 마시며 명을 재촉하는 사람들을 생각해 보라. 절제는 꼭 필요하다.

베드로가 보기에 더 위태로운 것이 또 있다. 그들은 "참 *생명", 1:1-5과 2:4-10에 묘사된 새로운 자아, 진정한 자아의 숨겨진 생명을 지니고 있다. 육신의 욕망은, 마음대로 하게 내버려 두면, 참된 생명에 맞서 군사 작전을 펼칠 것이다. 그는 그들이 하나님의 새로운 *성전이라 할지라도 지금 여러 나라에 흩어져 있다고 말한다. 그들은 그곳 사람들처럼 행동해서는 안 된다. 다르게 처신하지 않으면 그들의 진정한 목적, 즉 그곳 사람들에게 하나님이 누구시고 어떤 일을 하셨는지 보여 주는 일(2:9)은 시작하기도 전에 진압당하고 말 것이다. 당연히 그것이 주변 세상이 좋아하는 일이다. '오, 새로운 종교라고? 밑을 파 보면 다른 종교들과 다 똑같지.' 그러나 그리스도인들은 달랐다. 박해에도 불구하고 이 믿음이 확산된 이유 가운데 하나는, 이것이 실제로 새로운 삶의 방식임을, 아무도 실제로 존재하리라 상상도 못했던 삶의 방식임을 사람들이 서서히 알게 되었기 때문이다.

그러나 그와 동시에, 지켜보는 이교도 세계에, 다른 사람이 자신이 이해하지 못할 일을 할 때 사람들이 늘 그러듯 비웃고 비방하는 이교도 세계에, 그리스도인들이 널리 인정된(비록 많은 이들이 그에 합당하게 살지 못할지라도) 도덕 규범을 준수하고 있음을 보여 주는 것이 중요했다. 당신이 다르다고 해서 옳고 그름에 대한 기본 원리를 무시할 수 있는 것은 아니라는 말이다. 어떤 그리스도인들은 실제로 그런 길로 가려는 유혹을 받았다. 자신들은 평범한 삶과 완전히 동떨어져 있고 초영적이어서 '옳고 그름' 위에 있다고 여겼다. 베드로는 그렇지 않다고 말한다. 당신의 행동이 존경할 만함을 세상에 보여야 한다. 세상이 모른다 해도, 하나님이 사람이신 그 아들의 위격으로 돌아오실 날이 다가오고 있다. 그분이 오실 때, 당신을 지켜보던 이교도들은 "흠, 그리스도인들은 자신들이 했어야 할 일들을 엉망으로 만들어 버렸어!" 하지 않고, "오, 그리스도인들은 줄곧 옳았어!"라고 말해야 한다.

지켜보는 이교도들에게 참된 인간됨의 도리를 보여 주어야 한다는 이 주제는, 13-17절에서 계속된다. 유럽과 러시아에서(세계의 다른 지역에서도 점점 더 그런 양상이 드러나고 있다) 끔찍한 폭정의 세기를 보낸 오늘날 우리는, '황제'든 어떤 가혹한 정권들이든 확실히 잘못되고, 확실히 부패하고, 선하신 하나님이 확실히 원하지 않으실 것이라 생각한다. 실제로 성경은 줄곧 인간 통치자들의 권력 남용을 지속적으로 강력하게 공격하고 있다.

그러나, 당시 세계 전역의 유대인들이 잘 알았듯이, 폭군들이 특히 하나님의 신실한 백성들에게 지독하게 굴지라도, 그분이 창조하신 세상을 인간 통치권자들이 통치하고 다스리는 것이 여전히 하나님의 뜻이다. '질서'가 폭정으로 변할 수 있고 자주 그런다 해도 질서는 혼돈보다 낫다. 우리는 폭정에 대한 증오로 인해 혁명 정치(1세기부터 우리 시대에 이르기까지 많은 것을 변화시키지 못한)에 이르게 되기도 하지만, 베드로는 다른 길을 지지한다. 통치권자들에게 복종하라. 그와 동시에 선한 행실을 통해, 어리석고 무지하여 비판하려고 하는 이들을 부끄럽게 하라. 이것이 하나님이 *하늘에서처럼 땅에서도 그분의 임재와 통치를 확립하시는 방식이다. 압제적 폭정과 폭력적 혁명만이 선택지는 아니다. 평화롭고 지혜롭고 눈에 띄게 선한 삶을 삶으로써 참 하나님을 섬기는 것이, 역사가 보여 주듯, 단순히 한 부패 정권이 타도되고 필시 별다를 것 없는 또 다른 정권이 그 자리를 차지하는 것보다 훨씬 혁명적인 일이다.

서신을 더 보면, 베드로가 당장은 이것이 쉬울 것이라 생각하거나, 통치권자들이 항상 즉각적으로 예수님의 제자들을 존경하리라 여기지 않음을 알 수 있다. 전혀 그렇지 않다. 그리스도인들은 예수님의 본을 따라 고난을 당하도록, 심한 고난을 당하도록, 부당한 고난을 당하도록 부름받는다. 이런 확고한 조언이 주어진 상황 가운데서 그 모든 일이 일어난다. 어떤 방해가 발생하든 도덕적·사회적 나침반은 그 이후 원상회복되어야 한다. 그리스도인들은 모든 사람을 존중

벧전 2:11-17

해야 한다. 가족을 사랑해야 한다. 즉, 다른 그리스도인들과 필요한 것들을 나누어야 한다. 항상 모든 면에서 하나님을 최우선순위에 두어야 한다. 또 황제를 공경해야 한다.

'공경'이란 황제가 말하고 행하는 모든 것에 동의한다는 의미가 아니다. 그러나 예수님이 본디오 빌라도에게 말씀하셨듯이(요 19:11), 하나님이 그를 잠시 통치자로 임명하셨다.

정치 사상이 매우 다양한 분위기에서, 우리는 먼저 베드로가 여기서 말하는 바를 오해하고(폭군들과 마음 편히 결탁하기를 옹호한다고), 그의 순진함을 비웃기가 얼마나 쉬운가. 이제 나올 구절들은 그런 태도가 얼마나 잘못되었는지 보여 줄 것이다. 이제 우리가 누구인지에 눈을 뜨면, 우리를 기다리는 새로운 온갖 도전들을 보게 될 것이다. 거기에는 흔한 사회적·정치적 이데올로기의 틀에서 벗어나 올바르게 사고하라는 도전도 있다.

베드로전서 2:18-25
메시아께서 겪으신 것과 같은 고난

> ¹⁸종들은 주인을 온전히 존중하며 순종하되, 선량하고 친절한 주인에게만 아니라 모진 주인에게도 그러십시오. ¹⁹알다시피, 여러분이 경건한 양심 때문에 부당하고 힘겨운 고난을 참아 낸다면, 이는 여러분이 칭찬받을 일입니다. ²⁰여러분이 무엇을 잘못한 까닭에 매를 맞고 참고 받아들인다면, 결국 그 일로 무슨 칭찬을 받겠

습니까? 그러나 여러분이 옳은 일을 하다가 그 이유로 고난을 겪으며 참고 견딘다면, 이는 하나님 앞에서 여러분이 칭찬받을 일입니다.

²¹ 결국 이것은 여러분의 부르심과 직결됩니다.

메시아께서도 여러분을 위해 고난당하셔서
여러분을 위해 모범을 남기셨으므로,
여러분은 그분이 걸으신 길을 뒤따라야 합니다.
²² 그분은 아무런 죄도 범하지 않으셨고,
그분 입에는 어떤 속임도 없었습니다.
²³ 모욕당하셨을 때 모욕으로 되갚지 않으셨고,
고난당하셨을 때 위협하지 않으셨고,
도리어 공정하게 심판하시는 분께 자신을 맡기셨습니다.
²⁴ 그분은 몸소 십자가 위에서
우리의 죄를 자기 몸에 지심으로,
우리가 죄에서 자유롭게 되어
의를 위해 살게 하셨습니다.
그분의 상처 덕분에 여러분이 나았습니다.
²⁵ 여러분은 양처럼 길을 잃었지만,
이제 여러분의 참 생명의 목자요
보호자에게 돌아왔습니다.

얼마 전 눈보라가 한창일 때, 우리 집과 인근 두 개 마을에 열네 시간 동안 전기 공급이 끊겼다. 우리 집은 전기로 난방을 하기 때문에 집이 몹시 추워졌다. 난로에 장작을 땔 수는 있었지만, 따뜻해지기는 했어도 그 위에서 음식을 만들기는 쉽지 않았다. 전화도 먹통이 되었다. 당연히 컴퓨터도 작동되지 않았다. 그 일로 나는 다시 한 번, 전력이 간헐적으로만 공급되는 오늘날 세상 여러 지역의 많은 사람들과, 인간 역사에서 아주 최근까지 모든 사람의 상황을 생각해 보게 되었다.

연료가 부족하여 차를 이용할 수 없다고 상상해 보자. 기차도 운행되지 않는다. 비행기도 뜨지 못한다. 갑자기 삶이 훨씬 기초적인 수준이 된다. 또 훨씬 많은 시간이 소모된다. 내가 전기가 없거나 엔진이 장착된 운송 수단이 없는 세상에서 산다면, 여기 앉아 책을 쓸 수 있을지 모르겠다. 아마도 밖에 나가 장작을 패거나 나물을 캐러 돌아다닐 것 같다. 조금 더 창의적인 무엇을 할 시간을 갖고 싶다면, 나를 위해 그 모든 일을 해줄 사람을 찾아야 할 것이다. 자원이 부족한 세계에서는 많은 사람들이 먹고살기 위해 일을 하려고 할 것이다.

고대 세계에서는 오늘날 전기와 가스와 엔진이 하는 거의 모든 일을 종들이 했다. 물론 이는 노예제도를 옹호하는 말이 아니다. 노예제도는 제도적이고 합법적으로 인간성을 말살하는 방식이었다. 종은 그 주인의 '소유물'이었다. 주인들은 종들이 다음 날, 또 그 다음 날 일을 할 수 있도록 충분한 숙식을 제공했다. 그러나 '소유물'인 종들을 구박하거나, 신체적·성적으로 학대하거나, 수천 가지 다양한 방식으로 착취하기도 했다.

우리는 그러한 세상을 경멸한다. 오늘날 소위 '자유로운' 사회의 많은 지역에서 많은 사람들이 실제로 거의 같은 입장이라는 사실을 알아차리지 못한 채. 잘 드러나지 않지만 그들은 아주 적은 임금을 받고 긴 시간 일한다. 휴가를 낼 수도 없고 다른 일을 찾을 수도 없다. 그들에게는 부양해야 할 가족이 있을 것이고, 하루 임금을 받지 못하거나 혹 '직장'을 잃으면 처참해지는 상황일 것이다. 그들은 무엇을 어찌해 볼 수 없는 상태다. 명목상은 그렇지 않지만 그들은 노예다. 야만적이라고 고대 사회를 비웃고 싶다면 조심해야 한다. 그들이 도리어 우리를 비웃을지 모른다.

베드로는 비웃기보다는 훨씬 창의적인 무엇을 한다. 예상할 수 있듯이, 예수님의 *복음이 복음을 믿는 모든 이들에게 존엄성과 자존감을 주었다 해도, 당시에는 상당수 그리스도인들이 종이었다. 베드로는 이 그리스도인들을 종이라 칭한다. 그리고 (우리가 선호하는 대로) 그들에게 주인들에게 맞서 봉기하라고 하지 않고 순종하고 존경하라고 말한다. 그는 그 주인이 친절하고 공정할 때뿐 아니라 부당할 때에도 그렇게 하라고 강조한다.

우리의 시각에서 보자면 그는 여기서 아주 모험적 행동을 하고 있다. 부당한 고난을 참으라는 말은 우리에게는 악과 야합하라는 것처럼 들린다. 폭력적인 많은 가정과 직원들을 학대하는 많은 직장에서 계속 악이 자행되는 것은, 사람들이 공개적으로 말하기를 두려워하기 때문이고, 세간의 눈을 피하고 학대를 참기 때문이다. 그런 행동을 고발하면 직장이나 가정을 잃거나, 극단적인 경우 목숨까지도 희생될 수 있다.

내 생각에, 베드로는 자신의 설명을 끝까지 잘 들어 보라고 말하는 것 같다. 우리가 생각하기에는 부당하고 힘겨운 처우를 참는 사람들은 분명 도덕적 수렁으로 빠질 것 같다. 그러나 베드로는 그 도덕적 수렁 배후로 가서, 더 깊은 진리를 살짝 보여 준다. 그는 예수님과 관련된 놀라운 사건들을 오랫동안 많이 묵상했다. 그는 *메시아가 오심으로 성취된 이상하고 암울한 성경 말씀에 비추어, 그 사건들을 생각하고 기도했다. 그러고는 그분의 놀라운 이야기 안에 거하도록 예수님을 따르는 이들을 초대한다. 그것을 그들의 이야기로 받아들이도록, 또 그 사건들로 치유받고 구원받아서 그들도 그렇게 살도록 초대한다.

물론 이 모든 것의 핵심은, *메시아의 십자가 죽음이 세상이 지금까지 보았던 가장 부당하고 악한 행위라는 것이다. 여기 오직 찬양과 감사를 받기에 합당하신 분이 계셨다. 그런데 그들은 그분을 거절했고 마구 때리고 죽였다. 이 사실을 이해하기 위해 베드로는 초기의 많은 그리스도인들이 그랬듯이, 이사야의 말씀으로, 이번에는 유명한 53장으로 거슬러 올라간다. 거기서 하나님의 전 세계적 구원 계획을 이행하도록 부름받은(42:1-9, 49:1-7, 51:4-9) 고귀한 인물인 그 '종'은, 부당한 취급을 받고 모욕을 당했지만 그대로 갚지 않고, 고난을 당했지만 자신을 괴롭힌 이들에게 저주로 되갚지 않음으로써 그 계획을 이행하신다. 베드로는 이사야 53:4을 인용해 "그분은 몸소 십자가 위에서 우리의 죄를 자기 몸에 지셔서"라고 말한다. 우리는 길 잃은 양처럼 제멋대로 헤매고 있었지만 그분이 입으신 상처 덕분에 우리가 치유되었다(사 53:5, 6). 이는 메시아 예수께서 그분의 백성이 받아야 할 벌을 직접 감당하셨다는 사실을 보여 주는, 신약 전체에서 가장 명쾌한 선언 가운데 하나다. 이스라엘의 메시아이시며 그 이후로 세상의 참 주님이신 그분만이 다른 모든 이를 대표하실 수 있다. 그분만이 완전하고 적절하게 그들을 대신하실 수 있다.

이제 우리는 베드로가 종과 주인에 대해 하는 말이, 또 이후 이 서신에서 다른 상황들에 대해 하는 말이 얼마나 중요한지 안다. 그는 그저 폭력을 당할 때 수동적으로 있으라고 권하지 않는다. 왜 그런지 모르겠지만 이상하게도, 메시아의 고난이 우리를 죄에서 구원하기 위한 것만이 아님을 깨달으라고 권한다. 그분 백성의 *삶을 통해 그 고난이 이어질 때, 세상이 새로운 곳이 될 수 있다는 뜻이다.

믿기 어려운 말이다. 어찌 보면 이것은 진짜 문제를 대면하지 않으려는 영리한 방법같이 보인다. 그러나 베드로는 예수님의 죽음과 *부활이 세상의 다른 모든 일의 중심이었고 또 여전히 중심이라 믿는다. 어쨌든 그는 하나님 백성의 모든 부당한 고난은 그 아들의 고난을 따라가는 것으로 보아야 한다고 말하는 것이다.

이 글을 쓰고 있을 때, 기독교 *신앙을 거의 용인하지 않고 핍박하는 나라에서 사는 한 그리스도인 친구에게서 이메일이 도착했다. 그 친구는 상황이 아주 나빠졌다고 말했다. 생계 수단이 없어졌고, 통치권자들이 포위해 오고 있었다. 그런 편지를 받을 때 나는 무력감을 느낀다. 어쨌든 안락한 자유를 누리며 베드로전서를 읽는 우리는 기도로, 우리가 할 수 있는 캠페인으로, 베드로가 말하는 박해가 현실인 우리의 형제자매들을 도와야 한다는 깊은 책임감을 느낀다.

베드로전서 3:1-7

결혼과 그 도전

¹마찬가지로, 여자들에게 말하겠습니다. 여러분은 남편에게 복종해야 합니다. 혹 말씀에 불순종하는 남편일지라도, 아내가 말없이 하는 행동을 통하여 구원을 얻게 하려는 것입니다. ²그들이 여러분이 존경심과 순결함으로 행동하는지 주목하고 있으니 말입니다. ³여러분이 얻고자 힘써야 할 아름다움은 공들인 머리치장, 금장신구, 고급 의상 따위의 외적인 것이 결코 아닙니다! ⁴도리어 참된 아름다움은 신실하고 온유하고 정숙한 영에서 우러나오는, 마음속에 감추어진 아름다움입니다. 하나님께는 이것이 아주 귀중합니다. ⁵하나님께 희망을 두었던 옛적의 거룩한 여성들은 이처럼 남편에게 순종함으로써 자신을 아름답게 가꾸었습니다. ⁶예컨대, 사라는 아브라함에게 순종하여 그를 '주인'이라 불렀습니다. 여러분이 선한 일을 하고 위협을 두려워하지 않는다면, 여러분은 사라의 자녀입니다.

⁷마찬가지로 남자 여러분도 아내와 함께 어떻게 살지 깊이 생각하십시오. 그렇습니다, 아내들은 여러분보다 육체적으로는 연약하지만 온전히 존중받을 가치가 있습니다. 그들은 여러분과 마찬가지로 생명의 은혜를 상속받을 이들입니다. 그래야 그 무엇도 여러분의 기도를 가로막지 않을 것입니다.

한 현명한 설교자가 지적했던 내용이 기억난다. 사람들은 자유롭게 마음을 정하고 결정할 수 있을 때에도 대개 곧바로 적합한 틀을 찾는다는 것이다. 정형화된 틀을 받아들이고 그 형식에 맞춘다. 그러고는 너무 예상 가능한 빤한 방식으로 행동한다. 아마도 우리는 결국 자유롭지 못한 것 같다.

그는 두 가지 예를 제시했다. 교회에 나오는 사람들을 주시하라. 그들은 자유롭게 원하는 자리에 앉을 수 있다. 그러나 대다수 사람들은 뜻대로 하게 내버려 두면, 양쪽 끝 중간 지점으로 간다. 또 보통은 늘 앉던 자리로 간다. 그쪽 자리가 다 차 있을 때에만 다른 자리로 향할 것이다. 슈퍼마켓에서의 구매 심리에 대해서도 비슷한 말을 할 수 있을 것 같다. 사람들은 제품에 상관없이 어느 정도 높이에 진열된 어떤 색상의 상품이 가장 잘 팔리는지 연구하고 있다.

그가 제시한 또 다른 예는 청소년들이다. 그들은 하고 싶은 대로 자유롭게 옷을 입을 수 있다. 그러나 그들은 모두 청바지, 트레이닝복, 귀걸이 등 본능적으로 같은 차림을 택한다. 그러다 보니 청소년 몇 명이 함께 있는 것을 보면 마치 유니폼을 입은 듯 보인다. 어떤 의미에서는 유니폼을 입은 것이 맞다. 그렇게 하는 것이 더 안전할 것 같다. 또 더 쉬울 것도 같다.

이 단락은 현대 세계처럼 고대 세계에서도 남자와 여자들이 쉽게 빠져드는 정형화된 틀을 난도질한다. 오늘날 '여성지'들을 보라. 머리 모양, 보석, 옷이 주요 내용이다. 3절을 보면 그것들은 고대 세계에서도 여성들의 관심거리였던 것 같다. 또 남성지들을 보라(보기에 낯뜨겁지 않은 것들로). 보디빌딩, 힘, 고속력 자동차, 첨단 기술 등을 다룬다. 아마 골프도 있을 것이다. 힘, 기술, 지배, 과시의 상징들이다.

이제 베드로가 무엇을 말하는지 살펴보라. 그는 다르게 해 보라고 말한다! 여성의 진짜 아름다움은 마음에서 나오는 것이라면 어떻겠는가? 기혼 여성들에게 인간으로서의 온전한 위상을 부여하는 것이, 외적인 어떤 것이 아니라 그들의 전 인격에 영향을 미치는 것이라면 어떻겠는가? 급진적 생각이다.

또 기혼 남성들이 진정한 성취감을 얻을 방법이, 아내를 강압적으로 복종시켜 자신이 원하는 바를 하도록 강요하는 것이 아니라면 어떻겠는가? 성취에 이르는 방법이, 아내가 육체적으로 더 약하더라도 아내를 동등하게 대하는 것이라면 어떻겠는가? 다른 면에서는 물론 종교적인 면에서도 아내가 당신과 동등한 위치에 있다면 어떻겠는가? 급진적 생각이다.

우리는 이 급진적 생각들, 당시에도 급진적이었고 지금도 급진적인 생각들을 마음에 새겨야 한다. 잡지들이 여성과 남성에 대해 전혀 다른 생각을 담아낸다면 어떻게 될까? 잡지야 그런 생각을 따라가든 말든, 그리스도인들이 기꺼이 다르게 행동한다면 어떻게 될까? 이것이 여전히 아주 극단적으로 들린다는 사실은, 어느 세대든 배워야 하는 교훈이라는 뜻이다. 하고 싶은 대로 하도록 내버려 두면, 우리는 교회에서조차 여성들과 남성들이 늘 하던 대로 행동하게 된다. 사회의 정형화된 틀과 타고난 호르몬으로 인한 본능이 우리를 좌지우지하도록 내버려 두는 것이다. (이런저런 '해방'의 시각이 아니라) *메시아 예수의 *복음에 비추어 역할들을 다시 생각하는 길을 가는 것은 쉽지 않다.

물론 사람들은 의구심을 품을 것이다. 여러 해 동안 많은 남자들이 1-6절은 강조하고 7절은 조용히 잊어버렸다. 또 많은 여자들이 이에 동의했다. 유쾌하고 창의적인 급진주의와 '온순하게' 복종하는 척하는 것이 별 차이가 없어 보이기도 한다. 그러나 '온순해' 보이려는 유혹이 여전히 있다고 해서("튀지 말고, 들은 대로 행동해. 그러면 다치지 않을 거야!"), 유쾌한 급진주의를 고려하지 말아야 하는 것은 아니다.

결국 남편과 아내가 행복하게 사는 것이 핵심이고 중요할지라도, 목표는 그저 그렇게 행복하게 사는 것이 아니다. 더 크고 전혀 다른 두 가지 목표가 있다.

한 가지 더 큰 목표는, 비그리스도인 남편들이 *믿음을 갖게 되는 것이다(1절). 역사 연구가 보여 주듯이, 사실 이는 주후 첫 200-300년 동안 통치자들이 기독교를 근절하려고 최선을 다했음에도 불구하고, 기독교 신앙이 퍼져 나간 중요한 통로 가운데 하나다. 실제로 비그리스도인 여성들보다 그리스도인 여성들이 훨씬 더 많았다. 이교도 가정에서는 둘째 딸은 '버리는' 경우가 아주 흔했기 때문이다. 그들은 버려져 굶어 죽거나 들짐승의 먹이가 되기도 했고, 누가 데려다 종이나 혹 매춘부로 기르기도 했다. 여자아이들은 돈이 많이 들고 어렵고 성가신 존재로 여겨졌다. 유대인들이 그랬듯 그리스도인들도 이에 반대했다. 그래서 결혼 적령기의 그리스도인 여성이 아주 많았다. 그들은 이 장에서 말하는 바와 같은 조언을 마음 깊이 새겼다. 그리스도인 가정들은 늘어났고 널리 퍼졌다.

다른 더 큰 목표는, 그리스도인 부부는 함께 기도하고 또 효과적으로 기도할 수 있어야 한다는 것이다(7절). 한 사람이 권세를 부리고 강압적이라면 함께 하는 기도는 자연스럽고 즐겁게 함께하는 시간이 아니라 부담이 될 것이다. 물론 남편이나 아내는 기질에 맞게 전혀 다른 방식으로 기도하고 싶을 것이다. 그러나 함께 기도할 때에는, 이를테면 함께 예배에 참석할 때에는 둘 사이에 분한 마음이 없어야 한다. 특히 남편이 아내를 열등한 존재로 취급하거나 아내에게 맹종을 요구하여 분한 마음이 들게 하지 않아야 한다. 고대 세계에서 여성이 어떤 취급을 받았는지―아리스토텔레스에 따르면 여성은 이류 인간으로 여겨졌다―를 고려할 때에만, 우리는 베드로의 메시지가 실제로 얼마나 혁명적(다른 초기 그리스도인들의 글처럼, 또 예수님이 실제로 행하신 바를 따르기에)이었는지 알 수 있다. 지금도 그렇다.

베드로전서 3:8-16
새로운 생명의 길

> 8이 편지의 목적은 여러분 모두가 같은 마음을 품고, 서로 공감하고 사랑하며, 다정하고 겸손하게 되는 것입니다. 9악으로 악을 갚거나 비난으로 비난을 갚지 말고, 도리어 복을 빌어 주십시오. 여러분은 이렇게 하도록 부르심 받았으니, 이는 여러분이 복을 상속받게 하려는 것입니다.
>
> 10생명을 사랑하고 좋은 날을 보려는 사람은
> 악으로부터 혀를 지키고 거짓말로부터 입술을 지켜야 한다.
> 11악에서 돌아서서 선을 행하고
> 평화를 추구하며 그 뒤를 따라야 한다.

> ¹²주의 눈은 의인 위에 머물고, 그분의 귀는 그들의 기도를 들으시지만,
>
> 주의 얼굴은 악을 행하는 사람들과 맞서기 때문이다.
>
> ¹³그러므로 여러분이 열심히 옳은 일을 한다면, 여러분을 해칠 사람이 누가 있겠습니까? ¹⁴그러나 여러분이 의로운 행동 때문에 고난을 당한다면, 하나님의 복이 여러분에게 있습니다! "그들이 두려워하는 것을 두려워하지 말고, 동요하지 마십시오." ¹⁵여러분의 마음속에 메시아를 주님으로 거룩하게 모시고, 여러분이 품은 희망을 설명해 달라는 사람에게 언제든 대답할 준비를 해 두십시오. ¹⁶물론 온유함과 존경심을 품고 그러십시오. 선한 양심을 간직하십시오. 그러면 사람들이 메시아 안에서 여러분이 하는 선한 행실을 헐뜯을 때, 그들이 부끄러움을 당할 것입니다.

우리들 대다수는 전에 운전해 본 적 없는 자동차를 타는 느낌을 안다. 보통은 한번 휙 둘러본 다음, 방향 지시등 스위치가 어디 있는지 확인하고 거울 각도를 점검한다. 일부 자동차를 제외하면, 시동 거는 방법은 잠깐이면 파악할 수 있다. 그러나 그러고 나서 출발하면, 몸에 밴 습관으로 되돌아간다. 방향 지시등을 켠다고 켰는데 앞 유리 와이퍼가 작동한다. 혹은 그 반대다. 이런 작은 습관들은 생각보다 바꾸기가 어렵다.

이는 관계에서도 마찬가지다. 아이는 자라 가면서 두세 친구와 친

해지는 법을 배운다. 그러다 다른 학교로 전학을 가게 되면 다양한 도전에 직면한다. 사람들이 모두 똑같이 반응하지는 않는다. 한두 주 동안 그 아이는 물 밖으로 나온 물고기 같다고 느낄지 모른다. 다르게 행동하려면 힘이 든다.

인생 전체가 그렇다. 그러니 굳이 강조할 필요가 없다.

그러나 그리스도인들이 그들이 처한 위험한 새로운 세계에서 살아가는 법을 배울 때는 강조해야 한다. 이는 1세기에도 그랬고, 21세기에도 갈수록 더 그렇다. 사람들이 서구, 특히 유럽과 북미를 '기독교' 지역이라 생각했을 때, 우리는 '기독교' 국가에 사는 것을 당연하게 여겼다. 사실 확고한 유대인이나 이슬람교도나 다른 특정 종교 신자가 아닌 경우, 거의 모든 사람을 '그리스도인'이라 여겼다. 그러나 지금은 이 모든 것이 달라져서 실제로 '그리스도인'인 사람은 당연히 두드러진다. 그리스도인으로 알려진 사람은, 정치와 예술과 방송 매체와 특히 신문 잡지 등에서 경멸이나 비판을 받고 차별마저 받기도 한다. 달리 말하면, 서구 세계의 그리스도인들은 주류로 복귀하는 과정에 있다. 처음부터 그런 모습이었다. 아마 이것은, 오늘날 세계, 특히 중국이나 많은 이슬람 국가 등에서 대다수 그리스도인들의 모습일 것이다.

그러나 이러한 변화에 직면한 서구 그리스도인들이 옛 습관을 버리고 꼭 필요한 새 습관을 배우는 일은 쉽지 않다. 많은 그리스도인들이 그랬던 것처럼 우리에게도 익숙하지 못한 일이 있다. 주변 문화를 따라가지 않고 침잠하는 것과, 냉담하고 독선적인 접근에 적응하는 것 사이에서 균형을 잡는 것이다. 십자가 목걸이를 빼라는 말을 듣지 않았다고 해고된 항공사 직원처럼 세간의 이목을 끄는 사례들을 보면, 우리는 이 전혀 새로운 상황에 주의를 집중하게 된다. 우리를 우리가 생각하는 대로 이해하지 못하고 적대적일 가능성이 있는 세상에 둘러싸여 있을 때 그리스도인은 어떻게 행동해야 할까?

그 답은 베드로가 인용하는 시편 34편에 있다. **"평화를 추구하며 그 뒤를 따라야 한다."** 우리가 추구해야 하는 이 '평화'는 찾기 어려울 수 있다. 그러나 좋아하는 책이 집에 있는데 찾을 수 없을 때 하듯이 우리는 그것을 끝까지 찾아다녀야 한다. 혼잡한 도시에서 겁에 질려 달아나는 강아지를 따라가듯이 그 뒤를 따라가야 한다. 호루라기를 불면 '평화'가 올 것이라 기대하지 말라. 우리는 할 일을 해야 한다. 새로운 습관을 익혀야 한다.

많은 사람들이 하는 대로 빠져들기가 너무 쉽기 때문에, 새로운 습관을 배워야 한다. 여기 아이러니가 있다. 그리스도인들은 구별된 사람으로서 두드러져야 하지만, 그렇게 두드러지면 조롱당하거나 비판받게 되고, 그럴 때 조롱이나 비판으로 되갚으려는 유혹을 받는다. 그렇게 하면 우리는 구별되지 않는다. 다른 사람들과 똑같이 행동하기 때문이다! 적대적 세상이 또 다른 승리를 하는 경우가 있다. 그리스도인들이 비난을 비난으로 갚으며 '받은 만큼 돌려줄' 때, 그것은 주변 세상과 야합하는 것이다. 부도덕이나 재정적 면에서 부패에 동조하는 것이 그런 것과 다르지 않다.

그렇다면 새로운 마음과 *삶의 습관들은 교회라는 비교적 안전한 환경에서 습득해야 한다(8절). 그래야 더 넓은 세상에서 실천하고 적용할 수 있다(9절, 13-16절). 그러나 슬프게도 교회에서조차 이를 제대로 하지 못하기가 너무도 쉽다. 바울이 다른 여러 단락에서 그랬듯이, 베드로도 같은 마음을 품고, 서로 공감하고 사랑하며, 다정하고 겸손하게 처신하는 것을 삶의 기본 원리로 주장한다. 우리는 어떤 사람은 천성적으로 다정하고, 또 어떤 사람은 천성적으로 다소 거칠고 완고하다고 생각할지 모른다. 그러나 초기 그리스도인들은, 그렇게 하기가 아무리 어렵더라도 그들 모두 다정한 사람이 되도록 부름받았다고 여겼다. 우리가 새로운 마음과 생활 습관들을 익히려 애쓸 수 있도록 *성령이 우리에게 오신 이유가 거기에 있다.

앞에서 자동차를 예로 들었다. 우리의 운전 방식, (특히) 다른 운전자들에 대해 생각하고 말하는 방식은 당연히 우리들 대다수에게 큰 도전거리다. 우리가 약속에 늦어져 앞 차 뒤에 바짝 붙어 가는데 앞 차가 어슬렁거리는 경우가 있다. 어떻게 감히 우리를 방해하는가? 그러다 결국 우리가 그 차를 추월하면, 그 운전자를 돌아보며 단번에 그의 성격을 정리하고 우리가 그 사람보다 훨씬 우월하다고 여기려는 강한 유혹에 빠진다. 우리는 차 안에서 그런 행동을 하고 (사람들이 블로그에 익명으로 글을 올릴 때 그렇게 하듯이) 아무 일도 아닌 듯 지나친다. 그러나 우리의 성품과 생각과 마음의 습관에는 처참한 결과가 이어진다. 더 공적이고 수치를 당할 만한 장소에서 아주 조심하지 않으면 처참한 일이 일어날 것이다.

그렇다면 시편 34편의 지혜는 오늘날 훨씬 더 긴요하다. 길들여지지 않은 말 주변에 울타리를 치듯 혀를 지키고, 해를 입히는 일을 그만두라는 교훈이다. 그래야, 아마도 그래야만, 위신이 떨어질 때는 물론("그리스도인들! 당신네들은 스스로 거룩하다고 생각하지만, 실제로는 우리보다 나을 게 없어. 사실 훨씬 나쁠 거야.") 옳은 일을 할 때에도 틀림없이 당신을 공격할 적대적 세상에 맞설 수 있을 것이다. 그래야, 그럴 때에만, 당신이 "품은 희망을 설명해 달라는 사람에게 언제든 대답할" 수 있을 것이다(15절). 다른 모든 것과 마찬가지로, 그것도 온유와 존경심으로 해야 한다. 또 이 새로운 종교를 다 이해했기 때문에 우리가 훨씬 명석하다거나 우월하다는 암시를 주지 않아야 한다.

특히 선한 양심을 간직하라. 이는 아주 중요하다. 매일 매시간 우리는 우리의 도덕적 감시 체계를 계속 지켜보아야 한다. 그것이 녹슬도록 내버려 두지 말라. 무시하거나 조용히 있으라고 말하지 말라. 이는 당신만을 위한 것이 아니다(자기 양심을 침묵시키려 하면 당신이 위험에 처하긴 하지만). 그것은 외부 지향적이다. 선한 그리스도인의 양심은 혼란스럽고 의심스러운 세상에 좋은 증언이 된다. 그것이 어떤 효과를 내는 데는 시간이 걸릴 수 있지만, 한순간 어리석은 행동을 하여 지켜보는 세상에 이후 계속 *복음을 무시할 완벽한 빌미를 주는 것보다는 훨씬 낫다.

베드로전서 3:17-22
의로운 일을 위한 고난

> ¹⁷(만일 하나님께서 뜻하신다면) 선한 행동 때문에 고난받는 것이 악한 행동 때문에 고난받는 것보다 낫습니다. ¹⁸메시아께서도 죄 때문에 단번에 고난을 받으셨으니, 곧 의로운 분이 불의한 사람을 위해 그렇게 하신 것입니다. 이는 그분이 여러분을 하나님 앞으로 인도하시려는 것입니다. 그분은 육체로 죽임당하셨지만, 영으로 살아나셨습니다. ¹⁹또한 그분은 영으로 감옥에 갇힌 영들에게

> 가서 선포하셨습니다. ²⁰그들은 오래전, 하나님께서 인내하며 기다리시던 노아 시대에 불순종한 이들입니다. 노아는 방주를 지었고, 물에서 구출된 사람은 그 안에 있던 몇 사람, 실제로 여덟 사람이었습니다. ²¹이 일은 여러분에게 세례를 가리키는 표지판 역할을 합니다. 세례는 이제 육신의 더러움을 씻어 냄으로써가 아니라, 메시아 예수의 부활을 통해 하나님께 선한 양심을 호소함으로써 여러분을 구출합니다. ²²그분은 하늘로 가셔서 하나님 오른편에 계시며, 천사들과 권세들과 능력들이 그분께 복종합니다.

나이가 들수록, 구매한 다음 복잡한 설명과 예시 그림을 따라 조립해야 하는 물건이 더 싫어진다. 제대로 못할 것 같고, 부품을 엉뚱한 자리에 놓아 전체를 다 엉망으로 만들어 버릴 것 같은 느낌이 들어서다. 그 배후에는 신뢰 부족이 있다. 때로는 설명과 예시 그림이 불분명할 뿐 아니라 사실 정확하지 않은 경우도 있다. 우리가 조립하려는 물품과 비슷하기는 하지만 똑같지는 않은 다른 물품을 설명한 설명서도 있다.

여러 부품으로 구성된 복잡한 무엇을 조립할 때 고전적 딜레마는, 다 마무리를 했는데 중요해 보이는 부품이 아직 상자 안에 남아 있는 것이다. 사기가 떨어진다. 그것은 어디에 있어야 하는가? 어떻게 해야 하는가? 왜 미리 알아채지 못했을까? 훌륭하게 해냈다고 생각했는데, 이제 어떻게 해야 할까?

많은 사람들이 이 지점까지 베드로전서를 읽고 나서 3:19, 20, 21

에서 갑자기 걸릴 때, 정확히 그런 반응을 한다. 우리는 베드로가 고난을 각오하라고 경고하는 데 익숙해지고 있었다. 그는 이미, 그리스도인들이 괴롭힘 당할 만한 일을 전혀 하지 않아도 통치권자들이 괴롭힐 거라고 말했다. 그는 이미, 이러한 무고한 고난이 *메시아의 백성을 메시아 자신이 계셨던 그곳, 곧 가장 불의한 이들에게 희생당하는 그 자리에 있게 한다고 지적했다. 그런데 지금 그는 갑자기 네 가지 새로운 것을 말한다. 첫째, 예수님은 죽으신 이후에 "감옥에 갇힌 영들"에게 가서 '전하셨다.' 둘째, 이 영들은 노아 시대에 불순종했던 이들이다. 셋째, 노아가 가족을 구조하기 위해 방주를 지은 것은 *세례를 암시한다. 넷째, 세례는 깨끗이 씻는 것보다는 "하나님께 선한 양심을 호소"하는 것과 관련 있다. 여기 하나가 아니라 네 가지 요소가 있다. 많은 독자들이 마음속으로 베드로전서를 '조립할' 때 상자 속에 남겨 두고 싶을 법한 것들이다. 이 조각들은 어떤 역할을 하는가? 그것들은 무엇을 **의미하는가**? 또 어디에 들어맞는가?

우선 우리는 이 단락이 기본적으로 무엇을 다루는지 기억해야 한다. 이 단락에서는, 인간 통치권자들로부터 부당한 취급을 당할 가능성이 있는 사람들, 즉 군중의 마구잡이 폭력이나 우발적인 잔인한 행동뿐 아니라 공식적이고 법적인 박해를 당할 가능성이 있는 이들을 격려한다. 또한 그 고난이 동일하게 고통당하신 메시아와 그들을 같은 선상에 두는 정도에 그치지 않는다고 말한다. 베드로가 제시하는 요점은, **그분이 고난받으신 후에 모든 '권세들', 특히 하늘에 있는 권세들에 대한 하나님의 승리를 선포하셨다는 것이다.** 우리에게는 이상해 보이는 이 네 요소의 역할은, 베드로가 이미 언급한 새로운 권세들에 그 이상의 영역을 추가하는 것이다. 인간 권세자들은, 어둡고 잘 보이지 않는 영역에서 그들을 밀어 주는 '영적' 권세들을 상징한다. 베드로의 요점은, 이러한 복합적 권세자들이, 예수님이 자신들의 권력을 타도하셨다는 통지를 받았다는 것이다. 그분은 지금 다른 권세자들을 포함하여 온 세상을 다스리고 계신다. 그래서 이 단락은, 예수님이 *하늘로 *승천하셨고 이제 "천사들과 권세들과 능력들이 그분께 복종"(22절)하고 있다는 단호한 주장으로 마무리된다.

그렇다면 이 네 가지 특이해 보이는 요소는 이 결론과 어떻게 조화를 이루는가? 그 지역만의 특색을 알면 도움이 된다. 1세기 유대교에 잘 알려진 책 가운데, 하나님이 위대한 해방을 이루시기를 소망하던 많은 이들이 아주 소중히 여겼던 책이 있는데, 바로 우리가 에녹일서(*1 Enoch*)로 아는 책이다. 에녹일서는 창세기 5:18-24에 나오는 에녹이 쓴 것이 아니라, 그렇게 보이도록 기록된 것이다. 이 책은 세상의 비통함과 문제들, 특히 창세기 6장의 악한 천사들, 노아 시대에 그들의 창조주 하나님께 반역한 영적 존재들을 추적한다. 에녹일서는 특히 이러한 영적 존재들을 물리치신, 혹은 물리치실 하나님의 승리를 축하한다. 여기서 베드로가 말하는 바는, 사실 메시아께서 이미 이 악한 어둠의 세력을 물리치고 승리하셨다는 것이다. 또 *부활 이후에 (18절에서처럼 그분이 "*영으로 살아나"신 이후에) 메시아이신 그분이 그 '영들'을 향해, 그들은 실로 심판받았다는 최종적 선언을 하셨다는 것이다. 대단하지도 못했던 그들의 권력은 붕괴되었다. 그렇다면 이는, 지역 권세자들의 박해, 그들에게 그런 권력을 준 것으로 보이는 어두운 영적 '세력들'의 박해에 직면한 작은 그리스도인 그룹에게 상당한 격려가 될 것이다. 이 '세력들'은 최초의 반역 이래 그들이 찬탈한 권력을 마구 휘두르고 있지만, 이제 메시아가 그들을 이기셨고 그들도 속으로는 그것을 안다.

다음으로는 노아의 방주가 이야기의 틀 역할을 한다. 고대 터키에는 유대인뿐 아니라 이방인들 사이에서도, 노아와 그의 방주가 그들이 사는 지역의 어느 산 위에 멈춰 서 있다는 믿음이 널리 퍼져 있었다. 베드로는 더 넓은 문화에서 잘 알려진 한 이야기를 끌어들인다. 그 이야기에는 사람들이 대홍수에서 구조받는 내용이 담겨 있었기 때문에, *세례에 대한 꽤 분명한 이미지다. 로마서 6장에서 세례를 메시아와 함께 죽었다가 일으킴을 받는 수단으로 보는 것과 연관된다. 그러나 주변 세상으로부터 그리스도인을 공개적으로 구별하는 세례는, 물론 이전 삶에서 깨끗하게 씻겼음을 상징하는 것으로 보일 수 있었지만, 단지 그런 것만이 아니었다. 세례는 그리스도인 공동체의 경계 표지 역할을 했기 때문에, 공동체와 지켜보는 세상 사이에서 일어나는 대립에 중대한 영향을 미쳤다. 베드로가 16절에서 이미 말했듯이, 이는 세례가 "선한 양심"을 갖는 근거(예수님의 죽음으로 우리 죄를 *용서받음으로써)가 되었다는 의미다. "선한 양심"을 가졌기에 그러한 대립이 일어날 때 그리스도인은 부끄러워할 이유가 없다.

그러면 실제로 이 단락은 잘 맞아떨어진다. 언뜻 보기에는 이상해 보이는 이 조각들이 실제로는 있어야 할 곳에 있는 것이며, 시작 절과 마지막 절이 담아내는 의미를 전해 준다. 고난이나 박해에 직면할 때 우리가 알아야 하는 것은, 메시아 예수가 세상의 모든 영적 권세들, 고대로부터 악과 타락의 원인이었던 이 권세들을 이기심으로써 이스라엘의 희망을 성취하셨다는 것이다. 고난의 가능성에 직면한 작은 그리스도인 공동체에게는 그렇게 보이지 않을지 모르지만, 그들은 세례를 통해 승리하신 메시아와 동일선상에 있다. 그들은 당당하게 고개를 들고, 양심을 깨끗이 하고, 그들의 증언을 듣는 세상에 그분의 승리가 영향을 미칠 것을 믿어야 한다. 오늘날 많은 그리스도인들에게 정확히 이 메시지가 필요하다. 박해를 당하지 않는 우리는, 박해당하는 형제자매들을 위해 기도하기 위해, 또 우리에게도 갑자기 필요해질 때를 대비해 그것을 배워야 한다.

베드로전서 4:1-11

변화된 삶

⁴¹그러므로 메시아께서 육체에 고난을 받으셨듯, 여러분도 똑같은 마음가짐으로 자신을 무장해야 합니다. 육체에 고난을 받은 사람은 죄를 그치는데, ²이는 언젠가 죽을 자신의 남은 생애를 인간의 욕망이 아니라 하나님의 뜻에 따라 살기 위해서입니다. ³여러분은 이미 충분히 오랫동안 이방인의 생활 방식을 따라 살아왔으니, 선을 위해 그 모든 것을 영원히 물리쳐야 합니다. 곧 온갖 더러움, 욕정, 술 취함, 과도한 연회, 술판, 문란한 우상숭배입니다. ⁴사람들은 여러분이 이제는 예전처럼 제멋대로 무모한 행동에 가담하지 않는 데 충격받아 여러분에게 저주를 퍼붓습니다. ⁵그러나 그들은 산 사람과 죽은 사람을 심판하실 분 앞에서 그 일을 해명해야 할 것입니다. ⁶알다시피, 그런 까닭에 복음이 죽은 자들에게도 선포되었습니다. 이는 그들이 육체로는 사람의 방식대로 심판받지만, 영으로는 하나님의 방식대로 살게 하려는 것입니다.

> ⁷만물의 마지막이 우리에게 임박했습니다. 그러니 여러분은 정신을 차리고 근신하여 기도하십시오. ⁸무엇보다 서로를 향한 사랑을 지극히 굳게 지키십시오. "사랑은 숱한 죄를 덮기" 때문입니다. ⁹불평하지 말고 서로 환대하십시오. ¹⁰여러분은 각자 선물을 받은 대로, 하나님의 다채로운 은혜를 맡은 선한 청지기로서 서로 봉사하는 데 그 선물을 사용해야 합니다. ¹¹누구든 말하려면 하나님의 말씀을 전하듯 말해야 합니다. 누구든 봉사하려면 하나님께서 주시는 힘으로 하듯 봉사해야 합니다. 그리하면 하나님께서 메시아 예수를 통해 모든 일에 영광을 받으실 것입니다. 영광과 권능이 그분께 영원무궁하기를 바랍니다. 아멘.

며칠 전 치위생사가 내게 신종 전동 칫솔에 대해 열변을 토했다. 아침저녁으로 단 2분씩만 사용하면 충분하다고, 딱 내게 필요한 거라고 했다.

나는 의자에 누워 치과 진료를 받으며 계산해 보았다. 하루에 2분이면 대충 한 달에 두 시간, 1년이면 24시간이었다! 이를 닦는 데 매년 **하루 온종일**을 보내다니! 작은 단위로 볼 때는 그리 길지 않아 보이지만, 모두 더해 보니 얼마만큼 시간을 투자해야 하는지 알게 된다. (물론 나는 노년에 이가 빠지는 걸 바라지 않기 때문에 그 기계를 샀고 사용해 볼 셈이다.)

이를 닦는 일보다 덜 가치 있는 온갖 일로 많은 시간을 보내기가 쉽다. 거의 비참할 정도로 쉽다. 텔레비전을 보거나, 신문에 실린 잡담에 지나지 않는 사소한 사건들을 읽는 데 한 주에 몇 시간을 보내는지 더해 보라. 용기가 있다면, 당신이 낭비한 시간뿐 아니라, 할 필요도 없고 하고 싶지도 않지만 더 나은 것이 없어 어쩌다 보니 하게 된 일들에 한꺼번에 쏟아부은 시간을 더해 보라.

이제 우리는 베드로가 3절에서 하는 말의 무게를 이해한다. "여러분은 이미 충분히 오랫동안 이방인의 생활 방식을 따라 살아왔으니!" 왜 그들은 더 이상 그렇게 살지 말아야 할까? 음란하고 무법한 행동으로는 아무것도 얻을 게 없기 때문이다. 그것은 인간으로서 성장할 수 있는 시간, 하나님의 사랑이 당신의 삶과 주변 사람들의 삶을 어떻게 변화시키는지 더 깨달을 수 있는 시간을 헛되이 낭비하는 것일 뿐이다. 무엇보다 당신은 그것을 위해 여기에 있다(8-11절). 그리스도인이 다른 사람들을 향한 하나님의 사랑을 묵상하려면, 또 우리가 받은 은사를 그분의 영광을 위해 사용하려면 충분한 시간을 확보해야 한다. 특히 적극적 사랑의 행위는 세상에서 가장 창의적인 일이다. "사랑은 숱한 죄를 덮는다"는 유명한 격언을 인용할 때(잠 10:12에서), 베드로는(또한 잠언 역시) 사랑이란 우리가 직면하고 싶지 않은 것들을 숨기는 소위 '은폐' 작전이라는 뜻으로 말한 게 아니다. 오히려 우리가 매분, 매일, 우리 삶 전체에서 서로에게 주도록 요청받는 사랑의 은사는 실제로 상황을 **변화시킨다**. 그래서 전에 거기 있던 '숱한 죄'가 빠져나간다. 그들은 용서받는다! 우리는 화해할 수 있다! 옥신각신하고 싸우는 대신 이제 더불어 살며 함께 일할 수 있다! 의심할 바 없이 인간관계에서는 온갖 것들이 잘못될 수 있다. 늘 그런 법이다. 그러나 절망할 필요가 없다. 옛 이방인의 방식을 버리고 새로운 사랑의 습관을 익히라. 거기에 답이 있다.

지금까지는 아주 좋다. 그러나 앞 단락에서처럼, 이 아주 분명한 사고방식의 중간에서 우리는 참으로 혼란스러운 구절을 만난다. 사실 그 구절은 처음에는 3:19-20에서 보았던 것과 비슷한 뭔가를 말하는 듯 보인다. 혹 베드로가 같은 말을 하는 건 아닐까 하고 많은 사람들이 생각한다. 그가 여기서(6절) "*복음이 죽은 자들에게도 선포되었습니다"라고 말할 때, 그것은 3:19의 "감옥에 갇힌 영들"이 아닌가?

최상의 대답은 "아니, 그렇지 않다"이다. 그곳에서처럼 여기서도 전체 문맥이 아주 중요하다. 베드로는 메시아를 따른다는 이유로, 또 주변 세상의 거칠고 인간성을 말살하는 행위에 찬동하지 않는다는 이유로(3-4절) 노골적 적개심에 직면해야 할 이들을 격려하고 있다. 그러나 이 모든 것은 심판 때 해결될 것이다. 그때가 오면 악한 이들이 스스로 해명해야 할 것이다. 이교도 세계는 그리스도인이 죽어가는 것을 구경하며 이렇게 말할 수 있다. "잘 봐! 지금 당신의 그 잘난 '희망'에 무슨 일이 일어났는지." 이교도들에게는 그리스도인들이 전투에서 진 것처럼 보일 수 있다. 그러나 이 그리스도인들은, 지금은 죽었지만 살아 있는 동안 그들에게 선포된 강력한 복음의 *말씀을(1:23-25) 이미 받았다. 따라서 그들에게 육체의 죽음이 '심판'의 형태로(롬 8:10과 비교하라) 다가왔다 해도, 그들은 살아 있는 동안 복음을 믿었으므로 지금 하나님의 *영의 역사하심으로 아직 오지 않은 *부활을 기다리며 하나님의 임재 가운데 살아 있다.

그러므로 초기 그리스도인들 모두가 그랬듯, 베드로 역시 예수님의 죽음과 부활을 통해 온전히 새로운 세상이 시작되었다고 보았다. "만물의 마지막이 우리에게 임박했습니다"(7절)라는 말은, 우주의 시공간이 오싹한 정지 상태에 이르게 될 것이라는(이는 우주를 만드시고 사랑하신 하나님이 지지하실 것 같지 않다) 의미가 아니다. 하나님이 예수님 안에서 우주를 새롭게 하시는 과정을 이미 시작하셨다는 의미다. 예수님의 죽음과 부활을 공유함으로써 인간의 삶이 새로워진 것이 그 일의 표지와 전조다.

이 모든 것은 4장 서두의 명령에서 하나로 모아진다. 메시아처럼 우리도, 다가올 고난에 직면할 때 우리를 강하게 해줄 마음가짐으로 무장해야 한다. 그러나 고난에는 또 다른 의미가 있다. 고난은 특별한 성품의 변화를 가져오는 듯하다. 고난은 우리 삶 전체를 재평가하게 만든다. 때로 치명적일 수 있는 뇌졸중이나 심근경색을 앓는 사람이 놀라운 회복을 하는 일이 일어난다. 그런 경우 사람들은 대개 자신의 인생 전체를 다시 생각하고 이제 무엇이 중요하고 중요하지 않은지 훨씬 더 선명하게 알게 되었다고 말한다. 이와 마찬가지로 복음을 위해 고난을 겪은 사람은 새로운 선명함에 이를 수 있다. 그들은 죄가 양산한 세상을 더욱 날카롭게 보고, 자신들은 그 세상에서 손을 씻었음을 안다. 또 정말 너무나 멋지게도, 하나님의 뜻이야말로 따를 만한 유일한 것임을 깨닫는다(2절).

다시 한 번 베드로는 아슬아슬한 줄타기를 하고 있다. 그는 고난 자체를 미화하지 않는다. 고난을 추구해야 한다고 말하지 않는다. 그러나 메시아의 십자가 죽음이 인간이 행한 가장 악한 행위인 동시에 하나님이 행하신 가장 강력한 사랑의 행위이듯이, 하나님의 백성을 박해하는 이들의 악함이 변화시키시는 하나님의 사랑의 능력을 한층 더 강력하게 빛나게 할 수 있다.

베드로전서 4:12-19

메시아의 고난에 동참하십시오

¹²사랑하는 여러분, 여러분을 시험하려고 오는 불같은 시련에 놀라지 마십시오. 여러분에게 이상한 일이 벌어진다고 여기지 말고, ¹³도리어 기뻐하십시오! 여러분은 메시아의 고난에 동참하고 있습니다. 그분의 영광이 나타날 때, 여러분은 넘쳐흐르는 진정한 기쁨으로 즐거워하게 될 것입니다. ¹⁴여러분이 메시아의 이름 때문에 모욕을 당하면, 여러분에게 하나님의 복이 있습니다. 영광의 영, 곧 하나님의 영께서 여러분 위에 머무시기 때문입니다. ¹⁵물론 여러분 가운데 아무도 살인자나 도둑이나 악한으로, 혹은 하다못해 참견꾼으로라도 고난을 당해서는 안 됩니다. ¹⁶그러나 여러분이 그리스도인으로서 고난을 당한다면 부끄러워하지 마십시오. 도리어 그 이름으로 인해 하나님께 영광을 돌리십시오! ¹⁷알다시피, 하나님의 집에서 심판이 시작될 때가 왔습니다. 심판이 우리에게서 시작된다면, 복음에 순종하지 않은 이들의 끝은 어떻겠습니까? ¹⁸또 의로운 사람이 가까스로 구원받는다면, 경건하지 않은 자와 죄인은 어디에서 나타나겠습니까? ¹⁹그러므로 하나님의 뜻에 따라 고난받는 사람들은 선한 일을 하여 신실하신 창조주께 자신들의 삶을 전부 맡겨야 합니다.

초기 영국의 종교개혁자 윌리엄 틴데일(William Tyndale)이 신약 성경을 영어로 번역할 때, 그는 북유럽에 망명하여 숨어 지냈다. 성경을 자국어로 번역하는 일은 엄격히 금지되어 있었다. 안수받은 사제나 목사들은 그 일이 교회에 이단을 불러들이지 않을지 염려했다. 틴데일은 번역 작업에 필요한 자금이 부족하여, 번역 초판본을 팔아 추가 작업과 필요해 보이는 개정 작업에 쓸 기금을 마련하려 했다. 그러나 영국에 있는 사람들이 그 책을 갖고 있다가 발각되면 곤경에 빠질 것을 알면서도 그 초판본을 사려고 할까?

그 후 그 일이 일어났다. 런던 주교는 그 프로젝트를 눈치 채고 격분했다. 그는 이 말도 안 되는 일을 단번에 완전히 근절하겠다고 결심했다. 그래서 **구할 수 있는 책은 모두 다 사서** 모은 다음 불태우라고 명령했다! 하지만 그는 자신이 막으려는 문제를 오히려 키우고 있다는 사실은 알아채지 못했다. 그는 책을 다 입수하여 없앴다. 그러나 그가 지불한 돈으로 틴데일은 아주 중요한, 그 프로젝트의 2단계로 나아갈 수 있었다. 그리하여, 항상 그렇게 인정받지는 못하지만, 그의 번역은 세계적으로 유명한 1611년의 킹 제임스 성경(King James Bible)의 기초와 뼈대가 되었다.

베드로전서의 이 단락이 말하려는 바는, 반대자가 한 일이 실제로 그 일의 진보에 기여하는 것과 관련 있다. 이 단락의 핵심은 14절에 있다. "여러분이 *메시아의 이름 때문에 모욕을 당하면, 여러분에게 하나님의 복이 있습니다. 영광의 영, 곧 하나님의 *영께서 여러분 위에 머무시기 때문입니다." 박해자들은 당신이 메시아로 알려진 예수께 속했다는 이유로 당신을 비난할 것이다. 그러나 예수라는 이름을 부르고 그분께 왕의 이름을 부여한다는 것은 예수님 자신에게 모든 위엄과 영광을 돌리는 것이다. 또한 이를 통해 박해자들이 당신에게 내리기 원하는 저주가 오히려 축복으로 변한다.

사도행전에서 *사도들이 알게 되었듯이, 그것은 메시아의 이름이 붙는 엄청난 특권이다(행 5:41). 그것은 당신도 왕족에 속한 사람으로 알려진다는 의미다. 그러나 그보다 더한 것은, 그 이름 자체에 능력이 있다는 것이고, *성전 건축의 책임자이신(2:4-5) 메시아가 그분의 영광스러운 영으로 오셔서 당신들 가운데 거하신다는 것이다. 베드로는 하나님께 그 찬란한 이름에 합당한 영광을 돌리라고 말한다!(16절) 이것은 약속이다. 그리스도인들이 그렇게 하면 박해자들은 더 열을 내겠지만, 그들은 자신들이 무엇을 하고 있는지 안다.

여기서 베드로가 직면한 문제는, 아무도 박해받거나 학대당하는 것을 달가워하지 않는다는 게 아니다. 그것은 당연하다. 근원적 문제는, 이것이 초기 그리스도인들에게 아주 놀라운 일로 다가왔다는 것이다. 즉, 메시아가 죽은 자들 가운데서 일으켜지셨음에도 불구하고 여전히 그런 시기가 있다는 것, 그분의 백성이 극심한 고난을 겪어야 한다는 것을 알게 된 것이다. 그분은 모든 죄와 죽음의 권세를 물리치시지 않았는가? 왜 여전히 이런 일이 일어나야 하는가?

베드로는 이에 답하며, 한 번 더 이스라엘 성경을 떠올린다. 이번에는 특히 (우리에게) 꽤 어려운 책인 스가랴를 생각하고 있다. 예수님이 배반당하시던 그 밤에 직접 인용하셨던 구절을 보면(막 14:27), 예언자는 매질당하고 죽임당하는 '목자'에 대해 말한다(슥 13:7). 예수님은 그것을 자신의 죽음에 대한 예언으로 보신 듯하다. 그러나 그 직후에, 여전히 그분의 제자로 남은 이들은 불 속에 던져져 은이나 금처럼 연단될 것이다(슥 13:9). 목자가 죽음으로 이루신 일은 의심의 여지가 없다. 예수님은 그분의 백성을 악의 세력에서 구하셨다. 그러나 그들은 여전히 "불같은 시련"의 시기를 예상해야 한다(12절). 그것은 이상한 게 아니다. 성경이 예언한 것이다. 박해는 즐거운 일이 아니다. 그러나 그런 일이 일어날 때 당신은 그것을, 상황을 완전히 변화시킬 올바른 길 위에 있다는 도로 표지판으로 볼 수 있다.

다시 한 번 베드로는, 일어나는 모든 일을 아직 오지 않은 마지막 심판의 견지에서 보아야 함을 상기시킨다. 결과는 의심의 여지가 없다. 예수님이 자신의 신실한 백성의 무죄를 입증하실 것이다. 그러나 그들도 정신을 바짝 차려야 한다. 심판은 명백한 악인들이 아니라 하나님의 집에서(17절) 시작될 것이다.

하나님의 신실한 백성들이 최종적 *구원을 확신한다고 해서, 이 심판이 덜 심각해지는 건 아니다. 바울이 고린도전서 3:12-15에서 주장했듯이, 그리스도인들에게도 심판이 있을 것이고, 진정한 그리스도인들은 구원받을 테지만 일부는 '불을 통과해야만' 구원받을 것이다. 베드로는 여기 18절에서 그것을 훨씬 더 강력하게 말한다. 의로운 사람이 가까스로 구원받는다! 가장 거룩하고 가장 사랑이 많은 사람도 하나님 보시기에는 여전히 구원이 필요한 사람이며, 여전히 죄에 눌리는 사람이다. 예수님을 통해 보여 주신 은혜와 자비 없이는 구원받을 수 없는 사람인 것이다.

이러한 두려운 성찰은 공포가 아니라 감사를 낳는다. 지금 교회를 박해하는 이들은 때가 되면 심판받을 것이다. 하나님의 백성들은 그 사이 기간에 *믿음과 인내로 살아가라는 부름을 받는다. 특히 그들은 신실하신 창조주 하나님께 "자신들의 삶을 전부 맡겨야" 한다. 우리는 이를, 날마다 자신의 삶을 하나님께 드리며 기도해야 한다는 의미로 짐작할 수 있다. 분명 그럴 것이다. 그러나 베드로는 약간 다른 무엇을 말한다. 그들은 **선한 일을 실행하여** 하나님께 자신들의 삶을 맡겨야 한다. 이는 단지 규범을 지키고 깨끗하게 살고 문제를 일으키지 않는 것을 의미하지 않는다. "선한 일을 하"는 것이란, 그보다 훨씬 적극적인 것이다. 그것은 공동체 안에서, 가족 안에서, 또 우리가 거리에서 만나는 사람들에게 새로운 선, 새로운 사랑, 새로운 친절, 새로운 지혜를 실천하는 것을 의미한다. 이렇게 할 때 우리는, "저를 보십시오. 선하지 않습니까?"라고 말하지 않는다. 오히려 하나님께 "당신을 신뢰합니다. 이것이 당신이 저를 불러 하라고 하신 일입니다. 이것이 당신이 제게 주신 *생명으로 제가 하고 있는 일입니다. 고난에 맞닥뜨린다 해도, 저는 당신의 영광을 위해 계속 이런 사람이 될 것입니다"라고 말한다. 기독교 신앙이란, 하나님이 신실하시다고 믿는 것이다. 또한 다른 여느 때처럼 지금 이 순간에도 하나님을 온전히 신뢰할 수 있고, 그분의 빛과 사랑을 세상에 보여 주는 임무를 계속할 수 있다는 안정된 믿음을 지니는 것이다.

베드로전서 5:1–7

겸손한 목자

> ¹그러므로 나는 여러분 가운데 있는 장로들에게, 동료 장로요 메시아의 고난의 증인으로서, 또 앞으로 나타날 영광에 참여할 사람으로서 호소합니다. ²여러분에게 맡겨진 하나님의 양 떼를 돌볼 때 목자의 일을 제대로 하십시오. 억지가 아니라 하나님 앞에 있는 것처럼 기쁨으로, 부끄러운 이익을 좇지 말고 열심을 품고 하십

시오. ³여러분이 책임지는 이들 위에 군림하지 말고, 도리어 양 떼의 모범이 되어야 합니다. ⁴그러면 목자장이 나타나실 때, 여러분은 시들지 않을 영광의 면류관을 받을 것입니다. ⁵마찬가지로 젊은 이들은 장로들에게 복종해야 합니다. 그러나 여러분 모두가 겸손의 옷을 입고 서로를 대하십시오. 알다시피, "하나님은 교만한 사람을 대적하시지만, 겸손한 사람에게 은혜를 주십니다." ⁶그러므로 하나님의 강한 손 아래서 자신을 낮추십시오. 하나님께서 적절한 때 여러분을 높이실 것입니다. ⁷여러분의 모든 걱정을 하나님께 내맡기십시오. 그분이 여러분을 돌보시기 때문입니다.

때때로 텔레비전이나 신문에서 '리더십'의 위기라는 말이 나온다. 이것이 의미하는 바는, 그 매체가 보기에 현재 우리의 정치 지도자들이 탐탁지 않다는 것이다. 그러한 다소 냉소적 논평이 없더라도, 나는 '리더십'에 대한 논의가 염려스럽다. 간혹 그 주제에 대한 강의를 해 달라는 부탁을 받으면, 나는 실제로 '리더십'을 믿지 않는다거나, 그것은 그다지 중요한 범주라 생각하지 않는다는 말로 시작한다. 분명 오늘날 자주 논의되는 방식은 아니다.

내가 깨달은 바로는, '리더십'이라 불릴 만한 것은, 사람들이 리더십의 의미를 생각하지 않은 채 무슨 일에든 아주 열정적이고 생산적으로 관여하여 그 열정과 생산성, 그 열의와 효율성을 주변 사람들에게 알릴 때 발휘된다. 음악 연주든 사업이든 시장 가판대를 운영하든 어떤 정부 부서를 책임지든 리더십의 영역은 상관없다. 달리 말하면,

리더십은 우정과 다소 흡사하다. 즉 리더십이란, 리더십(혹은 말 그대로 우정)에 대해 생각하지 않고, 무엇이든 실제로 함께 하고 있는 그것을 생각할 때 가장 잘 발휘된다는 것이다.

그러고 보면 '행복'도 같은 범주에 속한다. '자, 오늘 무엇이 나를 행복하게 해줄까?' 하고 생각하며 하루를 시작하기보다는, '자, 그림 그리기/산책/손자들과 노는 일을 빨리 시작하면 좋겠군!' 하고 생각할 때 더 행복할 것 같다. 나는, 리더가 '리더십'에 대한 강의는 서너 번 하지만 성경을 연구하거나 기도할 시간은 거의 없는 공동체보다는, '리더'가 '리더십'에 대한 개념 없이 하나님과 *복음에 철저하게 헌신한 그룹이나 *공동체에 속하고 싶다.

이제 나는 그 이상의 무엇이 있음을 안다. 어떤 '리더십' 전문가가 이 글을 읽으면 분명 나를 리더십을 갖지 못한 절망적 사례자로 보고 고개를 절레절레 흔들 것이다. 그러나 나는, 오늘날 교회든 사회든 우리에게 필요한 것은, 공동체와 보다 넓은 사회의 상태에 깊은 관심을 가진 사람들이라고 말해야겠다. 또 당면 문제들을 전문적 관심을 기울여 연구하는 사람들, 다른 여러 사람이 하는 말에 귀 기울이는 사람들, 다른 사람들도 비전을 공유하도록 자신이 가진 비전을 분명하게 표현하고 전할 수 있는 사람들이라고 말해야겠다. 물론 '전문가'들은 "우리가 '리더십'이라고 할 때 의미하는 바가 바로 그것입니다"라고 말할 것이다. 그렇다면 좋다. 그러나 현실에서 벗어난 추상적 범주가 아닌 그것 자체를 연구하고 실천해 보자.

베드로가 여기서 설명하는 것은 '리더'가 아니라 '목자'다. '목자'에 관한 핵심 요점은, 최고의 목자들은 '내가 어떻게 목자가 될 수 있을까?'를 생각하지 않고 '어떻게 이 양들을 가장 잘 돌볼 수 있을까?'를 생각한다는 것이다. 좋은 목자는 자신의 자질만이 아니라 자신이 돌보는 양들의 필요와 잠재적 위험에 초점을 둔다. 물론 이것이 베드로가 여기서 제시하는 첫 요점이다(2절). 자신의 이익이 아니라 양 떼의 필요를 생각하라는 것이다. 베드로는 자신을 '장로'라 부르며 호소한다. 장로는 양 떼를 돌보는 책임을 맡고 있는 사람이며, 따라서 베드로가 무슨 말을 하는지 알고 있는 이들이다. 이 단어는 공동체 내에서 지위나 나이 면에서 '윗사람'을 의미하며, 대개 이 둘은 함께 간다.

특히 베드로는 하나님 밑에서 목자가 되는 법에 대해 예수님께 핵심 사항을 잘 배웠다. 그것은 돌보는 이들 위에 군림하지 말고 모범이 되라는 것이다(3절). 얼마 전에 나는 육군 장교들을 훈련하는 큰 대학에 가 보았다. 그런데 놀랍고 기쁘게도 거의 모든 곳에 "리더가 되려면 섬기라"(Serve to Lead)라는 그 대학의 신조가 적혀 있었다. 그것은 공허한 구호가 아니었다. 그들은 진심이었고 본을 보였고 그렇게 가르쳤다. 장교가 병사들을 **섬기고** 있지 않다면, 즉 그들을 사람으로 생각하고, 그들이 어떤 사람인지, 두려워하는 것은 무엇인지, 최선을 다하게 하는 동인은 무엇인지 알아 가고, 여러 방면에서 그들을 돌보지 않는다면, 어렵거나 위험한 상황에서 그들의 **리더가 될** 수 없을 것이다. 따라서 '젊은이들'(5절)이든 '장로들'이든, 모두 '겸손'의 옷을 입어야 한다. 초기 기독교 저술에는 겸손에 대한 언급이 많기 때문에, 예수와 그분을 따르는 이들의 이 이상한 운동이 나오기 전까지 유대 전통 내의 일부 가느다란 줄기를 제외하고는 아무도 겸손을 덕목으로 여기지 않았다는 사실을 잊기 쉽다. 상황을 전혀 다른 방식으로 이끌고 갈 무슨 일이 일어났다.

무슨 일이 '일어났는지' 누구나 다 알았다. **예수님과** 관련된 일이

'일어났다.' 예수님이 '하나님 *나라를 선포하시고, 죽으시고, 부활하시고, 보좌에 앉으셨다. 그분은 마침내 하늘과 땅이 합쳐질 때 다시 오실 '목자장'(4절)이시다. 그분은 다른 모든 '목자'를 심판할 때 본과 기준이 되실 것이다. 그분은 자기 백성 이스라엘의 '목자'가 되고자 하셨던 하나님의 마음을 보여 주는 성경 전통에 많이 의지하셨다. 농경 사회에서 목자가 평범한 이미지 가운데 하나였음은 놀랄 일이 아니다. 하나님도, 기름 부음 받은 왕도 '양'을 돌보고 확실하게 먹이고 약탈자들로부터 보호해야 했다. 시편 23편이나 에스겔 34장을 훑어보면 목자라는 개념이 어디서 나왔는지 알 수 있다. 누가복음 15:3-7과 요한복음 10:1-26을 훑어보면, 예수님도 그런 개념을 만드셨다. 또 요한복음 21:15-19은, 베드로가 이전에 예수님을 부인하는 참패 이후 '목자'로서 재위임받는 모습을 예리하고 자세하게 알려 준다.

물론 '리더십'의 '세속적' 방식은 쥐고 흔들고 괴롭히고 위협하고 처벌하는 식이다. 그런 식으로 자신이 원하는 대로 하도록 양들을 좌지우지할 수 있을지 모르지만, 양들은 행복하지도 않고 건강하지도 않을 것이다. 그러한 접근은 '강해' 보일지 모르지만 사실은 약하다. 겸손한 목자가 되라는 부름은, 소리치거나 겁줄 필요가 없는 진정한 힘을 가지라는 부름이다. 겸손한 섬김은 목자와 양 사이에 아주 강한 유대를 구축하여 목자가 목장으로 가면 양은 저절로 따라갈 것이기 때문이다.

물론 그것은 그렇게 쉬워 보이지 않는다. 목자의 일은 여전히 도전적이다. 아마도 그 때문에 베드로는 모든 걱정을 하나님께 던져 버리라는 놀라운 초청을 하며 이 권고를 마무리하는 것 같다. 그것은 강력한 동사다. 당신을 괴롭히는 것 모두, 당신을 내리누르는 것 모두를 들어 하나님의 등에 던져 버리라는 것이다. 그분이 그것들을 지실 것이다. 그분은 기쁘게 그렇게 하실 것이다. 무엇보다 그분은 당신을 사랑하신다.

베드로전서 5:8-14

하나님의 능력으로 굳게 서십시오

⁸늘 자신을 가다듬고 깨어 있으십시오. 여러분의 원수 마귀가 울부짖는 사자처럼 먹어 치울 사람을 찾아 접근하고 있습니다. ⁹믿음에 확고히 서서 마귀를 대적하십시오. 세상에 있는 다른 가족들도 동일한 고난에 직면해 있음을 아십시오. ¹⁰그러면 여러분이 잠시 고난을 당한 뒤에, 메시아 예수 안에서 여러분을 그분의 새로운 시대의 영광으로 부르신 모든 은혜의 하나님께서 친히 여러분을 바로잡으시고, 든든하게 세우시고 강하게 하시며, 견고한 기초 위에 서게 하실 것입니다. ¹¹하나님께 권능이 영원하기를 바랍니다. 아멘.

¹²나는 이 편지를 간단히 써서 신실한 형제로 여기는 실루아노 편에 여러분에게 보냅니다. 내 말의 요지는, 여러분이 서 있는 이 은혜가 하나님의 참된 은혜임을 여러분에게 권면하고 증언하는 것입니다. ¹³바빌론에 있는, 택함 받은 여러분의 자매가 여러분에게 문안합니다. 내 아들 마가도 문안합니다. ¹⁴거룩한 입맞춤으로 서로 문안하십시오.

메시아 안에서 여러분 모두에게 평화가 있기를 바랍니다.

말라리아가 어떻게 퍼지는지 학자들이 발견했을 때, 열대 의학은 엄청난 진보를 이루었다. 그들은 오랫동안 말라리아를 치료하기 위해 애쓰고 있었지만 가망이 없어 보였다. 신속하게 한 환자를 돕다 보면, 다른 세 명이 또 그 병에 걸렸다. 그러다 어느 날 누군가가, 특히 열대 지방 저지대 습한 곳에 서식하는 수백만 마리 모기가 그 병을 이리저리로 옮기고 있음을 알아차렸다. 진짜 적이 무엇인지 알아차리고 나자, 사람들은 주거지 주변 모기들이 번식하는 습지에서 물을 빼고, 그 끔찍한 벌레의 공격을 받지 않고 잘 수 있도록 모기장을 만들어 내는 등 새로운 조치를 취할 수 있었다. 말라리아는 여전히 아주 불쾌하지만 이제는 원인을 알고 있기 때문에 문제가 훨씬 덜 된다.

이 서신의 상당 부분에서 우리는 주변 비기독교 문화에서 오는 박해를 의식하고 있었다. 그 일부는 보통 사람들이 조롱하고 비난하고 외면하거나 가끔 폭력을 사용하는 비공식적인 것이었다. 그러나 일부는 지방 당국이 개입하여 그리스도인들을 괴롭힌 것 같은 공식적인 것이었다. 그리스도인들이 눈에 보이는 인간 적들을 문제의 진짜 근원으로 여기고 그들을 악마로 묘사하기 아주 쉬웠을 것이다. 그것은 여전히 그렇다. 그러나 이제 우리는 드디어 그렇지 않음을 안다. 진짜 적이 있다. 모기처럼 이 적은 특히 무지한 상태에서는 매우 위험하다.

베드로는 그 적을 묘사하는 데 보다 뚜렷한 동물 이미지를 사용한다. 그 적은 삼켜 버릴 누군가를 찾아 울부짖는 사자 같다. 베드로가 사용하는 단어는 단순한 '먹다'라는 단어가 아니다. 그 단어는 사자가 당신을 한입에 꿀꺽 집어삼킨다는 어감이 있다. 저항하거나 몸부림칠 시간이 없다. 바로 먹혀 버릴 것이다.

이는 아주 무서운 이미지로, 그리스도인의 삶이 진지한 것이라는 데 우리의 주의를 환기시킨다. 너무도 많은 그리스도인이 진짜 마귀와 실제로 대면하는 실제 영적 전쟁을 실제보다 덜 심각하게 다룬다. C. S. 루이스가 세계적으로 유명한 『스크루테이프의 편지』(*The Screwtape Letters*, 홍성사)—선배 마귀가 풋내기 마귀에게 사람들을 유혹하는 법을 가르치는 편지들로 구성된 책—를 쓸 때 말했듯이, 어떤 사람들은 마귀를 뿔과 발굽이 달렸고 빨간 타이즈를 입은 우스꽝스러운 작은 사람이라 여기며 마귀라는 개념을 묵살해 버린다. 그들은 그런 피조물을 믿을 수 없기 때문에 마귀를 믿을 수 없다고 판단한다. 또 다른 사람들은 마귀에게 완전히 마음을 빼앗겨 다른 것은 생각하지 못하고 삶의 일상적인 모든 문제나 다른 사람의 성격상의 어려움을 마귀의 직접 간섭 때문으로 여긴다. 루이스는 이 두 극단 사이에서 지혜로운 길을 갔다. 우리 역시 그래야 한다. 그러나 이 책의 독자들 상당수는 유혹하는 이를 과도하게 과장하기보다는 도리어 무시하는 위험에 빠질 듯하다.

마귀의 존재와 능력을 인식하고, 그가 죄를 짓도록 우리를 유혹할 뿐 아니라 박해와 고난 배후에 있다고 보는 법을 배우면, 이 서신의 나머지 부분이 옹호하는 입장을 취할 수 있다. 200년 전 서구의 많은 나라들이 민주주의로 과감한 이동을 했을 때, 때로(항상 그러지는 않았다) 사회 무대에서 하나님이나 공적 종교를 과감하게 버리는 일도 일어났다. 이제 우리가 주인이 되었다(고 그들은 생각했다)! 그러나 지난 두 세기 동안 분명하게 드러났듯이 그에 따른 위험은, 하나님을 제거하니 마귀 역시 제거하게 되었고, 우리 자신과 우리의 친구나 정당이나 우리나라가 하나님의 역할을 떠맡는 한편, **우리의 적들이 마귀의 역할을 떠맡게 되었다**는 것이다. 이는 재앙으로 이어진다.

그와는 반대로 이 서신 전체가 주장하는 바는 다음과 같다. 어떠한 공격이든 대응하는 방법은, 단호하지만 온화한 *믿음을 지니고, 비그리스도인들을 공손히 대하고, 법 안에서 살며(사도행전에서처럼 그 법이 예수를 부인하도록 강요할 때를 제외하고), 어떤 상황에서도 겸손과 인내로 행동하는 것이다. 핵심은, 실제 인간 대적자들, 가장 맹렬한 박해자들조차도 사실 진짜 적은 아니라는 것이다. 진짜 적이 있고, 그 적이 그들을 이용하고 있다. 그러나 믿음에 확고하게 서서, 세상 전역에 있는 그리스도인 형제자매들이 전선을 지키며 사는 동안 당신도 당신의 작은 전선을 지키고 있음을 기억하며 그 적을 대적한다면, 외부인들은 존경과 온유로 행하는 당신의 공손하고 정중한 행동을 보고 그에 상응하는 존경으로 대할 것이다. 여전히 무엇이 당신을 움직이는지 이해하지 못할지라도.

그러면 그림이 잘 맞아떨어진다. 마귀는 박해와 다른 공격들로 당신을 통째로 삼키려 한다. 그것이 잘 되지 않으면, 그는 당신의 믿음에 해가 되는 방식으로, 궁극적으로는 당신의 인간성 전체에 해가 되는 방식으로(1:14, 2:11 등을 보라) 살도록 유혹할 것이다. 잠시 동안 그렇게 될 것이고, 그것은 당연히 (부드럽게 말해서) 아주 불쾌하다. 그러나 베드로가 앞 장에서 설명했듯이, 이러한 "불같은 시련"은 불이 은과 금을 정련하듯 우리를 정련하려는 의도다. 즉, 불순물들을 태워 버리고 순수한 금속이 더 밝게 빛나도록 하려는 것이다. 하나님이 만물을 바로잡으실 때—최종적으로, 또한 현재에도 다양한 방식으로—그렇게 밝게 빛나게 것이다. 그분이 "여러분을…든든하게 세우시고 강하게 하시며" 또한 "견고한 기초 위에 서게 하실" 것이다. 많은 그리스도인들이 오랫동안 불안을 느끼고 믿음이 흔들리는 것을 느낀다. 든

든한 기초에 대한 약속은 우리가 기쁘게 꼭 붙잡아야 할 약속이다. 특히 모든 권능이 하나님께 있다는 약속(11절)이 이 약속을 뒷받침해 준다.

고대의 서신들에서 흔히 그렇듯이(초기 기독교 서신들도 예외가 아니다), 끝 부분에 서신을 쓰는 실제 상황에 대한 희미한 암시가 있다. 우리는 이 서신을 터키의 교회들에게 전하러 가는 '실루아노'가, 사도행전에서 바울의 한 동료였던 '실라'라 불리던 그 사람인지('실라'와 '실루아노'는 같은 이름의 변이형이다), 혹은 바울이 데살로니가전후서를 쓸 때 함께 있다고 언급한 '실루아노'인지 잘 모른다. 이는 아주 흔한 이름이었을 것이다. 또 베드로가 13절에서 언급하는 '바빌론'이 요한계시록에서처럼 '로마'를 가리키는 암호인지 확신할 수는 없다. "내 아들"이라 언급되는 마가는, 우리가 사도행전에서 만나고 다시 골로새서, 빌레몬서, 디모데후서의 말미에서 만나는 요한 마가가 거의 확실하다.

그러나 마무리 부분에서 관심을 집중할 초점은, 베드로가 12절 말미에서 강조하는 것이다. "여러분이 서 있는 이 은혜가 하나님의 참된 은혜임을." 이 서신을 거울삼아, 서신을 받는 교회들에서 어떤 일이 일어나고 있었는지 추측해 보자. 고대 터키의 소규모 신자들 모임에서는, 당시 점점 심해지던 박해를 겪으며 자신들이 길을 잘못 들어선 것은 아닌지 심히 염려하고 있었음이 틀림없다. 자신들이 방향을 잘못 돌린 것은 아닌지, 거짓 *메시아 예수에게 충성을 바치고 있는 것은 아닌지 걱정했을 것이다. 그런 게 아니라면 왜 계속 이런 일들이 일어날까? 그들을 든든하게 안심시키는 베드로의 말은 성경에 기초를 두고 있었고, 하나님의 뜻이 항상 어떻게 이루어졌는지에 대한 그의 인식에 기초를 두고 있었으며, 무엇보다도 예수님께 기초를 두고 있었다. 그는 그분의 죽으심과 *부활을 의지하라고 말한다. 그것은 비상용 닻이다. 그분은 참 메시아시며, 언젠가 참 메시아로서 공개적으로 나타나실 것이다. 이것이 하나님의 참 은혜다. 그 안에 확고하게 서 있으라. 특히 상황이 힘겨울 때 우리 모두에게 필요한 말이 있다. 평화가 있기를. 하나님에게서 오는 평화가 있기를. 메시아 안에서 여러분 모두에게 평화가 있기를.

베드로후서

베드로후서 1:1-11

부르심을 확증하십시오!

¹메시아 예수의 종이요 사도인 시몬 베드로가 우리 하나님과 구원자 메시아 예수의 의 안에서 우리와 마찬가지로 믿음의 몫을 얻은 이들에게 보냅니다. ²하나님과 우리 주 예수를 아는 지식 가운데 은혜와 평화가 여러분에게 더욱 풍성하기를 바랍니다.

³하나님께서 자신의 영광과 덕으로 우리를 부르신 그분을 아는 지식을 통해, 우리의 생명과 경건에 필요한 모든 것을 자신의 신적 권능으로 우리에게 베푸셨습니다. ⁴그 결과, 그분은 이러한 것들을 통해 자신의 귀하고 놀라운 약속을 우리에게 주셨습니다. 이 모든 것의 목적은 여러분이 세상에 있는 부패한 정욕에서 벗어나 하나님의 본성에 참여하는 사람이 되게 하려는 것입니다. ⁵그런 까닭에 여러분은 온 힘을 쏟아 여러분의 믿음에 덕을, 덕에 지식을, ⁶지식에 절제를, 절제에 인내를, 인내에 경건을, ⁷경건에 가족애를, 가족애에 사랑을 보완해야 합니다. ⁸알다시피, 여러분이 이런 것들을 넉넉히 갖추어 두면, 여러분은 우리 주 메시아 예수에 대한 여러분의 지식과 관련하여 허송세월하거나 열매 맺지 못하는 일이 없을 것입니다. ⁹사실 이런 것들을 갖추지 못한 사람은 눈먼 것이나 다름없는 근시안이고, 이전의 죄에서 깨끗해진 것이 무슨 의미인지 잊어버린 것입니다. ¹⁰그러므로 내 사랑하는 가족이여, 여러분은 한층 더 노력하여 하나님께서 여러분을 부르시고 택하셨음을 확증해야 합니다. 이렇게 하면 여러분은 결코 발을 헛딛

> 지 않을 것입니다. [11]이로써 여러분은, 이미 여러분 앞에 넉넉히 놓여 있는 대로, 하나님의 오는 시대의 나라 곧 우리 주님이요 구원자이신 메시아 예수의 나라로 들어가는 문을 얻을 것입니다.

며칠 전 18개월 된 손자를 대형 장난감 가게에 데려갔다. 밝은 빛깔의 흥미진진한 것들이 넘쳐났다. 바닥에서 천장까지, 가게 한쪽 끝에서 다른 쪽 끝까지, 가운데 탁자와 가판대 곳곳에도 흥미진진한 것들이 너무 많아 아이는 어디서부터 봐야 할지 모르는 것 같았다. 아이는 재빨리 이쪽저쪽을 보더니 돌아서서 아래위를 훑어보았다. 행복한 충격에 기쁨을 주체하지 못했다. 그 아이가 하는 말이라고는 "와" 뿐이었다. 그 아이가 할 줄 아는 몇 가지 말 중 하나지만 가장 멋진 표현이었다.

베드로후서라 불리는 서신의 초반부를 빠르게 죽 읽었을 때 내 느낌이 그러했다. (이 서신을 베드로가 썼다는 것을 의심하는 사람들이 일부 있지만, 몇몇 부분은 비록 그가 직접 쓰지는 않았더라도 어떤 의미에서 그에게서 나온 것으로 본다.) 모든 문장, 거의 모든 단어가 반짝반짝 빛난다. 온갖 개념들이 우리를 유혹하며 말한다. "나를 봐! 이건 정말 매력적이야!" 사실이 그렇다. 그러나 첫걸음을 내딛어야 한다면, 이 모든 흥미진진하고 도전적인 생각들을 이해할 수 있는 더 큰 그림을 보는 것이 좋을 것이다.

그 큰 그림은 **하나님이 자기 백성을 위해 하시고 싶어 하는 것이다**. 사람들은 너무도 흔히 '종교' 혹은 '기독교 *신앙'조차, 하나님이 **우리**

에게서 원하시는 것과 관련 있다고 생각한다. 선행, 우리가 좋아하는 것들을 포기하는 것, 이를 악물고 천성과 다르게 행동하도록 강제하는 도덕성 같은 것을 원하신다고 여긴다. 그러나 그것은 어설픈 짐작에 지나지 않는다. 여기 3-11절에 이르는 놀라운 단락에 진실이 있다.

첫째, 하나님은 우리에게 필요한 모든 것을 이미 주셨다. 우리가 되어야 하는 존재가 되는 데 필요한 모든 것이 구비된, 기본 장비 세트를 주셨다(3절). 사실 이 서신에는 우리가 도덕적인 면에서 노력해야 할 것들에 대한 내용이 아주 많다. 그러나 베드로는 아주 분명하게 밝힌다. 그 모든 것은 먼저 하나님에게서 나오는 것이다.

둘째, 그분이 우리에게 원하시는 것은 바로 우리가 그분과 같은 성품을 지니는 것이다(4절). 어떤 그리스도인들은 이런 생각을 불편해한다. 겸손해야 한다는 권고를 자주 듣다 보니, 실제로 하나님처럼 되려 하거나 하나님 같은 성품을 갖는다는 생각은 해서는 안 될 것 같다. 그러나 다른 어떤 이들은 (특히 동방 기독교 전통에서는) 그것을 그리스도인이 되는 것의 핵심으로 여긴다. 결국 우리가 *성령을 온전한 하나님이라 말한다면, 또 성령이 우리 안에 거하셔서 안에서부터 우리를 변화시키신다고 말한다면, 신적 성품이 이미 우리 안에 있어 우리 안에 하나님의 임재와 능력이 충만해질 때까지 우리를 이끈다고 말할 수밖에 없지 않은가? 분명 우리들 대다수는 거의 언제나 그렇게 느끼지 못할 것이다. 그러나 그것은 하나님이 사람들의 삶에 거처를 정하실 때 실제로 일어나는 일을 알아차리는 데 우리가 아직 능숙하지 않기 때문일 것이다. 이에 대해서는 서신이 진행되면서 더 다룰 것이다.

셋째, 하나님은 참으로 예수님을 따르는 이들을 부르시고 선택하셨다(10절). 10절에서 베드로는, 독자들에게 이 부름과 선택을 '확증하라'고 권한다. **하나님을** 더 확인하라는 의미가 아니라, 오히려 그들 자신을 더 확인하라는 의미다. 이는 곧바로 넷째 요점으로 이어진다. 즉, 하나님은 이미 그분의 *'나라'를 세우셨고, *하늘뿐 아니라 땅에서도 그분의 주권적 통치를 시작하셨다(11절). *'오는 시대'가 마침내 온전히 이룰 때(이에 대해서도 나중에 더 말할 것이다), 현재 예수님을 따르는 이들은 그 최종적 나라에서 환영받을 것이다.

이 모든 것은 이 놀라운 단락의 외적 틀일 뿐이지만, 이것이 오히려 더 중요하다. **우리가** 하나님과 *복음에 순종하고 충성함으로써, 무엇을 하든 그것은 모두 하나님의 은혜 안에서, 하나님의 약속에 의해, 하나님의 능력을 통해 일어나며 하나님 나라로 이어지기 때문이다. 이는 놀라운 출발점이다.

그러나 여기서 멈춰서는 안 된다. 곧 알게 되겠지만 이 단락에는 그 외에 많은 것들이 있기 때문이다. 그 모든 것의 중심에는, 우리 삶에 임하시는 하나님의 은혜와 능력으로 우리가 기독교적 도덕성 발달 훈련을 하게 된다는 사고가 있다. 이는 때로 '내가 나 자신을 하나님께 합당한 존재로 만들기'라도 하는 듯이 교만이나 오만으로 이어져("내가 얼마나 멋진 그리스도인이 되었는지 봐!") 눈살을 찌푸리게 하기도 한다. 이때 내가 방금 제시한 틀을 통해 어떤 경우에도 진리에서 멀어지지 않도록 해야 한다. 그러나 이러한 요점을 파악하고 나면, 두 가지 기본적인 일이 일어나야 한다.

첫째, 우리가 신적 성품에 참여하는 사람이 되기 위해 "부패한 정욕에서 벗어나"야 한다. 흥미로운 점은, 마귀를 대적하라(벧전 5:9)고 말하지 않고, 이 구절에서나 디모데후서 2:22에서나 우리를 인간 이

하의 수준으로 끌어내리는 정욕에서 벗어나라고 말한다는 것이다. '벗어나다'에 해당하는 단어는, 넉넉히 먹었으니 한 그릇 더 먹으라는 말을 거절하여 그것을 옆으로 밀어 놓는 경우처럼 '꺼리다'로 번역되기도 하지만, 바울도 베드로도 그에 만족하지 않는다. 보디발의 아내가 유혹하려 했을 때 요셉을 생각해 보라(창 39장). 그녀는 그를 붙잡았지만 그는 거기서 벗어났다. 그것은 비겁한 행동이 아니다. 어느 현명한 옛 저술가가 썼듯이, 겁쟁이는 명예야 어떻게 되든 상관없이 어떤 기회를 노리는 사람이다. 요셉은 그와 반대로 했다. 바울과 베드로 둘 다 우리가 그렇게 하기를 바란다.

이렇게 육체적 정욕에서 벗어나는 일은 잘못된 행동이 아니다. 오늘날 사람들은 오히려 온 힘을 다해 그렇지 않다고 말하겠지만. 정욕은 마약이다. 마약이 다 그렇듯, 점점 더 많이 갈구하게 되지만 얻는 것은 점점 더 줄어든다. 그것은 진정한 인간을 환영 같은 존재로 변화시킨다. 그것은 어두운 금융 거래가 그렇듯, 우리를 '부패시킨다.' 우리의 도덕성에 암세포 같은 역할을 하는 것이다.

베드로는 독자들에게 정반대 방향으로 가라고 권한다. 그리스도인의 성품의 한 가지 측면 위에 또 다른 것을 더함으로써 보다 온전한 인간이 되라고 말한다. 믿음, 덕, 지식, 자제력, 인내심, 경건, 가족애, 마지막으로 사랑. 이 모든 것에는 생각이 필요하고, 또 수고가 필요하다. 이것들은 우연히 생겨나지 않는다. 그렇게 하고 싶어 해야 하고, 그렇게 하기로 선택해야 한다. 그러나 그렇게 할 때, 도와주시는 하나님의 은혜와 약속과 능력을 구하라. 그러면 *메시아 예수를 알게 될 것이다. 그 메시아 예수를 앎으로써, 자기 자신만을 위한 그리스도인이 되지 않고, 하나님을 섬기는 일에 열매를 맺을 것이다(8절).

베드로후서 1:12-21

예언의 확인

¹²그러므로, 여러분이 이미 이 모든 일을 알고 있고 여러분에게 주어진 진리 가운데 굳게 서 있긴 하지만, 나는 여러분에게 이 모든 일을 계속 상기시켜 주고자 합니다. ¹³내가 이 현재의 장막에 사는 동안, 이런 일을 상기시킴으로써 여러분을 일깨우는 것이 내게 옳은 듯합니다. ¹⁴우리 주 메시아 예수께서 내게 보여 주신 대로, 내가 머지않아 이 장막을 벗을 것을 알기 때문입니다. ¹⁵그래서 나는 내가 떠난 뒤에도 여러분이 언제든 이 일들을 떠올릴 수 있도록 모든 노력을 기울여 확실히 해 두고자 합니다.

¹⁶알다시피, 우리가 우리 주 메시아 예수의 권능과 나타나심을 여러분에게 알려 주었을 때, 우리는 교묘하게 꾸며 낸 신화를 따른 것이 아니었습니다. 도리어 우리는 그분의 위엄을 본 목격자입니다. ¹⁷그분이 아버지 하나님에게서 존귀와 영광을 받으셨을 때, 더없이 영광스러운 분의 소리가 그분께 들려왔습니다. "이는 내 아들, 내 사랑하는 아들이고, 내가 그를 기뻐한다." ¹⁸우리는 하늘에서 들려오는 이 소리를, 그분과 함께 거룩한 산에 있을 때 들었습니다. ¹⁹또 우리에게는 더 확실해진 예언의 말씀이 있습니다. 여러분의 마음에서 날이 밝고 샛별이 빛날 때까지, 어두운 곳에서 빛나는 등불을 대하듯 여러분이 이 예언의 말씀을 붙드는 것이 좋겠습니다. ²⁰여러분은 무엇보다 먼저, 성경의 어떤 예언도 자의로 해석할 수 없음을 알아야 합니다. ²¹알다시피, 예언은 결코 사람의 뜻

> 대로 주어지는 것이 아닙니다. 도리어 사람들은 성령께 감동되어, 하나님에게서 오는 것을 말합니다.

나는 한겨울에 이 글을 쓰고 있다. 이른 아침에 일어나면 햇빛이 전혀 없다. 하늘은 어둡다. 그러나 구름이 너무 짙지 않으면, 고대로부터 여명의 전령이라 여겨지는 빛이 보인다. 바로 '샛별'(금성)이다. 물론 그 별은 항상 그 자리에 있지는 않는다. 그러나 보통 그 자리에 있고, 아침이 온다는 신호 역할을 한다. 오늘 아침에 그랬다.

베드로가 말하는 '마음에서 빛나는 샛별'(19절)은, 하나님의 최후 심판 날이 밝아 오는 것을 알리기 위해 결국 돌아오시겠다는 예수님의 약속이다. 초기 그리스도인들은 이 약속을 통해 한층 더 넓은 시야를 지닐 수 있었다. 예수님이 시작하신 일이 그분이 다시 오심으로 완성되는 그때가 반드시 오리라는 것이다.

그렇다면 우리는 왜 베드로가 12-15절과 같은 말을 했는지 이해할 수 있다. 그는 자신이 죽을 때가 다가왔음을 안다. 예수님도 그 죽음을 경고하신 적이 있다(요 21:18-19). 14절은 베드로가 그 이후에 받은 말씀을 가리키는 듯하다. 그러나 베드로의 독자들은 그가 가르친 진리를 단단히 붙잡을 수 있음을 확실히 알아야 했다. 한 *사도가 죽는다고 해서 사도의 *신앙이 사그라지는 것은 아니다.

그러나 우리는 그저 어둠 속에서 샛별이 나타나기를 기다리는 게 아니다. 베드로와 야고보와 요한이 예수님과 함께 변화산에 있었을 때, 그분은 그들에게 자신을 드러내셨다(막 9:2-8). 이는 세 *복음서에서 '변모'를 언급하는 유일한 기록이다. 그때 예수님은 갑자기 환하게 빛나셨고, 모세와 엘리야와 함께 이야기를 나누셨다. 그때 하늘에서 한 목소리가 그분이 진실로 하나님의 아들이라고 선포했다. 베드로는 이 이야기가 "교묘하게 꾸며 낸 신화"가 아니라고 주장한다. 추측컨대, 초대교회의 이 시기에 신앙을 반대하던 자들 일부는, 예수님과 관련한 기이한 이야기들을 비웃고 있었던 듯하다. 그러나 베드로는 그것이 사실이라고 주장한다.

이 목격자의 증언으로 사도들은 성경 예언 전체를 돌아볼 수 있었고, 그렇게 돌아보면서 그 모든 것이 앞뒤가 맞음을 알 수 있었다. 그 예언들은 상당히 방대하고 어수선하고 여기저기 흩어져 있는 이야기였지만, 다가올 일을 앞서 가리키는 일련의 표지판 역할을 했다. 실제로 그 위대한 예언들 중에 야곱에게서 나올 '별'에 대한 예언이 있었고(민 24:17), 그것은 당시 *메시아에 대한 예언으로 널리 알려져 있었다. 베드로는 분명 거기서 영감을 받아 19절에서 예수님을 '샛별'로 표현했을 것이다. 그렇다면 베드로가 말하는 바는 이것이다. 예수님에 관한 이야기들은, 변모되셨을 때 그 놀라운 영광이 드러남으로써 절정에 이르렀고, 이제 사람들은 처음부터 끝까지를 알고 옛 유대 성경 전체를 읽을 수 있다는 것이다. 또 하나님이 나중에 주신 깨달음을 통해, 모든 것이 메시아가 나타나시는 그 순간을 향해 돌진해 가고 있음을 알 수 있다는 것이다. 그분 안에서 하나님의 영광이 계시된 것은, 실제로 우리 역시 "하나님의 본성에 참여"하게 될 거라는 약속과 밀접한 관련이 있다. 이 서신은 이 둘을 하나로 묶는다는 면에서 독특하다.

이렇게 베드로는 옛 유대인에게는 없었던 지도를 보여 주기 위해,

드러난 새로운 상황을 다루고 있다. 하나님의 영광이 드러날 그날, *성전이 다시 세워지고, 메시아가 백성을 구원하기 위해 나타나실 그날을 향해 모든 것이 나아가고 있었다. 그리하여 그 일이 일어났고, 초기 그리스도인들은 자신들이 생각했던 것과 같지는 않았지만 그것을 믿었다. 예수님의 오심은 그 모든 염원이 **성취된 것**이었기 때문이다. 그분의 *부활—그리고 사실 그분의 변모—이 그것을 증명했다. 그러나 메시아가 나타나시는 때와, 궁극적인 끝, 즉 최후 심판 날의 마지막 여명이 밝아오는 때 **사이**에 시차가 있을 것이라고는 어느 누구도 상상하지 못했다. 그러한 중간기가 어떤 모습일지 혹은 그런 시기가 왜 존재해야 하는지, 아무것도 추측하지 못했다.

그래서 베드로는 다른 사도들이 그랬듯, 왜 그러한 지연이 일어나고 있는지와 그 시기에 무엇을 해야 하는지, 성경을 근거로 설명하는 작업을 했다. 당시로부터 오늘날까지 모든 그리스도인은 그가 19절에서 대략 설명한 입장에 있다. 즉 예수님, 그분의 오심, 변모되심, 죽음과 부활이 성경의 예언들을 확증했고, 우리는 마침내 예수님이 샛별로 다시 나타나시는 날까지 하나님의 최종 심판 날을 준비하며, 어두운 밤 동안 밝게 빛나는 등을 붙들고 있는 사람들처럼 성경의 예언들을 붙든다는 것이다.

그러나 이제 또 다른 개연성이 있는 반대 의견이 고개를 들고 있다. 성경을 그런 식으로 읽는 것이 그리스도인이 고안해 낸 것이라면 어떻게 되는가? 성경은 처음에 전혀 그런 의미로 쓰이지 않았다면 어떻게 되는가? 베드로는 그런 의견에 대해 분명하게 할 말이 있다(20절과 21절). 성경은 사사로이 해석해서는 안 된다. 그것은 우리가 할 일이 아니다. 성경 자체가 처음부터 그저 이렇게 저렇게 쓰기로 결심한 개인들에게서 나온 것이 아니기 때문이다. 성경에는 시와 역사로부터 예언과 낯설고 상징적인 계시에 이르기까지 놀랍도록 폭넓은 범주의 자료들이 담겨 있다. 그 다양한 장르와 다양한 저자들 배후에는 신적 영감이 있었다. 그 신적 영감은, 인간의 지성과 성격과 상황을 건너뛰지 않고, 하나님의 *말씀이 인간의 말을 통해 숨을 내쉬듯 나오도록 그들을 통해 역사하는 것이었다. "사람들은 *성령께 감동되어, 하나님에게서 오는 것을 말합니다." 때로는 그들이 그것을 알았을 것 같고(아모스? 예레미야?), 또 때로는 알지 못했을 것 같다(전도서?). 그러나 그것은 중요하지 않다. 중요한 것은, 뒤돌아보는 우리를 위해, 예수님이 그 모든 것을 성취하신 분으로 거기 서 계시다는 것이다. 다른 모든 초기 그리스도인들처럼 베드로 역시 옛 성경과 새로이 계시된 *하나님의 아들을 둘 다 꼭 붙들고 있었다. 우리는 그분을 알고 나서야 그 옛 성경이 어디로 가고 있었는지 알게 된다. 또 **그 옛 성경을 알아야, 그분**이 어떤 분이셨고 무엇을 하셨는지 그 핵심을 알게 된다. 우리에게는 성경과 예언을 확증해 준 아들 둘 다 필요하다. 우리 마음에서 샛별이 빛날 때까지, 그런 다음 우리를 통해 그 샛별이 세상 속에서 빛날 때까지 둘 다 꼭 붙들고 있어야 한다.

베드로후서 2:1-10상
거짓 예언자들

¹하지만 백성 가운데 거짓 예언자들이 있었듯, 여러분 가운데도 거짓 교사들이 등장할 것이고, 그들은 파괴적인 거짓 가르침을 몰래 들여와, 자신들을 위해 값을 지불하신 주를 부인하기까지 할 것입니다. 그들은 스스로 파멸을 재촉할 것이고, ²많은 사람들이 그들의 역겨운 행위를 뒤따를 것입니다. 그들 때문에 진리의 길이 모독당하겠고, ³그들은 탐욕을 품고 날조된 예언으로 여러분을 착취할 것입니다. 이제까지 그들에게 내릴 유죄 판결이 오래 지체된 적이 없고, 그들에게 닥칠 파멸이 잠든 적도 없습니다.

⁴알다시피, 하나님께서 죄지은 천사들을 아끼지 않으시고 그들을 그 '구덩이'에, 어두운 '구덩이'에 던져 넣으셔서, 심판 때까지 갇혀 있도록 그들을 넘겨주셨습니다. ⁵마찬가지로 그분은 옛 세계를 아끼지 않으시고 경건하지 않은 사람들의 세상에 홍수를 일으키셨고, 의의 전령인 노아를 다른 일곱 사람과 함께 구출하셨습니다. ⁶마찬가지로 그분은 소돔과 고모라 성을 단죄하여 잿더미와 폐허로 만드셨고, 그로써 경건하지 않은 사람들에게 일어날 일의 본보기로 삼으셨습니다. ⁷그분은 의로운 롯, 곧 그들의 수치스럽고 방탕한 행동으로 인해 깊이 괴로워하던 한 사람을 재난에서 건져내셨습니다. ⁸알다시피, 그들 가운데 살던 그 의인은 자신의 의로운 영혼을 괴롭히는 불법한 행동을 날마다 보고 들었습니다. ⁹주님은 경건한 사람을 시험에서 구출할 방법을 아시고, 또한 심판과 처벌

> 의 날에 대비해 불의한 자들을 가두어 둘 방법도 아십니다. [10상]특
> 히 육신의 더러운 정욕을 뒤쫓으며 권위를 경멸하는 사람들을 그
> 렇게 하실 것입니다.

"길 잃기 쉬울 거라고 했죠."

집주인은 쓴웃음을 지으며 문가에 서 있었다. 우리는 길을 거의 안다고 생각했다. 방향 감각이 아주 좋았으니까. 심지어 이전에 그곳에 가 보기도 했다. 눈에 띄는 지형지물이 보이는데도 설마 우리가 그 길을 기억 못할까? 그러나 기억 못했다. 우리는 적어도 한 번 이상 길을 잘못 들었고, 그 지역을 가로질러 정상 궤도로 돌아올 확실한 길은 없었다. 그래서 작은 마을들 뒷길로 차를 몰아 길을 찾으려 했는데, 그러는 내내 그들이 우리가 오지 않는다고 생각할까 봐 걱정했다(휴대폰이 없던 시절 이야기다).

우리의 자존심이 상한 것 외에 다른 피해는 없었다. 그러나 분명하게 배운 게 있다. 당신이 쾌활한 성격이고 일어날지 모를 문제 같은 건 생각하기 싫다는 이유로, 길이 분명하고 단순할 것이라 전제하지 말라. 그렇지 않은 경우가 아주 많다. 이는 특히 기독교 제자도라 불리는, 길고 구불구불하고 복잡한 여정에도 해당된다.

우리는 상황이 그렇지 않기를 바란다. 우리는 당연히 멋지고 똑바른 길, 완만하고 쉬운 길을 좋아한다. 언제라도 길을 잘못 들 수 있다는 염려 없이 신나게 예수님을 따르고 싶다. 그러나 예수님이 직접 경고하셨듯이, 상황은 그렇지 않다. 그분을 따르는 이들 중에도 그분이

*'사탄'이라 부르셨던 사람이 있었고, 또 결국 그분께 사탄의 일을 저지른 다른 사람도 있었다.

그래서 지금 베드로는 자신이 얼마나 쉽게 길을 잃었는지 기억하면서, 거짓 교사들과 예언자들에 대해 엄중히 경고한다. 우리에게 이런 경고가 필요하지 않기를 간절히 바란다! 진리를 말하고 있다고 주장하고 기독교의 길을 가르치고 있다고 주장하는 사람들에 대해, 정말 그들이 그렇게 하고 있다고 여기는 것이 더 친절하고 온유하고 더…더 **기독교적인** 것이 아닌가? 우리가 그런 의혹을 품으면 안 되는 것 아닌가?

그러나 우리에게 친절하고 온유하라고 말하는 초기 그리스도인들이, 또한 속이는 자들을 경계하라고도 말한다. 예수님도 비둘기같이 순결하면서도 뱀같이 지혜로워야 한다고 말씀하셨다. 이는 어려운 조합이다. 그러나 우리 성품의 이 두 측면을 모두 갖추려 애쓰지 않으면, 방향을 바로 잡았어도 그리 멀리 가지 못할 것이다.

여기서 베드로는 분명 뱀의 지혜를 다루고 있다. 거짓 예언자들과 거짓 교사들이 있다. 문제는 그들이 정체를 나타내는 이름표를 목에 걸고 있지 않다는 것이다. 그런 예언자들 그리고 교사들과 관련한 충격적 사실은, **그들의 말이 아주 그럴듯하게 들린다**는 것이다. 그들의 말을 들을 때 첫인상은 좋다. '그래, 좋아. 우리가 들어야 할 말이야. 내가 기대하던 바와는 다르지만 좋은 말이야.' 물론 때로는 그런 인상이, 그 가르침이 진정하고 참이라는 표지다. 실제로 우리가 이전에 들었던 내용이 심화되거나 그것을 다른 시각에서 보게 되는 경우도 있다. 그러나 때로 그러한 첫인상은, 전체적으로 옳지 않다는 신호다. 실제로 새로이 진리를 깨닫게 하는 가르침을 듣고 곧장 그것을 사악한 이

단이라 비난하는 피해망상 같은 것이 있기도 하다. 반면, 실제로 전부 옳지 않은데도 다 옳은 것인 양 사실을 보지 않으려고 눈감아 버리는 태도도 있다. 교회든 그리스도인 개인이든, 구별하지 못하는 경우나 모든 것을 항상 대강 '괜찮은' 것으로 여기는 경우는 심히 위험하다.

그래서 베드로는 '이쪽 길은 위험'이라고 적힌 표지판을 세우고 있다. 베드로는 즉시 위험 표지판을 내건다. 거짓 가르침은 예수님을 많은 교사들 가운데 하나일 뿐이라고 말하거나, 그분의 죽음이 사실 "값을 지불하신" 것이 아니라고 하며, 보통 "주를 부인"한다.(1절) 거짓 가르침은 "역겨운 행위"를 권한다. 여기서 베드로는 더 구체적으로 말하지는 않지만 일반적 경고만으로도 우리에게 경고가 된다(2절). 거짓 가르침은, 결국 대다수 그리스도인들이 혐오스럽게 여기는 행동을 괜찮다고 말하는 것인가? 베드로는 "진리의 길이 모독"당할 거라고 경고한다. 외부인들은 그러한 자칭 그리스도인 교사들을 바라보며, 모욕적인 말을 퍼붓기 좋은 목표물로 여길 것이다. 또 결국(3절) 그 거짓 교사들은 수입을 올리는 수단으로 날조된 예언을 이용할 것이다. 사람들로 하여금 책을 사게 하거나 강의에 등록하게 하는 데는 색다른 개념만 한 것이 없다. 제대로 된 순수한 기독교 *신앙과 *삶은 오류이며 더 쉬운 길이 있다는 말을 듣고 싶어 하는 사람은 항상 많다.

베드로는 더 자세히 설명하기 전에 독자들을 과거로 돌려보내 우리보다 그들에게 더 익숙할 이야기들을 보게 한다. 그 이야기들은 창세기 앞부분에서 가져온 것으로, 이후 유대 전통은 그 구성과 인물들을 조금 더 발전시키기도 했다. 베드로는 단지 거짓된 가르침과 거짓된 행위의 위험과, 하나님이 그런 것들을 심판하시리라는 사실만 강조하지는 않는다. 그보다는 오히려 격려의 말을 하고 있다. 그는 하나님이 자기 백성을 그 엉망인 상황에서 구해 내실 것임을 강조하고 있다. 심판과 자비, 이것은 우리가 의지할 수 있는 견고한 약속이다.

첫 번째 예는 창세기 6장에 나오는 유명한 악한 천사들 이야기다. 하나님은 심판의 날까지 그들이 나오지 못하도록 가두어 지키실 것이다. 그런데 두 번째 예에서는 심판이 신속했다. 노아 시대에 세상을 심판하신 것이다. 세 번째 이야기는 소돔과 고모라 성의 파괴와 롯의 구원이다. 이 각각의 사례에서 우리가 주의해야 할 것은, 심판을 받는 악(하나님은 자기 백성을 그 악에서 구원하신다)이 이론적 문제들에 대한 엉뚱하거나 잘못된 가르침이라기보다는 상황을 망치는 행위, 즉 죄와 불경건과 수치스럽고 방탕한 행위라는 것이다.

또다시 베드로가 하는 말은 그다지 구체적이지 않지만, 일반적 의미는 명백하다. 유대교가 그랬듯이 기독교 신앙도 인간의 욕망과 관련하여 일반적 규제 사항을 제시했다. 그러한 규제를 없애려는 교사들이 나타날 때, 우리는 조심해야 한다. 그가 10절 상반절에서 지적하는 치명적 조합에는 더 예리한 초점이 있다. "육신의 더러운 정욕을 뒤쫓으며 권위를 경멸하는 사람들." 오늘날 교회에는 이런 문제가 없다고 주장하는 사람이 있다면, 그는 용감무쌍한 사람일 것이다. 잘못된 길로 가기는 아주 쉽다. 생각보다 훨씬 더 쉽다.

그러나 근본 요점은 긍정적이다. 베드로는 9절에서 그것을 명확히 말한다. 하나님은 우리가 하고 싶은 대로 하도록 내버려 두지 않으실 것이다. 그렇다. 우리는 시험을 받을 것이고, 악하고 부도덕한 사람들은 번영하는 듯 보일 것이다. 그러나 하나님은 조롱받지 않으신다. 그분은 그 백성을 시험에서 구할 방법을 아신다. 또 심판의 날에 대비하여 악한 자를 가두어 둘 방법도 아신다. 하나님의 심판과 자비, 뱀

같이 지혜롭고 비둘기같이 순결하라는 명령에 딱 맞는, 한 쌍의 특성이다. 인생에 오로지 자비와 순결만 있다면 아주 즐거울 것 같다. 그러나 그렇지 않다. 길을 잃기가 쉽다.

베드로후서 2:10하-22

설상가상

¹⁰ʰ그런 사람들은 거만하고 제멋대로입니다! 그들은 영광스러운 존재들을 모독하는 일을 두려워하지 않지만, ¹¹천사들은 그들보다 더 강하고 더 능력 있으면서도 그들의 모독죄를 주께 고발하지 않습니다.

¹²이런 사람들은 본디 잡혀 죽으려고 태어난 이성 없는 짐승과 같습니다. 그들은 전혀 알지도 못하는 것들을 저주하다가, 자멸하려는 성향 때문에 멸망당합니다. ¹³그들은 불의를 저지르고 그 대가로 불의를 거둡니다. 그들은 대낮에 흥청거리는 연회를 열고 즐깁니다. 그들은 여러분과 함께 식사를 하더라도, 역겨운 쾌락 속에 뒹굴면서 모든 것들을 더럽히고 때 묻힙니다. ¹⁴그들의 눈에는 간음할 거리로 가득합니다. 그들은 죄에 만족하지 못합니다. 불안정한 영혼을 발견하면, 그런 사람들을 잘못된 길로 이끕니다. 그들의 마음은 탐욕으로 단련되어 있습니다. 그들은 저주의 자식들입니다. ¹⁵그들은 곧은길을 버리고 브올의 아들 발람을 뒤따라 헤매고 다녔습니다. 발람은 불의의 보상을 사랑했고, ¹⁶본래 말 못하는 당

나귀가 예언자의 미친 짓을 중단시키려고 사람의 소리로 말했을 때, 그는 자신의 불순종에 대해 책망을 받았습니다.

¹⁷이런 사람들은 물 없는 샘입니다. 그들은 폭풍우에 밀려다니는 흩어진 안개입니다. 그들에게는 깊은 어둠이 마련되었습니다! ¹⁸그들은 어리석은 허황된 말들을 지껄이며, 그릇되게 행동하는 사람들 무리에서 이제 막 벗어난 이들을 방탕한 육신의 욕망으로 꾀어냅니다. ¹⁹그들은 그런 사람들에게 자유를 약속하지만, 그들 자신이 부패의 종입니다. (알다시피, 어떤 것에 굴복당한 사람은 그 종이 됩니다.) ²⁰그들이 우리 주님이요 구원자이신 메시아 예수를 아는 지식을 통해 세상의 더러움에서 벗어났더라도, 다시 그 더러움에 얽혀들어 굴복당한다면, 그들은 결국 그 이전보다 더 나쁜 상태에 처하고 마는 셈이니 말입니다. ²¹의의 길을 알고 나서 자신이 받은 거룩한 계명에서 돌아서느니, 차라리 그 길을 알지 못했던 편이 그들에게 훨씬 나았을 것입니다. ²²그들에게 지금 딱 들어맞는 속담이 있습니다. 개는 자기가 토한 것으로 돌아가고, 돼지는 씻고 나서도 또다시 진창에 뒹굴 뿐이다.

한두 해 전, 친구 몇 명과 함께 식사 초대를 받았는데, 어떤 판사도 초대받아 와 있었다. 나는 법조계 고위직에 있는 사람을 만날 기회가 좀처럼 없는 터라, 그가 자신의 일에 대해 하는 말을 아주 흥미롭게 들었다.

그가 그날, 그 전날, 또 그 전날 한 일들을 말했을 때, 나의 기대는 충격으로 바뀌었다. 그는 자신이 속한 세상은 텔레비전 드라마에서 보는 화려한 광경과는(물론 지금 어떤 나라에서는 실제 재판 장면을 방송으로 내보내 냉혹한 현실이 훨씬 분명하게 드러나기도 했지만) 사뭇 다르다고 설명했다. 한 판사가 자기 자리에서 대해야 하는 대다수 사람들은, 줄지어 선 애처롭고 추악한 사람들이다. 그들의 인생은 절망적이게도 더럽고 엉망진창이 되어 버렸다. 다양한 관계를 오가며, 또 빚과 재정 문제에 시달리며, 감옥을 드나들며 그렇게 되었다. 그런 길로 가는 사람들은 다른 사람들을 자신들 수준으로 끌어내린다. 그것은 억울함, 서로간의 고소, 흠 잡기, 자기변명이라는 여파를 남긴다. 때로는 자기혐오, 자해, 자살에까지도 이른다. 끔찍하고 어두운 세상이라고 그 판사는 말했다. 그런데 지금은 근무 시간이 끝났으니, 더 즐거운 일에 대해 말해 달라고 부탁할 수 있을까? 최근에 들은 즐거운 이야기가 있을까?

우리들 대다수에게 어두운 현실은 대부분의 시간에 숨겨져 있다. 뒷길, 뒷방, 뒤틀리고 자기기만에 빠진 마음속에는 그 어두운 현실이 그대로 있다. 가난하고 제대로 교육 받지 못한 이들뿐 아니라 겉으로는 '멋지고' 세련된 교사, 의사, 교역자 등 전문직 종사자들도 마찬가지다. 판사들도 그렇다. 그런 게 없다고 상상한다면, 우리는 그저 멍청한 행복이나 누리며 살 것이다.

베드로후서의 이 본문은, 그 판사가 말한 애처롭고 추악한 행위 목록과 다소 비슷하다. 베드로는 독자들이 직면한 위험을 경고하기 위해 최선을 다하고 있다. 그들은 분명 상충하는 견해들과 관념들로 현기증 나는 세상에서 그리스도인으로서의 길을 가려고 애쓰다 도덕적 혼란에 빠졌을 것이다. 이는 단순히 기본적으로는 괜찮지만 한두 가지를 오해한 사람들에 대한 것이 아니다. 그곳에는 아주 위험한 사람들이 있으므로, 그들을 알아보는 법을 배워야 한다.

위험한 교사들에 대한 첫 번째 비난, 즉 그들이 거만하고 고집이 세다는 비난의 근거는, 우리에게는 이상하고 낯설어 보이는 것이다. 그들은 천사들, "영광스러운 존재들"(그들과 달리 이 천사들은 맞고발을 할 만큼 비열하지 않다. 여기서 베드로는 다시 다양한 유대 전통들과 해석들에 의지한다)을 모독한다. 핵심은, 하나님을 향한 모든 반항의 근원에는 적합한 권위에 대한 거부가 있다는 것인 듯하다. 즉, 베드로의 시대에 그것은 천사들을 모독하는 것으로 그 모습을 드러냈다.

오늘날 우리가 천사들에 대해, 즉 천사들은 어떤 존재며 무엇을 하는지 더 깊이 숙고해 볼 수 없다는 건 애석한 일이다. 물론 천사들은 달력이나 크리스마스 트리, 크리스마스 카드 등 도처에 나온다. 우리는 천사를 꽤 좋아하지만, 그들을 편안하고 길들여진 존재로 만들어 버렸다. 우리에게 그들은 안전하다. 그들을 진지하게 여기지 않아도 된다. 그러나 사실 하나님의 창조 세계에는 온갖 존재들이 가득하며, 천사들은 세상을 운영하는 일에 관여하는 듯 보인다. 그래서 권위를 무시하려는 사람들은, 인간 권력자들 배후에 서 있는 권세들, 곧 하나님이 허락하신 보이지 않는 권세들을 비난하는 것부터 시작한다.

그 외에도 우리는 나의 새 친구가 된 그 판사의 세상과 같이 어느 모로 보나 지저분한 세상 속에 있다. 우리는 스스로 의롭다는 자만("저 악한 사람들을 봐! 우리는 전혀 다르지!")의 태도를 취할 게 아니라 슬퍼하고 두려워하면서 이 목록을 읽어야 한다. 이런 경향은 우리 모두 안에 있다. 자제의 핵심은, 이런 경향들을 억누르고, 잘못된 욕망들을 십자가에 못 박고, 올바른 욕망이 제자리에서 자라도록 하는 것이다. 불의, 흥청거리는 연회, 과도한 성욕 같은 것들을 일삼는 이들은, 그들이 속한 어느 단체에서든, 공기 중에 악취가 퍼지듯 얼룩을 남긴다(13절).

베드로는 한 번 더 성경에서 유사한 부분을 언급한다(15-16절). 그 모습은 이상한 예언자 발람이 이스라엘을 저주하여 돈을 벌려고 온갖 노력을 다했을 때와 비슷하다. 결국 그의 나귀가 말을 하여 그를 책망했다(민 22장). 그들은 어떤 의미에서 어떤 영적 힘과 연결되어 있지만 그것을 자신의 이익을 위해 사용한다. 악명이 자자한 대로, 발람은 이스라엘을 저주하는 것으로 이방 왕에게서 돈을 얻을 수 없음을 알게 되자 그 왕에게 다른 방향으로 시도해 보라고 조언했다. 하나님의 백성을 부도덕에 빠트리고 그런 다음 우상숭배로 이끌 미혹하는 여자들을 보내라고 한 것이다(민 31:15). 그것은 아마 성공했을 것이다. 오늘날도 여전히 그렇다.

맹렬한 비난이 나오는 마지막 단락(17-22절)에서는 특히 두 가지가 두드러진다. 첫째, 19절에서 그런 사람들은 '자유'를 약속하지만 그들이야말로 부패의 종이다.

오늘날 사방에서 '자유'를 부르짖는 소리가 들리지만 무엇이 자유인가 하는 문제는 생각보다 복잡하다. 내게는 온갖 좋지 않은 음식을 먹고 원하는 것은 무엇이든 마실 '자유'가 있을지 모른다. 누구도 나를 막지 못할 것이다. 경찰이 와서 나를 체포하지도 못할 것이다. 설교자가 내가 얼마나 악한지 말하지도 못할 것이다. 그러나 그렇게 하면 나는 진정으로 건강하고 온전한 인간의 *삶을 살 '자유'를 누리지는 못할 것이다. 아마도 틀림없이 젊어서 죽을 것이고, 비참하게도 내가 될 수 있었던 사람이 되지 못할 것이다. 내게는 번 돈을 도박으로 다 날릴 '자유'가 있을지 모른다. 그러나 그 습관이 나를 사로잡을 것이고 나는 내 책임을 다하지 못할 것이다. 그것이 '자유'인가? 베드로는 특별히 성적 방종을 염두에 두고 있는 듯하다. 그것 역시 위험하게도 습관성이며, 오로지 성생활, 성행위, 성적 경험만 생각하고 이야기하는 삶을 낳는다. 그것이 '자유'인가? 성은 불과 같다. 불은 좋은 것이다. 몸을 따뜻하게 하고 음식을 만들 수 있도록 자유를 준다. 그러나 불을 너무 즐겨서 벽난로 대신 방 한가운데 불을 붙이면, 집이 다 타는 것이 당연하다. 슬프게도 '자유'는 '자신을 파괴하는 자유'가 될 수 있다.

둘째, 진정한 거룩의 길을 찾기 위해 기독교 신앙과 그리스도인의 삶에 아주 가까이 다가갔지만, 그 후 너무 어려워서 반대 방향으로 진로를 바꾸려 마음먹은 이들에 대한 특별한 슬픔과 역설적 공포가 나온다. 그들은 한순간은 도덕적 위험에서 벗어났다가, 그 다음 순간 다시 그쪽으로 슬며시 들어간다. 어쨌든 그것은 꽤 흥미진진하다. 새로운 경험이 주는 톡 쏘는 맛이 있다. 그것이 괜찮게 여겨질지 모른다. 그런데 베드로는 그런 사람들을 위해 냉혹한 옛 속담을 고른다. 있는 그대로 솔직하게 말하자. 형편없는 상황을 그럴듯한 말로 위장하지 말자. 여기서 일어나고 있는 일은, 길가에 토한 개가 돌아가서 다시 그것을 다 먹는 것과 같다. 역겨운가? 정확히 그렇다. 그래서 베드로가 그렇게 말한 것이다. 현실을 직시할 때다.

베드로후서 3:1-10

주의 날

¹내 사랑하는 가족이여, 내가 여러분에게 편지를 쓰는 것이 이제 두 번째입니다. 여러분의 동기는 순수하니, 나는 그것이 행동으로 옮겨지도록 여러분을 일깨우려고 애쓰고 있습니다. ²이는 전에 거룩한 예언자들이 한 말과, 여러분이 사도들에게서 전해 받은 주님이자 구원자께서 명령으로 하신 말씀을 기억하게 하려는 것입니다. ³그러나 여러분은 먼저 이것을 알아야 합니다. 마지막 시대에 사기꾼들이 기만적 방식으로 나타나 자신들의 욕망에 따라 행동할 것입니다. ⁴그들은 이렇게 말할 것입니다. "그가 왕으로 오신다는 약속이 어디 있는가? 이전 세대가 죽은 이래 만물은 창조의 시작부터 쭉 그대로 이어져 왔다." ⁵알다시피, 그들은 일부러 이 한 가지 사실을 간과합니다. 곧 옛적 하늘과 땅이 하나님의 말씀으로 물에서 나와 물로 말미암아 형성되었고, ⁶또 그 시대의 세상이 홍수로 인해 물로 멸망했다는 것입니다. ⁷지금 우리에게 있는 하늘과 땅은 불타 버리기 위해 동일한 말씀으로 보존되고 있으며, 심판의 날과 악한 자들의 파멸을 위해 유지되고 있습니다. ⁸그러므로 사랑하는 이들이여, 이 한 가지는 잊지 마십시오. 주께는 하루가 천년 같고 천년이 하루 같습니다. ⁹주님은 어떤 사람들이 미루어진다고 생각하듯 약속을 미루시는 게 아니라, 여러분에 대해 깊이 인내하고 계십니다. 그분은 어느 누구도 멸망하기를 바라지 않으십니다. 도리어 그분은 모든 사람이 회개에 이르기를 원하십니다.

> ¹⁰그러나 주의 날이 도둑같이 올 것입니다. 그날에 하늘이 크고 격한 소리를 내며 사라질 것이고, 원소들은 불에 녹을 것이고, 땅과 그 위에 있는 모든 일이 드러날 것입니다.

고 스티븐 닐(Stephen Neill) 주교는 젊을 때 인도에서 얼마 동안 선교사 교사로 지냈다. 한번은 자신이 가르치는 반 아이들이 부정행위를 한다는 의심이 들었다. 그 과목을 그다지 잘 하지 못하는 남자아이들이 더 잘 하는 아이들이 쓴 답안을 베끼고 있었고, 탁월한 한두 학생은 거의 학급 전체가 자신들의 답안을 활용하도록 직간접적으로 허용했다.

닐이 쓴 해결책은 아이들이 써 낸 답안지를 주의 깊게 연구하는 것이었다. 모든 답을 다 맞게 쓴 학생은 없었다. 서로 베끼는 과정에서 몇 아이는 실수를 했고, 다른 아이들은 먹이 사슬처럼 그것을 베꼈다. 닐은 어디서 그런 실수들이 생겼는지 연구하여 누가 누구 것을 베꼈는지 정확하게 파악해 칠판에 도표로 그릴 수 있었다. 그 학급은 아연실색했고 선생님이 마술을 부렸다고 생각했다. 그들이 과제를 하고 있을 때, 선생님이 은밀하게 거기 계셨던 것 같았다! 그러나 그는 그러지 않았다. 순전히 논리적으로 그 작업을 했을 뿐이다.

닐은 초대교회에서 신약 성경 본문에 어떻게 실수가 들어오게 되었는지 설명하기 위해 그 예를 활용했다. 인쇄된 책에도 실수들은 생긴다. 인쇄가 시작되기 이전 시대에는 손으로 책을 필사했다. 길고도 지루한 작업이었다. 원본 그대로 타자를 치는 일도 지루한데, 손으로 쓰는 것은 훨씬 더했다. 사람의 눈이 한 단어에서 다른 줄에 있는 비슷한 단어로 옮겨가기가 얼마나 쉬운지. 한 줄이나 한 단어를 거슬러 올라가거나 반복하기가 얼마나 쉬운지. 본문이 아주 이상해 보이는 무엇을 말할 때, 그것을 '고치기가' 또 얼마나 쉬운지. 혹은 의도적으로(필사자들이 '절대 그런 의미일 리 없어! 실수가 생긴 게 분명해! 내가 바로잡는 편이 낫겠어' 하고 생각하여), 혹은 순전히 우연히, 더 부드러운 문장이나 위험하게도 더 부드러운 개념을 만들어 내기가 얼마나 쉬운지.

물론 문제는, 신약 성경에는 당시 세계관에 깔끔하게 들어맞지 않는 말들, 항상 쉽게 읽히지는 않는 말들이 주기적으로 보인다는 것이다. 이 때문에 성경 본문을 공부하는 이들은 변질이나 왜곡 가능성에 민감하다. 우리에게는 2세기 초반부터 계속 이어진 신약 성경 사본들이 아주 많기 때문에, 고대의 다른 어떤 책보다 훨씬 많은 사본이 있기 때문에, 보통 언제 이런 일이 일어났는지 말할 수 있다. 서로 베끼는 학생들의 사례에서 그랬듯이, 사본들의 다양한 '가문들'에 나타난 변형들을 추적할 수 있기 때문이다. 거의 모든 경우, 우리는 저자가 어떤 표현을 썼는지 안다고 합리적으로 확신할 수 있다. 거의 모든 경우, 변형들은 아주 사소해서 그 단락의 의미가 엄청나게 변하지는 않았다. (이를테면, '그리고'나 '그러나' 혹은 '그' 같은 단어가 빠지거나 잘못 들어가면, 보통은 별 차이가 없다.)

그러나 실제로 엄청난 차이를 일으키는 것도 한두 가지 있다. 아마 당신은 이 단락이 그중 하나임을 추측했을 것이다. 여기 이 단락의 끝부분에서 우리는, 더 오래된 성경책들에서는 한 가지로 나오지만, 우리가 지금 가진 모든 성경 사본을 볼 때 거의 확실하게 바꾸어야 하는 문장을 만난다. 더 오래된 사본에서 이 단락은 "땅과 그 위에 있는 모든 일이 불탈 것입니다"라는 경고로 끝난다. 우주의 파멸, 물질 세상의 끝이다! 정말 베드로가 그렇게 썼을까? 만일 그렇다면, 이 단락은 초기 기독교 서적 전체에서 그런 개념이 나오는 유일한 곳이다.

그러나 최상의 사본 둘을 포함한 몇몇 신약 사본에는 '불탈 것입니다'에 해당하는 단어가 없다. 대신 '찾아질 것입니다'나 '발견될 것입니다', '드러날 것입니다'를 뜻하는 단어가 있다. 혹 '발각될 것입니다'가 그 의미에 맞는 또 다른 표현일 것이다. 나는 다음과 같은 일이 일어났다고 믿는다. '찾아질 것입니다'라는 표현을 접한 초기의 몇몇 *서기관은 '이게 맞을 리가 없어! 그러면 뜻이 안 통해! 분명 그는 **불탈 것입니다**라는 의미로 썼을 거야' 하고 생각했다. 그래서 변화가 생겼다. (거기에 혼동이 있었음을 알 수 있다. 다른 대안을 시도한 다른 사본들도 있기 때문이다.)

그렇게 해서 생긴 차이를 보라! 신약 성경의 나머지 부분을 볼 때, 베드로는 공간, 시간, 물질로 이루어진 현 세상이 불타서 파괴될 것이라고 말하는 게 아니다. 그것은 고대 스토아학파나 일부 근대 사상의 견해에 더 가깝다. 수많은 초기 그리스도인 교사들이 말했듯이, 문자적이든 비유적이든 '불'이 온 땅에 나타날 터인데, 그것은 파괴하기 위해서가 아니라 모든 것을 검증하기 위해서다. 검증을 통과하지 못한 것은 다 불태움으로써 정화하기 위해서다. "녹을" "원소들"은 아마 지금 빛과 열을 얻는 데 필요한 창조 세계의 일부, 즉 해와 달일 것이다. 요한계시록 21장에 따르면, 그것들은 새로운 창조 세계에는 필요하지 않을 것이다. 그러나 서신 전체에서 베드로의 관심은, 인간을 위해 있는 인간 이외의 우주의 부분이 아니라 인간이 한 일을 근거로 한 인간의 심판에 있다.

그날이 올 것이고, 모든 것이 드러날 것이다. 모든 것이 불로 심판받을 것이다. 이것이 그리스도인 첫 세대가 가고 난 직후, 결국 예수님이 돌아오시지 않았으므로 모든 것이 오류였음에 틀림없다고 말하는 이들에 맞서 베드로가 재차 강조하는 약속이다. 우리 시대에도 많은 이들이 3절에 나오는 '사기꾼들'들의 말에 목소리를 더한다. 초기 그리스도인들은 모두 예수님이 곧 돌아오시리라 기대했는데, 예수님이 빨리 돌아오시지 않았기 때문에 그들의 가르침은 오류에 근거한 잘못이며, 따라서 그 가르침 중 중요한 부분들을 무시해야 한다고 말하면서. 그러나 이는 베드로가 경고하는 실수를 되풀이하는 것일 뿐이다. 사실, 베드로의 경고는 1세기 그리스도인의 모든 글 가운데서 '지연'(delay)의 문제를 직접 다룬 **유일한** 구절이다. 그것은 2세기나 그 이후 그리스도인 저술가들에게는 문제가 되지 않았던 것 같다. 그들은 계속 주님이 돌아오실 것이라고, 그 일은 언제라도 일어날 수 있다고 가르쳤다(그러므로, 10절의 "도둑같이"는 예수님이 직접 드신 비유를 가져온 것이다).

한편으로는 이 '언제라도'는 당연히 '그러므로 어쩌면 오늘이나 내일'을 의미할 수 있었기 때문에, 다른 한편으로는 예수님이 말씀하신 것(막 13장과 다른 곳에서) 중에 한 세대 안에 실제로 일어난 것들이 있었기 때문에, 고대에나 현대에나 오해가 있었던 것 같다. 그러나 그러한 사건들은 예루살렘과 *성전의 파괴와 관련 있었고, 그것은 실제로 예수님 당시의 세대에 일어났다(더 정확히 말하면, 주후 70년). 하지만 베드로보다 앞선 유대 교사들이 경고했었고 또 하듯이, 베드로도 하나님이 우리의 시간에 따라 일하지 않으신다고 경고한다. 시편 90:4이 잘 표현하듯이, 하나님이 보시기에는 천년이 하루 같고, 하루가 천년 같다. 우리는 하나님을 우리의 연대표 안에 가두어 둘 수 없다.

여기 이 서신의 마지막 부분에서 전개될 요점은 인내와 관련 있다. 우리가 자주 보았던 이 덕목은 초기의 많은 그리스도인 저술가들이 강조했는데, 그것은 인내가 일상적 인간관계에 항상 필수였기 때문이고, 또 그것이 그들 대다수에게 아주 새로운 개념이었기 때문이다. 고대 이교도 세상에서는 인내를 덕목으로 여기지 않았다. 그러나 여기서는 인내가 새로운 차원으로 격상된다. 우리가 매일 상호 관계에서 실천하는 인내는 우주적 규모로까지 확대되어야 한다. 하나님은 실로 온 세상에 "주의 날"이 오게 하실 것이다. 그날에 모든 것이 심판받고 모든 것이 드러날 것이다. 그러나 그분은 그분의 때에 그 일을 하실 것이다. 그것은 우리가 그저 빈둥거리며 몸이나 비비 꼬고 있어야 한다는 의미가 아니다. (성급한 우리 시대에) 하나님의 지연으로 보이는 시간은, 사실 하나님이 주시는 새로운 소명의 순간이다. 그동안 해야 할 과제가 있다. 이는 우리를 이 다음 단락인 이 서신의 마지막 부분으로 이끈다.

베드로후서 3:11-18

하나님의 인내

¹¹만물이 이렇게 녹을 터이니, 여러분은 어떤 사람이 되어야 하겠습니까? 여러분은 거룩하고 경건한 삶을 살면서 ¹²하나님의 날이 나타나기를, 또 실로 서둘러 오기를 기대해야 합니다. 그날에 그로 인해 하늘은 불이 붙어 녹을 것이고, 원소들은 열기에 녹아내릴 것입니다. ¹³그러나 우리는 정의가 깃들 새 하늘과 새 땅을 기다리고 있습니다. 이것이 그분이 약속하신 바입니다.

¹⁴그러므로 내 사랑하는 가족이여, 여러분이 이런 일들을 기다리면서, 그분 앞에서 티나 흠 없이 평화로이 나타나도록 열심을 내십시오. ¹⁵우리 주께서 행동하시려고 인내하며 기다리실 때, 그것이 무엇을 위함인지 깨달으십시오. 바로 구원을 위함입니다! 우리의 사랑하는 형제 바울은 자신이 받은 지혜를 따라 이 모든 것에 대해 여러분에게 적어 보내며, ¹⁶그의 모든 편지에서 그랬던 것처럼 이런 일들에 대해 말했습니다. 그 가운데는 이해하기 어려운 내용이 더러 있습니다. 무식하고 동요하는 사람들은, 다른 성경 말씀을 왜곡하듯 그의 말도 왜곡하여 파멸을 자초합니다.

¹⁷그러나 내 사랑하는 가족이여, 여러분은 미리 경고를 받았으니 경계하십시오. 그래야 무법자들의 오류로 인해 길을 잃고 여러분 자신의 탄탄한 기초에서 벗어나지 않을 것입니

다. ¹⁸도리어 우리 주님이자 구원자이신 메시아 예수의 은혜와 지식 안에서 자라십시오. 지금은 물론 하나님의 새 시대가 동트는 그날에도, 영광이 그분께 있기를 바랍니다. 아멘.

어느 날 저녁 우리는 오래된 앨범을 꺼내 50년 전 우리 가족의 모습을 훑어보았다. 그에게 정말 이런 콧수염이 있었나? 그 여자가 정말 이런 옷을 입었던가? 그렇다. 그도 그랬고, 그 여자도 그랬다. 특히 다음 세대, 그 다음 세대와 닮은 부분을 확인할 때면 아주 흥미롭다.

그런데 우리는 어떤 사진을 보고 다른 이유로 놀랐다. 거기 우리 모두가 아는 사람이 있었다. 하지만 그는 우리 가족은 아니었다! 우리 가족 중 누구와 가까이에 산 것도 아니었다. 우리가 그를 알게 된 것은, 결혼하고 한참 후에 그가 명예 삼촌으로서 우리 가족이 되었기 때문이다. 그런데 당시에 그는 거기서 무엇을 하고 있었을까?

그 답은 아주 평범했다. 그는 근처 친구 집에 묵고 있었는데, 그 친구와 함께 갑자기 우리 집에 들른 것이었다. 우연의 일치였다. 베드로가 우리가 전혀 생각지도 못한 사람을 갑자기 언급한 것을 나는 곰곰이 생각해 보았다. 그때 바로 이 갑작스럽고 놀라운 등장이 생각났다. 바울! 그는 여기 15절에서, 말하자면 다른 사람의 쇼에 게스트로 출현하여 무엇을 하고 있는가?

그 답은, 베드로가 이 서신을 쓰던 무렵, 바울의 서신들은 이미 얼마 동안 터키와 그리스(로마서를 제외한 바울의 모든 서신이 이곳에 전달되었다) 그리고 더 먼 지역의 여러 교회에서 회람되고 있었다는 것이다. 초기의 수많은 그리스도인들은 열정적 여행가였고, 서신서와 복음서 등 본문들을 이리저리 들고 다니며 필사하고 연구했다는 흔적이 많다. 베드로가 여기서 말하는 바는, 지금 바울의 독자들 모두가 알아차리지는 못할지라도, 사실 바울의 글들에서도 아주 중요한 주제와 딱 맞아떨어진다. 우리는 이미 우리가 인내하도록 부름받았음을 말한 바 있다. 우리가 서로를 대할 때 지녀야 할 인내가 있고, 주의 날을 기다릴 때 하나님을 향해 지녀야 할 인내가 있다. 이제 우리는 하나님 자신의 인내를 고찰해야 한다.

결국 제대로 왔다. 우주의 창조주요 통치자가 그분의 세계를 경영하는 방법을 우리보다 무한히 더 잘 아시기에 침착하게 할 일을 하시는 동안, 우리는 성급하게 작은 발을 동동 구르며 다소 웃기는 시각을 제시할지 모른다. 그러나 제대로 된 시각은, 우리에게 '지연'으로 보이는 것을 우리가 하나님을 향해 지녀야 할 인내로 볼 것이 아니라 하나님이 우리에 대해 인내하고 계시다는 표지로 여기는 것이다.

당연한 일이다. 하나님이 지체 없이 세상과 우리에 대한 소유권을 행사하신다면 어떤 일이 일어나겠는가? 이는 이미 예수님 시대 이전의 유대인들이 깊이 생각했던 주제다. 그들은 하나님의 약속이 성취되기를 기다리며 끝없는 지연으로 보이는 상황으로 인해 고뇌했다. 그러다 그들은, 하나님이 더 많은 사람들에게 회개할 여지를 주시기 위해, 삶이 변화될 여지를 주시기 위해, 세상이 원래 상태로 돌아갈 여지를 주시기 위해 심판의 날을 미루고 계시다고 결론지었다. 우리는 우리가 원하는 대로 하나님이 서두르지 않으시는 것에 대해 하나님께 화를 낼 것이 아니라, 이 '인내'에 대해 감사해야 한다.

이것이 바울이 로마서 2:1-11 같은 단락에서 염두에 두었던 것이다. 그 단락은 찾아보고 숙고해 볼 만하다. 아마도 그것이 베드로가 염두에 두었던 단락인 듯하다. 바울은 "하나님이 그 인자하심으로 당신을 회개하게 하시려는 것"(롬 2:4)이라고 보았다. 그러나 만일 그 기회를 활용하지 못한다면, 그 결과는 반대가 될 것이다. 마침내 그날이 이르렀을 때, 당신이 그 기간 즉 최종 심판 이전의 기간에 한 일이 상황을 더욱 악화시킬 것이다(롬 2:5-11).

베드로 역시 그렇게 말하는 듯하다. "우리 주께서 행동하시려고 인내하며 기다리실 때, 그것이 무엇을 위함인지 깨달으십시오. 바로 *구원을 위함입니다!"(15절) 하나님의 인내는 우리에게 기회다. 우리가 마땅히 살아야 할 거룩하고 경건한 삶을 실천할 기회다. 또한 세상에 *복음을 전파할 기회다. 우리는 그날, 새 하늘과 새 땅이 나타나 하나님의 놀라운 정의가 가득하고 그분이 영광스럽게 만물을 바로잡으실 그날이 올 것을 알기에, 지금 여기서 그날을 바라보며 애써야 한다.

바로 이 지점에서 하나님이 하시려는 일을 잘못 이해하면, 그 시각이 우리의 이해와 행동 둘 모두에 악영향을 미치게 될 것이다. 하나님이 그저 현 세상을 완전히 불태우시고 우리를 육체를 떠난 *영혼으로 끝없는 '영원' 속에 두고 싶어 하신다고 상상한다면, 우리가 지금 여기서 하는 일에 대해 걱정할 이유가 무엇인가? 그것이 무엇이 중요한가? 다가올 일이 무엇이든 기다리며, 할 수 있는 한 인생을 즐기는 편이 낫지 않겠는가? 이것이 1세기는 물론 오늘날 많은 철학자들이 제시하는 답이다. 그러나 이사야가 오래전에 약속했듯이(사 65:17, 66:22) 하나님이 하늘과 땅을 **새롭게 하실** 의도라면, 현재 우리가 하는 일은 중요하다. 그것은 "티나 흠 없이" 드러나야 할 우리에게 중요하다(14절). 또 하나님의 세계 전체에도 중요하다.

이 모든 내용은 서신을 마무리하는 절에서 통합된다. 이 마무리 부분은 베드로가 내내 말하던 두 가지 주요 개념을 잘 요약한다. 첫째, 경계하라! 이는 그들 중 일부가 이단으로 밝혀질 경우 누구든 비난할 태세로 흠을 잡거나 비열한 접근을 하라는 뜻이 아니다. 다시 한 번 이것은 뱀의 지혜를 의미한다. 저 바깥에 번지르르한 말로 당신을 길 잃게 하려는 무법자들이 없다고 상상하지 말라. 그들을 따라갈 만큼 그런 말이 당연하고 옳게 느껴질 때가 없을 것이라고 상상하지 말라. 그것이 진짜 위험이 아니라면 우리에게 경고가 필요하지 않을 것이다. 진짜 위험은, 우리가 *믿음 안에서 받은 탄탄한 기초에서 벗어날지도 모른다는 것이다.

그러나 둘째, 메시지가 다 소극적인 것은 아니다. 그리스도인의 성품과 신앙과 삶의 꾸준하고 지속적인 성장에 관한 내용들이 있다. 예수님을 따르는 자로서 당신이 "주님이자 구원자이신 *메시아 예수의 은혜와 지식 안에서 자라"는 것은 특권이요 타고난 권리다. 이는 베드로가 하나에 다른 하나를 더하라고 권한 서두 부분을 돌아보게 해준다. 믿음, 덕, 지식, 자제력, 인내심, 경건, 가족애, 사랑이 그것이다. 이것들 중 자제력이나 인내심 같은 것은 그가 다소 길게 설명했다. 다른 것들은 독자들이 스스로 이해하도록 두었다.

나는 이 서신이 우리 시대를 위한 말씀 같다고 생각한다. 지금이든 그분의 새 시대가 동터 오는 그날이든, 우리의 바람이 하나님께 영광을 돌리는 것이라면, 이 서신을 주의 깊게 연구하고, 이 서신으로 기도하고, 이 서신을 마음에 새기고, 그대로 실행하는 편이 좋을 것이다.

요한일서

요한일서 1:1-4

생명의 말씀

> ¹태초부터 있었고, 우리가 들었고, 눈으로 보았고, 주시하고 손으로 만졌던 것, 바로 생명의 말씀에 관해 씁니다! ²그 생명이 나타나셨고, 우리는 그 생명을 보고 증언합니다. 그리고 아버지와 함께 계셨으며 우리에게 나타나신 하나님의 오는 시대의 생명을 여러분에게 전합니다. ³우리가 보고 들은 바를 여러분에게도 전하는 것은, 여러분도 우리와 더불어 사귐을 누리게 하려는 것입니다. 우리의 사귐은 아버지와 그분의 아들 메시아 예수께서 함께하시는 사귐입니다. ⁴우리는 우리의 기쁨이 온전해지게 하려고 이 글을 씁니다.

"나는 미래를 보았고, 그것은 작동된다." 이 악명 높은 선언은 1919년 링컨 스테펜즈(Lincoln Steffens)라는 미국의 저널리스트가 한 말이다. 러시아혁명으로 옛 귀족정치와 그 정책이 다 사라진 후 마르크스주의 원리에 따라 막 자리잡은 '소련'을 다녀온 직후였다. 스테펜즈는 유럽과 미국의 수백만 명의 소망을 담아냈다. 아마도 그 완전히 새로운 이상, 인간 사회를 운영하는 그 새로운 방식은 독재와 억압이라는 오래된 문제에 대한 대답이었을 것이다. 아마도 그것은 정말 '미래'였던 것 같다. 그 밖의 사람들에게 진보란 이런 것임을 보여 주는 위대한 계시로 느껴졌던 것 같다. 우리 모두 언젠가 따라갈 것이다. 그러나 우선은 적어도 스테펜즈가 미래를 슬쩍 보았고 그것이 작동된다고 선언했다.

물론 이후의 역사는, 사람의 목숨을 엄청나게 희생시키면서 어떤 목적을 달성하는 식으로만 그것이 '작동됨'을 보여 주었다. 다른 혁명 정권이 그랬듯, 소련 역시 몇몇 인접 국가를 속국으로 만드는 것은 말할 것도 없고, 자국민들 수백만 명을 투옥하거나 죽여야 함을 알게 되었다. 1980년대 후반 그 무거운 짐을 이기지 못하고 마침내 소련이 붕괴되었을 때, 수년 동안, 아니 수십 년 동안, 아마도 처음부터 내내 안에서 썩어 가고 속이 텅 비어 있었음이 분명히 드러났다. 그로 인한 문제는 아직도 우리에게 남아 있다.

그러나 이 경우는 슬프게도 심히 잘못되었지만, 그렇게 미래를 슬쩍 보았다는 것, 기다리는 새로운 세상을 미리 슬쩍 보았다는 것은, 요한이 이 짧지만 강렬한 서신의 서두에서 제시하는 그림과 정확히 일치한다. 옛 유대인들은 세계 역사가 두 시기, 혹은 두 '시대'로 나누어져 있다고 믿었다. 불행과 고난, 불의와 억압이 가득한 *'현 시대'가 있고, 또 하나님이 모든 것을 해결하시고, 모든 것을 바로잡으시고, 특히 악에게서 고난받는 자기 백성을 구원하실 때인 *'오는 시대'가 있다는 것이다.

불행하게도 '시대'라는 단어는 종종 '영원한' 혹은 '영원'으로 번역되었다. 그래서 현대 독자들은, 요한도 또 하나님의 새 시대를 언급하는 다른 초기 그리스도인 저술가들도 '순전히 영적' 의미의 '영원한' 어떤 것, 공간과 시간과 물질 세상과는 아무 관련 없는 어떤 것을 염두에 두고 있었다는 인상을 받는다. 사람들은 *'영생'이라는 단어를 읽을 때 보통 그렇게 이해한다. 대다수 번역본 2절에 이 단어가 나온다. 그러나 그것은 오류다. 바울처럼 그리고 실제로 예수님처럼, 요한

182 모든 사람을 위한 공동서신

도 하나님이 약속하신 새 시대인 오는 시대를 생각하고 있다. 이는 미래이며 실제로 작동되고 있다.

하나님은 이 미래를 미리 살짝 보여 주셨다! 하나님은 그 오는 시대가 적합한 때에 드러나기를 기다리시며, 그 시대를 비밀로 간직하고 계셨다. 그러나 초기 기독교 운동의 핵심에 있는 비밀은, 오는 시대가 이미 드러났다는 것이다. 현재는 아무 대비를 하지 못했음에도 불구하고, 미래가 현재로 들어왔다. 그 미래에 해당하는 단어가 *생명(Life)이었다. 그것은 원래 의도되었던 그 생명, 온전하고 생기가 넘치는 생명, 죽음이 부패시키고 좌절시키고 죽이려 했던 생명, 그러나 죽음을 이기고 이제 그것을 얻으려는 누구에게든 제공되는 생명이다. 생명 자체가 생명으로 왔고, 인간의 형체를 취하였고, 하나님의 미래에서 현재로 왔고, 하나님의 오는 시대를 드러내 보이기 위해 왔다. 사람이 되신 그 생명의 이름이 바로 예수다. 이것이 예수님이 말씀하시려던 핵심이다.

하나님의 새 생명이 사람이 되셔서 미래에서 현재로 나아오셨다는 개념은 너무도 엄청나고 놀라워서, 경탄과 숨죽인 경외와 공경의 어조야말로 합당한 반응이다. 우리가 이 서두에서 보는 것이 바로 그것이다. **태초부터 있었고**… 잠시 멈추어 이에 대해 생각해 보라. **우리가 들었고, 우리 눈으로 보았고, 우리가 주목하고**…. 다시 멈추라. 당신들의 눈으로? 당신들이 그저 언뜻 본 것이 아니라 주목했다고? 그렇다. 요한은 그렇게 말한다. 게다가 **우리 손으로 만졌던 그것**…. 그것을, 그 생명을 만졌다고? **그분**과 접촉했다고, 그분을 **만졌다고**? 그렇다. 요한은 반복해서 말한다. 우리가 태초부터 계셨던 이 생명을 들었고 보았고 만졌다고. 우리는 그분을 알았다. 우리는 그분의 친구들이었다.

그리고 우리는 여전히 그분의 **친구들이다**. 미래가 현재로 들어오자, 현재가 영원히 변화된다. 그 생명이 "나타나셨고", 모두가 보도록(일부는 여전히 보려 하지 않지만) 전시되었다. 그 생명을 보았고 알았고 **그분**을 아는 우리는, 지금 법정에 선 증인들처럼 놀란 배심원들을 향해 우리가 마주했던 이상한 것들에 대해 말하고 있다. 우리는 예수님에 대해, 그분이 하신 일과 그분이 하신 말씀에 대해 말할 수 있다. 요한이 그의 *복음서 말미에서 말하듯이, 그것을 다 기록하려면 세상은 그 기록한 책들로 넘쳐날 것이다. 그러나 그 의미를 묵상한 다음에는 이렇게 말해야 한다. 우리는 미래를 보았고, 그 미래는 빛과 생명과 기쁨과 소망으로 가득하다고.

서신의 나머지 부분에서 그 모든 것을 탐구할 것이다. 당장은 요한이 서신을 쓰는 목적을 설명하고 있다. 이 생명을 보고 그 아름다움과 약속에 사로잡힌 이들은, 자신들이 새로운 가족, 즉 우리가 종종 말하듯 *'공동체'에 속하게 되었음을 깨닫는다. 그가 여기서 사용하는 단어는 때로 동업자라는 의미로 사용된다. 그러나 그는 훨씬 더 그 이상을 의미한다. 그 단어는 또한 사람들 사이에서 물품이나 이익을 '공유하는' 것을 가리킬 수 있다. 앞으로 살펴볼 터인데, 그런 의미도 있지만 요한은 훨씬 더 그 이상을 의미한다. 그는 어떤 생명, 어떤 특성을 지닌 생명이 있다고 말하는 것 같다(초기 그리스도인들이 종종 그래야 했듯이, 새로운 사실에 맞도록 그 의미를 확대하며). 그 생명은 하나님 자신의 생명이다. 또 하나님이 지금 예수님, 곧 생명이 되신 생명이신 그분을 듣고 본 사람들과 함께 나누는 생명이다.

사실 요한은 하나님의 생명을 이미 사귐을 나누고 계신 생명으로 본다. 그것은 아버지와 아들의 사귐이다. *메시아 예수님은 "하나님의 아들"로 표현된다. 이는 이스라엘의 진정한 왕이신 그분께 합당한 왕의 칭호였기 때문이기도 하고, 또 더 깊게는, 이전에는 예상하거나 상상하지도 못했지만 이제 그분만이 자신을 따르는 이들이 보고 듣고 만지기까지 한 기이한 일들을 설명할 수 있는 길이기 때문이기도 하다. 예수님의 삶과 죽음과 *부활이 보여 주었듯이, 그분은 분명 하나님의 오는 시대의 생명, 사람으로 오신 생명이었다. 사실 그분은 하나님의 새 생명, 즉 하나님 자신의 생명이면서 하나님이 세상에 주신 생명의 선물이셨다. 초기 그리스도인들은 말로 표현할 수 없는 그것을 표현하는 가장 단순하고도 명쾌한 방법으로 '아버지'와 '아들'이라는 단어를 붙잡았다. 거기에는 공동의 생명이 있다. 하나님과 예수님은 내적 본질(inner reality)을 깊이 나누시며 생명을 공유하셨다. 그런 인간을 생각하면 숨이 멎을 지경이다. 그런 하나님을 생각해도 마찬가지다.

그러나 거기서 멈추지 않는다. 훨씬 더 놀라운 일이 있다. 이렇게 내적 본질을 깊이 공유하시는 아버지와 아들의 이 '사귐'이 확대된다. 그것은 예수님이 살아 계신 동안—하나님이 공개적으로 드러내신, 오는 시대의 생명으로 자신을 나타내신 동안—그분을 알고 사랑하고 신뢰하게 된 모든 이에게로 확대된다. 그리고 지금(이것은 이 서신의 시점인 듯하다) 이 공유, 이 '사귐'이 다른 사람들에게도, 예수님이 공개적으로 자신을 드러내신 시기에 그분을 만날 기회를 얻지 못한 다른 이들에게도 열린다. 이 '공유'는 누구든 예수님에 대한 선포를 듣는 모든 사람에게 확대될 수 있고, 확대되었고, 확대되고 있다. 그들은 그분을 **보았고 들었고 만졌던** 이들과의 '사귐'으로 들어갈 수 있다. 그러면 그 다음에는 아버지와 아들과의 '사귐'으로 들어간다. 이

두 분이야말로, 이 완전하고 진정한 '사귐'의 기반이자 본이 되신다.

그저 사람들에게 예수님에 대해 말하는 것이, 이토록 중대한 '사귐'을 확대하여 새로운 구성원들을 포함시킬 수 있는 수단이라니, 이상해 보일지도 모르겠다. 그러나 요한은 하나님이 말없이 드러내시지 않고 언어적 의사소통으로 첫 수를 두셨음을 잘 알고 있다. 예수님은 사람이 되신 생명이셨을 뿐 아니라, "생명의 *말씀"(1절)이셨다. 즉 말씀이신 생명, 말씀이 되신 생명, 하나님의 언어(speech)였고, 또 하나님이 그분의 백성과 연락하는 소통, 그들을 통해 더 넓은 세상과 연락하시는 소통이었다. 물론 요한복음에서 요한은 예수님을 그저 '말씀'으로, 육체가 되신 말씀으로 언급한다. 핵심은 이것이다. 하나님이 예수님 안에서 말씀하셨다. 하나님은 지금 예수님의 친구들이 그분에 대해 말하고 쓰는 것을 통해 다른 사람들에게도 말씀하신다. 그들도 이 '사귐'에 함께하기를 뜻하고 바라시기 때문이다. 이것이 이 서신의 핵심이다. 또 이것은 이 서신을 읽는 우리의 기도가 되어야 한다.

요한일서 1:5-2:2
하나님의 빛과 우리의 어둠

> ⁵우리가 그분에게서 듣고 여러분에게 전하는 소식은 이것입니다. 하나님은 빛이시고 그분 안에는 어둠이 전혀 없습니다. ⁶우리가 그분과 사귄다고 말하면서 어둠 속을 걷는다면, 우리는 거짓말을 하는 것이지 참된 일을 하는 것이 아닙니다. ⁷하지만 그분이 빛 가운

> 데 계시듯 우리가 빛 가운데 걷는다면, 우리는 서로 사귐을 누리고, 그분의 아들 예수의 피가 우리를 순결하게 하고 모든 죄에서 깨끗하게 해 줍니다. ⁸우리에게 죄가 없다고 한다면, 우리는 스스로를 속이는 것이고, 우리 안에 진리가 없습니다. ⁹우리가 죄를 자백하면, 그분은 신실하고 공의로우셔서 우리 죄를 용서하시고 모든 불의에서 우리를 깨끗하게 해 주실 것입니다. ¹⁰우리가 죄짓지 않았다고 한다면, 우리는 그분을 거짓말쟁이로 만드는 것이고, 우리 안에 그분의 말씀이 없습니다.
>
> ²:¹내 자녀들이여, 나는 여러분이 죄짓지 않게 하려고 여러분에게 이 글을 씁니다. 누가 죄를 지으면, 우리에게는 아버지 앞에서 우리 사정을 변호해 주시는 분이 계십니다. 바로 의로우신 분, 메시아 예수이십니다! ²그분은 우리의 죄를 속하시는, 우리의 죄뿐 아니라 온 세상의 죄까지도 속하시는 희생 제물이십니다.

엘리자베스는 어려운 선택에 직면했다. 그는 몇 주 전 새 집으로 이사 왔고, 딸이 새 직장을 얻어 자립하게 되어 아주 기뻐한 부모는 딸을 위해 뭔가 특별한 걸 해주려 했다. 그들은 딸이 감탄할 만한 아주 멋진 안락의자를 사서, 꼭 맞는 천을 씌운 다음 딸의 새 거실에 들여놓았다. 아주 기뻐하며 그렇게 했고, 엘리자베스도 기뻤다.

그 후 부모가 방문하기로 한 전날 일이 일어났다. 엘리자베스와 친구 몇 명이 책과 사진들을 정리하고 있을 때였다. 갑자기, 아무도 어떻게 그런 일이 일어났는지 모르는 사이, 머그잔에 담겨 있던 뜨겁고 진한 커피가 그 새 의자에 쏟아졌다. 그들은 박박 문질러 씻고 닦고 할 수 있는 일은 다 했지만 흉한 얼룩이 그대로 남았다. 누가 봐도 뚜렷했다. 엘리자베스 자신이 그랬듯 부모도 망연자실할 것이다. 어떻게 해야 할까?

물론 엘리자베스가 가장 바랐던 것은(시간을 되돌리는 것은 빼고), 부모가 오기로 한 날을 미루는 것이었다. 그러면 깨끗이 세탁하거나 새 커버를 주문할 시간이 있을지도 모른다. 부모가 몰라야 한다.

하지만 어쩔 수 없었다. 부모가 오고 있다. 대충 봐도 알 것이다. 할 수 있는 일은, 진실을 말하고 그 다음을 기다리는 것뿐이다.

이제, 이 짧은 가정 드라마에서 벗어나—사소한 소동이 다 그렇듯, 그 상황에 있는 당시에는 아주 크게 느껴진다—요한이 상연하고 있는 우주적 드라마로 옮겨가 보자. 그는 서두의 멋진 단락에서 우리가 하나님과, 아버지와 아들과, *사귐을 맺고 있다고 말하며 아주 기뻐했다. 그러나 우리가 받은 멋진 선물을 이미 망쳐 버렸다면 어떻게 되는가? 부주의나 어리석음, 더할 나위 없는 사악으로 우리 삶을 이미 망쳐 버렸다면 어떻게 되는가?

우리가 이런 반응을 보이지 않는다면, 그것은 아마 '하나님'이라는 말이 의미하는 바를 제대로 이해하지 못했기 때문일 것이다. 성경에서 하나님을 만나는 유명한 사건들을 돌이켜 생각해 보라. 모세는 불붙은 떨기나무에서 하나님을 보고, 하나님의 위대한 새 계획에 휘말리지 않고 도망가려고 할 수 있는 일은 다 한다. 이사야는 *성전에서 하나님을 만나고 생명을 잃을까 두려워한다. 베드로는 배에서 예수님을 만나고 나서 자신은 죄인이니 떠나 달라고 그분께 말한다. 요한은 영광 가운데 계신 부활하신 예수님을 보고 죽은 듯 그 발 앞에 엎드린다. 이것이 우리가 아버지와 아들의 사귐 안으로 받아들여졌음을 알게 되었을 때 취할 마땅한 반응이다. 우리는 그것을 엉망으로 만들었다. 우리는 이미 상황을 망쳐 버렸다. 그 사실이 부끄럽다. 아니, 부끄러워해야 한다. 우리가 말끔하게 해 놓을 시간을 갖도록 하나님이 그것을 연기해 주시면 좋을 텐데!

그러나 일이 그렇게 되지는 않는다. 하나님은 빛이시고, 그분 안에는 어둠이 전혀 없다. 우리의 엉망진창인, 반역하는, 믿지 않는 삶을 잠식한 어둠은 그분의 빛 가운데서 살아남을 수 없다. 언뜻 봐도 그분은 아실 것이다. 숨을 곳이 없다. 만일 우리가 그분과 사귐을 나누는 척하면서 "어둠 속을 걷는다면"(우리가 종종 하듯 인간답지 못한 행동을 하는 것), 우리는 거짓말을 하는 것이다. 만일 우리에게 죄가 없다고 말한다면, 그것은 자신을 속이는 것이다. 우리는 절대 하나님을 속이지 못할 것이다. 실제로 우리가 죄인이 아니라고 말하려 한다면(10절), 상황은 악화될 뿐이다. 그것은 하나님을 거짓말쟁이로 만드는 일이다. 그분은 성경에서 그리고 몸소, 우리가 죄인임을 아시고 우리를 구원하러 오셨다고 말씀하셨기 때문이다.

그러나 그것이 답이다. 앞에서 이야기했던 사소한 소동에 대입해 보면, 그것은 마치(실제로는 그렇게 될 수 없지만) 엘리자베스의 부모가 아주 훌륭한 새 제품을 갖게 되는 것과 같다. 무슨 일이 일어났는지 이해할 수 없지만, 어떤 화학적 마술로 커피 얼룩을 완벽히 제거할 수 있는 훌륭한 새 제품 말이다. 실제로 그렇게 되었다면 엘리자베스의 감정이 어떻게 변해 갔을지 상상해 보라. 걱정과 부끄러움에서 깊은 당혹감과 슬픔으로, 그러다 갑작스러운 즐거움과 기쁨으로 바뀌지 않았을까? 너무 좋은 일이어서 사실이 아닌 것 같은가? 아마도 커피 얼룩 이야기는 그럴 것이다. 그러나 우주적 드라마에서는 놀랍게도 일이 그렇게 진행된다.

핵심은, 우리가 보았듯이 아들 예수님 안에서 하나님의 미래가 드러났다는 것이다. 물론 예수님은 십자가에서 죽으셨다. 그분의 제자들은 기독교 *신앙의 아주 초기부터 그분의 죽음이 세상이 기다려 왔던 바로 그것이라고 믿었다. 그것은 마지막 *희생 제사였다. 이교도들은 더 이상 그들의 신에게 희생 제사를 드릴 필요가 없고, 드린다 해도 소용이 없다. *율법에서 명하더라도, 유대인들도 더 이상 성전에 희생 제물을 가져갈 필요가 없다. 율법을 주셨던 하나님이 이제, 예수님 안에서 그분의 사랑을 아름답게 드러내시어 그분의 구원 계획을 압축해 보여 주셨다. 성전과 성전에서의 희생 제사는 그것을 미리 보여 주신 표지였다. 예수님이 십자가에 달리셨을 때 그분 몸에서 흐른 피는, 이 세상의 동물 희생 제사로는 절대 할 수 없는 방식으로 죄를 처리하기 위해 부으신 하나님의 피였다.

그 피, 그 희생의 죽음, 우리를 위해 우리를 대신해서 내주신 그 하나님의 *생명은, "빛 가운데 걷는" 모든 이가 누릴 수 있다. 그것은 도덕적으로 말해서, 하나님이 무슨 일을 하시기 전에 우리가 정신을 차려야 한다는 의미가 아니다. 오히려 우리가 의식적으로 그 빛을 의지할 때, 즉 과거의 잘못에 직면하고 그것을 숨기려 하지 않을 때, 또 지금부터 그렇게 살기로 결단할 때 두 가지 일이 일어난다는 의미다. 첫째, 우리는 우리 자신이 하나님과만 아니라 서로와도 그 내밀한 하나님의 생명을 공유함을 깨닫는다. 둘째, 우리는 예수님의 피가 우리 내면을 깨끗하고 정결하고 새롭게 하심을 깨닫는다. 그 피는 추잡한 얼룩을, 남은 더러움을, 무엇이 심히 잘못되었고 우리는 그것을 없앨 수 없다는 소름끼치고 추한 감정을 처리한다. 우리가 그 빛을 의지하여 빛 가운데서 걷기 시작할 때, 이 모든 것이 사라진다. 모두 예수님 때문이다.

요한이 우리에게 과거에 직면하라고 권하는 이유가 여기에 있다. 숨을 곳이 없다. 그분은 어떤 일이 일어났는지 보실 것이고 아실 것이다. 사실 그분은 우리가 기억하는 것 이상을 보시고 아실 것이다. 그러나 우리가 그것을 깨끗이 고백하면 그분은 우리를 용서하시고 깨끗이 씻어 주실 것이다. 요한이 이 지점에서(1:9) 하나님은 "신실하고 공의로우시다"고 말하는 이유는 무엇인가? 하나님은 자신이 하신 약속, 용서하시겠다는 약속에 신실하시기 때문이다. 또 그분은 예수님의 죽음으로, 자신이 '공의로우시고' 자신이 옳으심을 보여 주셨기 때문이다. 이것이 그분이 온 세상을 바로잡으시고 그와 함께 우리를 바로잡으시는 방식이다.

그러면 누군가는, 실제로 전체 상황이 얼마나 심각한지 잘 파악하지 못한 누군가는, 하나님이 이렇게 사람들을 용서하실 것이라면 계속 죄를 지어도 괜찮겠다고 말하기 쉽다. 참된 *복음 *메시지를 전달해도, 누군가는 항상 거기서 잘못된 결론을 이끌어 내기 때문이다. 그러나 그것은 마치 엘리자베스가 "흠, 괜찮아 우리 부모님에게는 커피 얼룩을 지우는 기적의 해법이 있으니까, 다음에는 모든 가구에 커피를 쏟아 놓을 거야!"라고 말하는 것과 같다. 말도 안 된다. 그래서 요한은 "나는 여러분이 죄 짓지 않게 하려고 여러분에게 이 글을 씁니다"라고 말한다. 미묘한 균형이다. 죄인들은 예수님이 자신들을 위해 죽으셨음을 알아야 하고, 그들이 온전히 값없이 용서받을 수 있음을 알아야 한다. 용서받은 죄인은 그렇다고 해서 계속 죄를 지을 수 없음을 알아야 한다. 둘 다 진실이다. 둘 다 그리스도인이 되는 것의 핵심에 있다.

그 핵심 가까이에 있는 또 다른 한 가지가 있다. 요한은 유대 그리스도인들에게 쓰는 듯 보인다. 유대 그리스도인들은 이스라엘의 *메시아 예수님이 그들의 문제만을 위한, 그들의 죄만을 위한, 그들만을 위한 치료자라 생각했던 것 같다. 요한은 절대 아니라고 말한다. 우리 죄를 속하는 예수님의 희생은 "우리 죄뿐 아니라 온 세상 죄"를 위한 것이다. 하나님은 아들과만 사귐을 나누는 데 만족하지 않으시고, 그 사귐을 예수님을 만나고 따랐던 모든 이에게 확대하고 싶어 하셨다. 또 요한은 독자들도 그 성부와 성자와의 사귐에 참여하도록 하기 위해 이 편지를 쓴다. 마찬가지로, 지금 예수님의 죽음을 통해 용서받은 줄 아는 모든 사람은 자신의 특권이 아니라 더 넓은 과제를 보아야 한다. 하나님은 더욱 많은 사람을 이 '사귐'으로 부르고자 하신다.

안 될 이유가 있는가? 예수님의 피로 충분하지 않은가?

요한일서 2:3-14

하나님의 새 계명

> ³우리가 그분의 계명을 지키면, 이로써 우리는 우리가 그분을 알고 있음을 확신합니다. ⁴"나는 그분을 안다"고 하면서 그분의 계명을 지키지 않는 사람은 거짓말쟁이입니다. 그와 같은 사람에게는 진리가 없습니다. ⁵그러나 누구든 그분의 말씀을 지키면, 그런 사

람 안에서 하나님의 사랑이 참으로 완성됩니다. 우리는 우리가 그분 안에 있음을 이렇게 확신합니다. ⁶곧 "나는 그분 안에 머문다"고 말하는 사람은 마땅히 그분이 행동하신 것과 같은 방식으로 행동해야 합니다.

⁷내 사랑하는 이들이여, 나는 여러분에게 새 명령이 아니라 여러분이 처음부터 간직해 온 옛 명령을 씁니다. 옛 명령은 여러분이 들었던 말씀입니다. ⁸그러나 나는 다시 여러분에게 새 계명을 씁니다. 새 계명은 그분께도 참되고 여러분에게도 참됩니다. 어둠이 지나가고 있고 이미 참 빛이 비치고 있기 때문입니다. ⁹"나는 빛 가운데 있다"고 하면서 다른 가족들을 미워하는 사람은 지금 이 순간까지 여전히 어둠 속에 있습니다. ¹⁰다른 가족들을 사랑하는 사람은 빛 안에 머물고, 그런 사람 안에는 범죄의 사유가 없습니다. ¹¹다른 가족들을 미워하는 사람은 어둠 속에 있고, 어둠 속을 돌아다닙니다. 그런 사람은 자신이 어디로 가는지 모릅니다. 어둠이 그의 눈을 멀게 했기 때문입니다.

¹²자녀들이여, 내가 여러분에게 쓰는 것은
여러분의 죄가 그분의 이름으로 용서받았기 때문입니다.
¹³아버지들이여, 내가 여러분에게 쓰는 것은
여러분이 처음부터 계신 분을 알았기 때문입니다.
젊은이들이여, 내가 여러분에게 쓰는 것은
여러분이 악한 자를 정복했기 때문입니다.

> ¹⁴자녀들이여, 내가 여러분에게 쓴 것은
> 여러분이 아버지를 알았기 때문입니다.
> 아버지들이여, 내가 여러분에게 쓴 것은
> 여러분이 처음부터 계시는 분을 알았기 때문입니다.
> 젊은이들이여, 내가 여러분에게 쓴 것은
> 여러분이 강하고
> 하나님의 말씀이 여러분 안에 머물고
> 여러분이 악한 자를 정복했기 때문입니다.

간혹 찬송을 부를 때면 그 찬송들이 이야기한다. 그것은 한 생각에서 다른 생각으로 차례로 이어진다. 거기에는 만족감을 주는 무엇이 있다. 우리는 모두 이야기를 좋아한다. 그 '이야기'가 어떤 생각들이 죽 이어지는 것이라도 괜찮다. 마치 여행을 하는 느낌이다. 우리는 전에 가 보지 못한 어딘가에 도착해 있다.

때로는, 적어도 어떤 전통들에서는 교회에서 찬송을 의도적으로 반복해 부른다. 우리는 그런 찬송들을 아주 다양하게 활용한다. 묵상의 도구로 삼기도 하고, 어떤 지점에 멈추어 그것을 깊이 생각하기도 하고, 말을 하거나 한 번 부르고 지나갈 때보다 깊고 중요한 영향을 받기도 한다. 아주 다양한 전통들에서 그것이 유용함을 알았다. 이를테면 프랑스의 테제에서는 기억하기 쉬운 짧은 노래나 단조로운 성가를 활용한다. 또 반복이 예배의 필수 요소인, 현대 은사주의 운동의 여러 갈래에서도 동일한 형태를 볼 수 있다. 사실, 어떤 사람들은 반복하는 것을 지루하게 여기고 빨리 전통 찬송가로 돌아가기를 바란다. 이는 일면 성격의 문제일 것이다. 그러나 그런 사람들은 시가 말하는 진리를 그렇게 가까이 접하고 싶지 않은 것일지도 모른다. 반복은 우리 마음속 깊은 곳, 다른 '더 안전한' 찬송은 닿을 수 없거나 좀처럼 닿지 못하는 부분들을 건드릴 수 있다.

누군가가(지금 저자처럼) 오랜 시간 성 바울을 연구하다가 갑자기 요한에게로, 특히 이 서신으로 옮겨 왔다면, 그 느낌이 서술적인 전통 찬송가에서 갑자기 반복적 찬송가로 바꿨을 때와 비슷할 것 같다. 좌절할 수밖에 없다. 계속해 이어 나가야 하는 것 아닌가? 자신이 의도한 바를 말하고, 그런 다음에는 다른 요점으로 넘어가야 하는 것 아닌가? 그러나 그것은 요한의 방식이 아니다. 찬송가의 유비가 그 이유를 설명하는 데 도움이 될 것 같다. 그는 자신이 말하려는 바를 깊이 숙고하고 있으며, 독자들도 그러기를 바란다. 때로는 12-14절처럼 반복 형식으로, 가락을 넣은 말로 직접 노래하는 것 같다. 아마도 이것은 엄밀하게 분석하려(왜 그가 처음에는 '자녀들'에게 **이렇게** 말하고, 다음에는 그들에게 **저렇게** 말하는가? 등) 하지 말고, 있는 그대로 감상해야 할 것이다. 요한은 독자들과 그들에게 필요한 것, 하나님이 사람들의 삶에서 일하시는 방식을 오래 묵상하며 느긋하게 응시하고 있다. 그는 잠시 여기 머물러 있으라고 말하는 듯하다. "자녀들이여, 여러분은 죄를 용서받았습니다. 아버지들이여, 여러분은 태초부터 계신 분을 알고 있습니다. 젊은이들이여, 여러분은 악한 자를 정복했습니다. 이제 다시 말해 봅시다.…" 아마도 이 이상하고 기억하기 쉬운 반복 어구에 몰입해야만, 그 의미가 우리 안으로 깊이 들어올 것이다.

요한이 바울 같은 사람들과는 다른 방식으로 쓰는 구절은 이 부분만이 아니다. 그의 서신 전체가 반복적이다. 그러면서도 또한 앞으로 나아간다. 그는 계속 아주 가까이에 있는 동일한 요점으로 되돌아오지만, 그와 동시에 앞으로 나아가기도 한다. 계속 진행되는 어떤 이야기가 있지만, A에서 B로, C로, D로 엄격한 순서로 나아가는 유형이 아니다. A 뒤에 B가 약간 나온다. 그런 다음 A와 B에 이어 C가 약간 나오고, 그런 다음 A, B, C에 D가 약간 나온다. 이런 식이다. 그러므로 앞에서 들은 것 같은 말이 나오더라도 놀라지 말라. 아마 앞에서 들었을 것이다. 우리가 해야 할 질문은, 요한이 이번에 제시하는 특별한 요점이 무엇인가다.

이 단락에서 새로운 중요한 주제는, 하나님의 계명이다. 계명이라고 하면 우리는 십계명에 나오는 '계명'을 생각할지 모르겠다. 어떤 사람들은 모세를 떠올리고, 또 어떤 사람들은 위반하려는 이들을 향한 무서운 경고로 교회 벽에 걸린, 구식 글자로 쓰인 오래된 현판을 떠올린다. 또 우리는 어떻게 그리스도인 저자가 계명과, 계명을 지켜야 한다는 의무를 언급할까 의아해할지도 모른다. 우리는 막 용서받았다는 말을 듣지 않았는가? 우리가 *율법에서 자유로워졌다는 것이 신약 성경의 요점 중 일부가 아닌가?

그렇기도 하고 아니기도 하다. 계명은, 진실하고 사랑스럽고 풍성한 인생이 어떤 모습인지 대략 그려 미리 보여 주는 일종의 표지판이었다. 많은 이들이 계명을 두려워한 것은, 자신들이 그것을 지킬 수 없고 지키지 않았음을 알았기 때문이다. 그러나 그들은 다가올 하나님의 날을 고대하며 남아 있었다. 이제, 우리가 1장에서 보았듯이, 다가올 하나님의 날, 그분의 새로운 시대의 *생명이 예수님의 인격 안에서 우리를 만나기 위해 현재로 돌진해 들어왔다! 그러므로 우리는 그 계명이 미리 알려 주었던 그 실체를 그분 안에서 발견하리라 기대한다.

우리는 그 실체를 발견한다. 그러나 그것은 모든 사람이 상상했던 것과 같아 보이지 않는다. 바울도 그랬고, 누구보다 예수님이 그러셨듯이 요한도 그 계명은 한 단어, 곧 사랑으로 요약된다고 보았다. 하나님의 새로운 시대의 생명은, 하나님의 새로운 시대의 사랑으로 나타난다. 다른 모든 계명들, 즉 해야 할 것과 하지 말아야 할 것을 다루는 세부 항목들은 이 사랑에서 흘러나온다. 그 사랑은 예수님 안에서 새로이 나타난 사랑이며, 이제 예수님을 따르는 모든 이 안에서, 또 그들을 통해서 나타나기를 하나님이 뜻하시는 사랑이다.

이 서신의 나머지 대부분은 이것이 무슨 의미인지 탐구하고 설명하는 데 할애될 것이다. 지금은 요한이 이 계명을 이전에 있었던 것과 어떻게 연결하는지 살펴보자. 그것은 이스라엘의 오래된 이야기에서 이전에 있었던 것과, 이 서신에서 앞에 나왔던 것 둘 다를 가리킨다.

이스라엘의 이야기에서 그것은 그들이 맨 처음부터 간직하던 '옛 계명'이라고 그는 말한다. 그런 의미에서 그것은 '새것'이 아니다. 예수님이 사랑에 대해 말씀하시는 것을 모세가 들었다면 그는 이렇게 말했을 것이다. "바로 그거야. 그것이 이 계명들이 말하는 핵심이지." 그러나 요한이 이미 이 서신에서 말했듯이(A 더하기 B 그리고 이제 C), 이 계명은 특별한 의미에서 '새것'이기도 하다. 그것은 하나님의 미래에서 온 선물이신 예수님과 함께 현재로 들어오고 있기 때문이다. 사랑은 하나님의 새로운 시대의 생명을 가장 잘 묘사하는 단어다. 우리는 현재 그것을 맛보고 실천한다.

그래서 그것은 당연히 어렵다. 옛 방식으로, 의심과 증오의 방식으로 사는 길로 돌아가 실패하기가 너무도 쉽다. 그러나 그것은 어둠 속으로 돌아가는 것을 의미한다(9절과 11절). 반면 사랑의 삶은 빛을 향해 나아가는 것을 의미한다. 그것이 이 구절들에 나오는 계명이며 약속이다.

물론 대가를 지불해야 하며 어려운 일이다. 아마도 그래서 이 단락에 다른 새로운 요소, 즉 13절과 14절에서 젊은이들을 향해 두 번 쓴 "여러분이 악한 자를 정복했다"는 말이 나오는 듯하다. 이에 대해서는 곧 더 말하게 될 것이다. 우리는 모든 것이 편안하거나 쉽게 들릴 때, 이 요소를 주목해야 한다. 하나님의 사랑 같은 사랑은 전혀 쉽지 않다. 그 사랑은 승리가 필요하다. 인간의 미움을 통해 최고의 업적을 내는 오래된 적을 이기는 승리가 필요하다. 사랑은 배경이 어두울 때 더 밝게 빛난다. 이것은 오히려 다행스럽다. 저기 어둠이 있으니까.

요한일서 2:15-29
거짓의 사람들

> ¹⁵세상이나 세상에 있는 것들을 사랑하지 마십시오. 누구든 세상을 사랑하면, 아버지의 사랑이 그 사람 안에 없습니다. ¹⁶알다시피, 세상에 있는 모든 것, 곧 육신의 탐욕과 눈의 탐욕과 인생의 자랑 가운데 아버지에게서 오는 것은 하나도 없습니다. 모두 세상에서 옵니다. ¹⁷세상은 그 모든 탐욕과 더불어 사라지고 있습니다. 그러나 하나님의 뜻을 행하는 사람은 영원히 남을 것입니다.
>
> ¹⁸자녀들이여, 지금은 마지막 때입니다. 여러분은 '메시아의 대

적'이 오고 있다는 말을 들었을 텐데, 이제 메시아의 대적이 많이 등장했습니다! 그래서 우리는 지금이 마지막 때인 줄 압니다. [19]그들은 우리 가운데서 나갔지만, 실제로 우리 일원이 아니었습니다. 알다시피, 그들이 우리 일원이었다면, 우리와 함께 머물렀을 것입니다. 이런 일이 벌어진 것은 그들 가운데 아무도 우리에게 속하지 않았음을 분명하게 하려는 것입니다. [20]하지만 여러분은 거룩하신 분께 기름 부음 받았고, 여러분 모두 지식이 있습니다. [21]내가 여러분에게 쓰는 것은, 여러분이 진리를 모르기 때문이 아닙니다. 여러분이 진리를 알기 때문이고, 거짓말쟁이는 결코 진리에 속해 있지 않음을 여러분이 알기 때문입니다.

[22]누가 거짓말쟁이입니까? 예수께서 메시아이심을 부인하는 자가 아닙니까? 그런 사람이 아버지와 아들을 부인하는 메시아의 대적입니다. [23]누구든 아들을 부인하는 사람에게는 아버지가 없습니다. 아들을 인정하는 사람에게는 아버지도 있습니다. [24]여러분은 처음부터 들은 것을 여러분 안에 머물게 하십시오. 여러분이 처음부터 들은 것이 여러분 안에 머물면, 여러분도 아들과 아버지 안에 머물 것입니다. [25]이것이 그분이 친히 우리에게 하신 약속, 곧 오는 시대의 생명입니다.

[26]나는 여러분을 속이는 사람들에 대해 씁니다. [27]여러분은 그분에게서 기름 부음을 받았습니다. 그것이 여러분 안에 머물러 있으니, 여러분은 아무에게도 가르침 받을 필요가 없습니다. 그분께 받은 기름 부음이 여러분에게 모든 것을 가르쳐 줍니다. 그것은 참

> 이고 거짓이 아닙니다. 그러므로 그분이 여러분에게 가르치신 대로 그분 안에 머무십시오.
>
> [28]자녀들이여, 이제 그분 안에 머무십시오. 그러면 그분이 나타나실 때 우리는 담대함을 지니게 되고, 그분이 왕으로 나타나실 때 그분 앞에서 부끄러움을 당하지 않을 것입니다. [29]그분이 의로우신 줄 여러분이 안다면, 여러분은 옳은 일을 하는 모든 사람이 그분에게서 태어났음을 압니다.

심리 치료사 고 스캇 펙(M. Scott Peck)은 『거짓의 사람들』(*People of The Lie*, 비전과 리더십)이라는 책을 썼다. 그의 탁월한(여전히 논란이 많지만) 책 『아직도 가야 할 길』(*The Road Less Travelled*, 열음사)만큼 유명하지는 않은 것 같지만, 나는 이 책이 시사하는 바가 더 많다고 생각한다.

펙은 『거짓의 사람들』에서, 그가 마주했던 극도의 역기능적 행동의 사례들을 설명하고 논의했다. 그 책에서 그는 상담 받으러 온 사람들의 불행의 원인을 어느 정도 추적할 수 있었다고 말했다. 그들에게는 안 좋은 일들이 일어났다. 대개 어린 시절에 사람들이 그들을 학대했다. 또 그들은 잘못된 결정을 했고, 그 결과를 감당하고 있었다. 이런 문제는 심리 치료사들의 영역이다. 그러나 근본적으로 다른 어떤 일이 일어나는 것으로 보이는 다른 사례들도 있었다. 훨씬 더 어둡고 훨씬 더 불길한 어떤 일이.

펙은 이에 대해 준비되어 있지 않았다. 그가 공부한 모든 세속 정신의학과 심리 치료 학위 과정과 교과서들은 모두 E로 시작하는 단어를 그들의 사전에서 지워 버렸다. 그들은 악(Evil) 같은 것은 없다고 선언했다. 단지 다양한 수준의 기능 장애가 생긴 인간, 사람들이 가진 다양한 문제와 인식이 있을 뿐이라고 보았다. '악' 같은 것은 거기 들어가지 않았다. 그러나 펙은 앞에서 언급한 다른 사례들을 통해, 그것은 옳지 않다고 확신했다. 그가 그 책에서 언급한 사람들은 우리들 대다수보다 어떤 길로 몇 걸음 더 나아갔다. 그들은 자기 자신에게 거짓말을 했다. 다른 사람들에게도, 가족에게도 거짓말을 했다. 그들은 그런 거짓말들을 믿고 그 거짓말들에 따라 살았다. 암울해 보이고 이해할 수 없지만, 그들은 그렇게 함으로써 일종의 반(anti-)권력, 거짓말의 권력, 그들 속임수의 총량보다 더 큰 '악'을 이끌어 냈다. 이 권력은 그들 주변에 작용하여 아주 파괴적 영향을 미쳤다.

요한이 지금 경고하는 이들이 '거짓의 사람들'이다. 그는 심리 치료사가 아니다. 그래서 우리가 오늘날 그 분야의 전문가들에게 기대하는 인간 동기에 대한 세심하거나 복잡한 분석을 제공하지는 않는다. 그러나 그는 무엇보다도 하나의 엄청난 거짓말(Lie)을 분명히 지적하며, 이 거짓말을 받아들이고 그것에 따라 사는 이들은 사람들을 타락시키는 위험한 영향력을 지닌 이들이라고 경고한다. 그 거짓말을 믿지 않는 이들은, 하나님이 자신들 안에서 일하시는 것을 신뢰하는 법을 배워야 한다. 그들은 진리를 믿기 때문이다. 그들은 그것을 단단히 붙들고 있어야 한다.

그 '반권력'은 "메시아의 대적"(Antimessiah)이라 묘사되어 있다. 아마도 우리는 이 단어의 헬라어 형태인 '적그리스도'(Antichrist)를 더 잘 알 것이다. 그러나 슬프게도 이 단어는 수세기 동안 여러 사람이 이렇게 저렇게 거론하다가, 여러 다양한 사람들과 기관들을 가리키는 데 사용되고 있다. 히브리어 형태인 '메시아의 대적'이라는 용어를 사용하면, 그 배후를 살피고 요한의 마음을 아는 데 도움이 될 것이다.

'메시아의 대적'이란 무엇인가? 예수님은 예수님 이후에 '거짓 *메시아들'이 일어나 사람들을 속일 거라고 경고하셨다. 아마 그분을 따르는 이들 중에도 일부 있었을 것이다. 이 지점에서 우리는 실수하기가 쉽다. 우리는 당연히 예수님이(이 문제에서는 요한도), 우리가 '종교적' 현상이라 부르는 것을 언급하셨다고 생각한다. 그러나 1세기 유대교라는 복잡한 세상에는, 특히 팔레스타인에는, 하나님이 이 사람이나 저 운동을 통하여 드디어 이런 식으로 저런 식으로 행동하고 계시다고 주장하는 사람들과 운동 조직이 많았다. 이는 소위 '종교적'인 만큼 소위 '정치적'이기도 했다. 물론 당시에는 그 둘을 면도날 자르듯 자를 수는 없었다. 이는 오늘날 이 모두를 이해하려는 역사학자들에게는 갈피를 잡기 어려운 일이다. 분명 당시 실생활에서는 훨씬 더 그랬을 것이다.

또 많은 초기의 그리스도인들은 이웃 마을에서 일어난 새로운 운동에 대해 들었을 때 분명 의아해했을 것이다. 그 사람이 다시 돌아온 예수님일 수도 있을까? 가서 봐야 하나? 혹 그것이 진짜고, 예수님과 관련한 기이한 사건들은 그저 사전 준비 활동이었다면? 결국 그분이 우리를 떠난 이후로 별일이 일어난 것 같지도 않으니까. 겨우 몇몇이 치유 받고⋯.

그러고는 예수님을 따르는 이들과 함께했던 몇몇이 실제로 그 새로운 운동을 따라 떠났던 것 같다. 그것이 지금 요한이 다루는 문제를 야기한 것이다. 그는 의심하지 않는다. 그 운동들은 메시아를 대적하는 것들이다! 그들은 우리 *공동체 안에서 시작했을지 모르지만, 그들 안에는 가장 중요한 핵심이 없었기 때문에 그들은 떠났다.

이는 자기변호의 입장(우리를 떠난 이들은 당연히 '우리'가 아니라는)처럼 위험해 보일 수 있다. 그러나 요한은 훨씬 중요한 무엇을 마음에 두고 있다. 진정으로 메시아 예수를 따르는 이들은 그분의 *성령으로 '기름 부음'을 받았다(20절). 그래서 마음과 성품에 진정한 변화가 일어났다. 그러한 변화의 핵심 현상 가운데 하나가 예수가 진실로 메시아임을 정확히 인식하는 것이다. 그분이 참으로 *하나님의 아들임을 인식하는 것이다.

'메시아를 대적하는' 운동들은 이를 부인한다. 이를 부인하지 않으면, 무엇보다 새로운 운동을 시작할 이유가 없다! 그래서 그들은 '거짓의 사람들'이다. 최고의 거짓말은 "아버지와 아들을 부인하는"(22절) 것이다.

요한이 주장하듯이, 예수님이 참으로 하나님의 아들임을 부인하면, 아버지에게도 다가가지 못하게 된다. 우리는 아들을 통해서만 참으로 아버지를 알기 때문이다. 그러나 메시아를 대적하는 이들은 당연히 이것이 거짓이라고 말한다. 기독교의 기본 고백 자체가 오류라고 말한다. 예수는 사실 자기 백성을 향한 하나님의 마지막 *말씀이 아니었다. 새로운 누군가가 있다. 그러니 그것은 다 버리고 우리와 함께하자!

그것을 따르지 말라고 요한은 말한다. 이 사람들은 당신을 속이고 있다(26절). 사실 마음속으로는 당신도 그것을 안다. 그 '기름 부음'이 당신 안에 머물러 있으니 밖에서 당신을 가르치는 사람이 없어도, 당신은 내면 깊은 곳에서 그 진리를 안다. 그 내면의 가르침을 확신하라. 그것은 거짓이 아니다(27절). 그것이 진리다.

이 지점에서 요한의 말에는 또 다른 차원이 있다. 헬라어에서 '기름 부음'에 해당하는 단어는 '메시아'와 어원이 같다. 결국 '메시아'는 '기름 부음 받은 이', 하나님이 기름 부은 왕, 그분의 하나뿐인 '아들'이다. 그러므로 우리는 그것을 이렇게 생각해야 한다. 여기 '메시아의 대적'('기름 부음 받은 이의 대적')이 있다. 그러나 당신들은 '메시아화 된'(Messiah-ed) 이들이다. 당신들은 '기름 부음 받은' 이들이다. 따라서 그들의 부인에 속아서는 안 된다. 그들은 예수님이 메시아라는 사실만 부인하는 게 아니다. 그들은 당신의 모든 것을 곧 당신의 참 존재를 부인하고 있다. 그것은, 그대로 내버려두면 녹이 퍼지듯, 그리스도인과 교회의 마음과 상상력 안으로 잠식해 들어올 거짓이다.

이러한 준엄한 경고들이 담긴 전체 본문은, 적절한 문맥 안에서 논제를 다루는 짧은 두 단락 안에 있다. 바로 예수님의 귀환, 그분이 "왕으로 나타나실"(28절) 때를 기대하는 것이다. 그분이 '나타나실' 때(그분의 '오심'으로 생각해도 좋다. 그러나 그분이 현재 당신에게서 멀리 떨어져 계시다고 오해하지 말라. 오히려 그분은 아주 가까이 계시지만 가려져 있는 것이다), 그분은 온 창조 세계를 완전히 변화시키실 것이다. 그 일이 일어날 때, 현 세상의 방식은 사라질 것이다(17절). 그래서 그는 우리에게 "세상[을] 사랑하지 마십시오"(15절)라고 명령한다.

그것은 어떤 의미인가? 여러 세대 동안 서구 그리스도인들은 어떤 의미의 '세상'이든 포기해야 한다고 생각했다. 자연스러운 즐김, 먹고 마시는 것의 즐거움, 창조 질서 자체까지 모두. 아마도 그들은 '세상', 곧 시간과 공간과 물질로 이루어진 이 세상을 실제로 악하다고 생각한 것 같다! 우리는 마치 순수한 *영인 것처럼 살려고 해야 할까?

그렇지 않다. 요한이 염두에 둔 것은 그런 게 아니다. 몇몇 다른 초기 그리스도인의 글에서 그렇듯, 여기서 '세상'은, 바울이 '육체'라는 단어를 사용할 때처럼, '하나님을 대적한 세상'을 의미한다. 세상은 여전히 하나님의 선한 창조 세계이며, 바울이 말하듯이(고전 10:25-26; 딤전 4:4-5) 그런 의미에서 감사하며 누려야 한다. 우리가 '이원론'이라 부르는 것, 즉 하나님은 선하시며 창조 세계는 악하다는 생각 속에 함몰되지 말라! 그 길에는 재앙이 있다. 사실, (우리가 앞으로 살펴보겠지만) 그것이 예수님이 참으로 하나님의 아들임을 부인하는 사람들이 가진 문제의 일면이다. 그들은 어떻게 그분이 사람의 몸으로 오실 수 있느냐고 생각한다. 심히 모욕적이며 품위를 떨어뜨리는 발상이라는 것이다. 아주 수치스럽다. 그러나 요한은 전혀 그렇지 않다고 대답한다. 이것이 그 모든 것의 핵심에 있다.

그러므로 "세상[을] 사랑하지 마십시오"라는 명령은 이 세상의 물리적 물질에 적용되는 것이 아니라 하나님께 반역한 '세상'에 적용된다. 그 '세상'은 우리를 하나님에게서 떼어 놓는 것들의 조합이다. 육체, 눈, 인생 자체는 모두 우상이 될 수 있으며, 모든 우상이 그렇듯, 이것들은 그것을 숭배하는 이들에게 점점 더 많은 것을 요구한다. 모든 우상숭배는 우리를 거짓으로, 우리가 주의하지 않으면 절대적 거짓(The Lie)으로 이끈다. 우리는 세상의 선한 것들, 하나님이 창조 세계 안에서 우리에게 주신 선한 것들을 기뻐해야 한다. 그러나 그것들을 경배해서는 안 된다. 그것들로 인해 하나님께 감사해야 한다. 또 그분의 아들이 왕으로 나타나심으로써 그 모든 것이 변화될 날이 오기를 기도하며 기다려야 한다.

요한일서 3:1-10

하나님에게서 태어나다

¹아버지께서 우리에게 주신 놀라운 사랑을 보십시오. 우리는 하나님의 자녀라 불리게 되었습니다! 과연 우리가 그렇습니다. 세상이 우리를 알지 못하는 것은 세상이 그분을 알지 못했기 때문입니다. ²사랑하는 여러분, 이제 우리는 이미 하나님의 자녀입니다. 우리가 앞으로 어떻게 될지는 아직 드러나지 않았습니다. 그분이 나타나실 때, 우리는 우리가 그분과 같아질 줄 압니다. 우리가 그분을 있는 그대로 볼 것이기 때문입니다. ³그분 안에 이 희망을 둔 모든 사람은 그분이 순결하신 것처럼 자신을 순결하게 합니다.

⁴계속해서 죄를 짓는 모든 사람은 율법을 어기는 것입니다. 사실 죄는 불법입니다. ⁵또 여러분은 그분이 죄를 없애려고 나타나셨으며, 그분께는 죄가 없음을 압니다. ⁶그분 안에 머무는 모든 사람은 계속해서 죄를 짓지 않습니다. 계속해서 죄를 짓는 사람은 모두 그분을 보거나 안 적이 없는 사람입니다.

⁷자녀들이여, 아무도 여러분을 속이지 못하게 하십시오. 의를 행하는 사람은 그분이 의로우신 것처럼 의롭습니다. ⁸계속해서 죄를 짓는 사람은 마귀에게서 온 것입니다. 마귀는 처음부터 죄짓는 자이기 때문입니다. 하나님의 아들은 마귀의 일을 무너뜨리려는 목적을 위해 나타나셨습니다. ⁹하나님에게서 태어난 모든 사람은 하나님의 씨가 그 속에 있기 때문에 계속해서 죄를 짓지 않습니다. 그들은 하나님에게서 태어났기 때문에 계속해서 죄를 지을 수

> 없습니다. [10]이로써 누가 하나님의 자녀고 누가 마귀의 자녀인지가 분명해집니다. 곧 옳은 일을 하지 않는 모든 사람, 특히 자기 형제나 자매를 사랑하지 않는 사람은 하나님께 속한 사람이 아닙니다.

눈이 멀었다가 시력을 얻은 이들에 대한 이야기는 많다. 그중 가장 놀라운 이야기는 단연코 요한복음 9장에 나온다. 예수님은 나면서부터 눈먼 한 남자를 고쳐 주신다. 그런데 최근 역사에도 그런 이야기가 많다. 얼마 전 내가 들은 이야기는 청년 시절에 눈이 먼 한 남자에 대한 것이었다. 그는 그 후 결혼해서 아이를 낳았다. 다른 이들은 모두 그를 볼 수 있었지만, 그는 그들을 보지 못했다. 그러다 어느 날 의학의 발달로 수술에 성공했고, 그는 드디어 볼 수 있었다. 얼마나 놀라운 순간이었을까! 사랑하지만 보지 못하던 사람들의 얼굴을 마주하고 눈을 맞추다니. 눈 맞춤에는 무언가 변화를 일으키는 힘이 있다. 오랜 시간 서로를 바라보는 사람들은 서로 닮아 간다. 아마도 서로의 얼굴 표정을 따라 하다가, 근육과 조직이 그런 식으로 재형성되기 때문일 것이다. 오랫동안 말과 손으로는 사랑을 표현했지만 눈으로는 그렇게 해 보지 못하다가 마침내 그것을 시작하는 장면을 상상해 보라.

그와 같은 것이 한 크리스마스 캐럴의 사랑스러운 노랫말에 표현되어 있다. "그분의 구속하시는 사랑으로 마침내 우리 눈 그분을 보리." 이런 말을 하거나 노래를 할 때 우리는 목이 메어야 한다. 지금 우리가 예수님을 사랑한다면, 우리의 가장 깊은 갈망은 마침내 얼굴과 얼굴을 맞대고 그분을 보게 되는 것, 그분의 미소를 보게 되는 것, 그분의 얼굴 표정을 포착하게 되는 것, 완전히 새롭게 그분을 알아 가는 것이어야 한다. 약간 모호하게 꼬여 있기는 하지만, 2절에 약속되어 있는 것이 그것이다. 요한은 이렇게 말한다. "우리가 앞으로 어떻게 될지는 아직 드러나지 않았습니다. **그분이 나타나실 때, 우리는 우리가 그분과 같아질 줄 압니다. 우리가 그분을 있는 그대로 볼 것이기 때문입니다.**" 이 서신서를 통틀어 요한이 말하는 모든 것은 이 약속에 달려 있다. 이것을 버리면 가장 중요한 것을 잃게 될 것이다.

그렇다면 우리가 알지 못하는 미래의 우리는 어떠한가? *부활이나, 우리의 부활이 일어날 완전히 새로운 하나님의 세상에 대해 생각하기란 아주 어렵다. 이렇지는 않을 것이고 저런 모습에 더 가깝다고 말할 수는 있다. 현재의 세상이 하나님의 선한 창조 세계이므로, 새로운 하나님의 세상은 훨씬 더 그럴 것이다. 오염, 부패, 죽음, 질병, 슬픔, 수치는 없을 것이다. 눈물도 없을 것이다. 가시 철조망도 없을 것이다. 그런데…우리는 어떤 모습일까?

아마도 우리는 이렇게 말해야 할 것이다. 훨씬 더 우리 같은 모습이라고. 훨씬 아름다운 육체를 갖게 된다. 육체를 입고 있지만 질병이나 죽음을 겪지는 않는다. 하나님 세상의 즐거움을 기뻐하지만, 더 이상 그 세상을 남용하도록, 강한 정욕을 품도록, 세상을 신처럼 경배하도록 유혹받거나 미혹당하지 않는다.

이 모든 것이 사실이라고 나는 믿는다. 그러나 말해야 할 훨씬 더 중요한 게 있다. 우리는 예수님과 같아질 것이다. 부활하신 예수님을 생각해 보라. 같은 분이지만 기이하게도 다르셨다(아니면, 요 21:12에서 왜 그들이 그분께 "당신은 누구십니까?" 하고 물었겠는가). 그분은 죽음을 통과하셨고, 여전히 못 자국이 있었지만, 결코 다시 죽지 않으실 것이다. 그분은 *하늘과 땅, 두 세계에 동시에 속해 계신 듯했다. 당연히 그것이 새로운 세계에 딱 맞을 것이다. 하늘과 땅은 완전히, 영원히 통합될 것이기 때문이다. 그러나 그것은 시작에 불과하지 않을까 생각한다. 그 일이 일어날 때, 그 실상은 안개 속에서 앞을 가리키는 표지판 같은 이런 말들과 어느 정도 관련이 있으리라 생각한다. 그것은 간선도로에서 빠져 나오도록 알려 주는, 우스꽝스러운 작은 성 그림이 있는 갈색 표지판이 진짜 윈저 궁과 관련이 있는 정도일 것이다. 진짜 부활하신 예수님이 우리를 만나실 때, 그분은 앞서 우리가 그려 본 이미지보다 훨씬 빛나는 모습일 것이다. 눈먼 우리가 치유될 때, 우리는 하나님의 지극한 사랑으로 말미암아 그 얼굴을 직접 뵐 것이다. 또 아마도 그분의 모습이 우리의 얼굴을 변화시킬 것이다. 이것이 요한이 말한 요점일 것이다. 아마도 우리는 그분의 표정을 그대로 따라 할 것이다.

그렇다면 이 모든 추측에서 요점은 무엇인가? 아주 간단하게 말하면 이렇다. 우리는 앞에 영광스러운 미래가 있음을 계속 기억해야 한다. 물론 우리는 또한, 예수님이 하나님과 그분의 새로운 시대의 *생명을 바로 이 현 시대 속에 드러내셨기 때문에 현재 또한 영광스러움을 기억해야 한다. 하나님이 우리를 얼마나 사랑하시는지는 이미 충분히 말했다(1절). 예수님이 *하나님의 아들이라면, 예수님 안에 있는 하나님의 사랑이 우리 또한 그분의 자녀, 그분의 아들과 딸로 삼으신다. 그것이 출발점이라면, 궁극적인 끝이 어떻게 될지 누가 알겠는가.

우리는 수많은 이유에서 이 모든 것을 기억해야 한다. 그것은 다음 두 장에서 점점 강력해질 것이다. 그러나 이 장래 소망의 긍정적 효과를 다루기 전에 소극적 효과와 대면해야 한다. 사실 그것은 아주 긍정적임에도 불구하고, 나는 '소극적인 듯 보이는 것'에 대해 쓰려 한다. 이 말이 무슨 뜻일까?

우리가 그런 소망을 품고 있다면, 우리는 그분이 순결하신 것과 마찬가지로 현재 순결하도록 온갖 노력을 해야 한다. 그것은 상당히 힘들지만 충분히 수긍할 만하다. 만일 당신이 다른 나라에 있는 아주 중요한 동료를 만날 예정이라면, 미리 그 나라의 언어를 조금이라도 배우려고 애쓸 만하다고 여길 것이다. 혹은 미래의 고용주를 만날 예정이라면, 좋은 인상을 주기 위해 맡을 업무를 충분히 배우고 싶어 할 것이다. 그리고 만일 **예수님을** 만날 예정이라면….

당신은 자신을 '순결하게' 하고 싶을 것이다. 어떻게 해야 하는가? 요한은 4-10절에서 우리에게 매우 걱정스럽게 느껴지는 도전을 제시한다. "그분 안에 머무는 모든 사람은 계속해서 죄를 짓지 않습니다." 이 말은 무슨 뜻인가?

요한은 아주 분명하며, 우리는 거기서 벗어날 수 없다. 예수님을 따르며 "그분 안에 머무는"('그분께 속해 있음'을 말하기 위해 요한이 자주 쓰는 표현 가운데 하나. 우리가 앞에서 보았던, 생명을 공유한다는 의미를 내포한다) 것은 성품의 변화를 의미한다. 물론 요한은 그리스도인들이 이따금 여전히 죄를 짓는다는 것을 안다. 그에 대한 해법도 있다(2:1). 그가 여기서 말하는 것은 규칙적으로 죄를 짓는, "계속해서 죄를 짓는" 전반적 생활 습관이다. 혹 실패할지라도, 우리는 항상 온갖 죄를 피하기 위해 최선을 다해야 한다. 그런 실패는, 죄가 더 이상 자리를 잡지 않는 안정된 생활 습관 안에서 일어나야 한다. 우리는 지금 다양한 음악을 연주하고 있다. 가끔 손가락이 미끄러져 틀린 음을 치거나, 우리가 예전에 연주했던 음악에 나오는 음들을 치게 된다 해도, 그것이 우리가 다시 돌아가 그 옛날 음악을 연주하고 있다는 의미는 아니다.

요한이 "아무도 여러분을 속이지 못하게 하십시오"라고 말하는 것은 당연하다. 당시에도, 또 오늘날에도 죄짓는 것이 전혀 괜찮다고 말하는 이들이 있기 때문이다. 그러나 그렇지 않다. 삶의 변화가 필요하지 않은 것처럼 계속 가면, 당신이 누구 편인지 드러나게 된다. 그것은 하나님 편이 아니다. 요한이 1절과 2절에서 말하듯이, 하나님은 우리를 완전히 새로운 방식으로 그분의 자녀로 삼으셨다. 하나님이 아버지가 되셨다는 것은, 우리의 새로운 자아 곧 우리의 새로운 참 자아는 죄를 우리의 생활 방식처럼 습관적으로 지을 수 없고 짓지 않을 거라는 의미다.

최악의 죄는 사랑에 실패하는 것인 듯하다. 그것이 이 서신의 나머지 대부분에서 다룰 내용이다.

요한일서 3:11-4:6
사랑의 도전

> [11]알다시피, 여러분이 처음부터 들은 소식은 이것이니, 곧 우리가 서로 사랑해야 한다는 것입니다. [12]우리는 악한 자에게 속하여 동생을 살해한 가인과 같지 않아야 합니다. 그가 왜 동생을 살해했습니까? 자신의 행실은 악했는데 동생의 행실은 의로웠기 때문입니다.

¹³내 형제자매들이여, 세상이 여러분을 미워하더라도 놀라지 마십시오. ¹⁴우리가 가족을 사랑하기 때문에, 우리는 우리가 죽음에서 생명으로 옮겨 갔음을 압니다. 사랑하지 않는 사람은 죽음 속에 머뭅니다. ¹⁵형제나 자매를 미워하는 사람은 다 살인자고, 살인자는 그 누구도 오는 시대의 생명을 얻지 못함을 여러분은 압니다. ¹⁶그분은 우리를 위해 자기 생명을 내놓으셨습니다. 이로써 우리는 사랑을 알게 됩니다. 그러니 우리도 마땅히 형제와 자매를 위해 우리 생명을 내놓아야 합니다. ¹⁷누구든 이 세상에서 살 만한 재력이 있으면서도 궁핍한 형제나 자매를 보고 마음을 닫는다면, 어떻게 하나님의 사랑이 그 사람 안에 머물 수 있겠습니까? ¹⁸자녀들이여, 우리가 말이나 연설로 사랑하지 말고, 행동과 진실함으로 사랑합시다.

¹⁹이로 인해 우리는 우리가 진리에 속해 있음을 알고, 그분 앞에서 이 사실을 마음으로 확신할 것입니다. ²⁰우리 마음이 우리를 책망하더라도, 하나님은 우리 마음보다 크시기 때문입니다. 그분은 모든 것을 아십니다. ²¹사랑하는 이들이여, 우리가 마음에 책잡힐 것이 없다면, 우리는 하나님 앞에서 담대함을 지니고 ²²우리가 구하는 것을 무엇이든 그분께 받습니다. 우리가 그분의 명령을 지키고, 우리가 하는 일을 보시는 그분께 기쁨을 드리기 때문입니다. ²³그분의 명령은 이것입니다. 우리가 그분의 아들 메시아 예수의 이름을 믿고, 또 그분이 우리에게 주신 계명대로 서로 사랑해야 한다는 것입니다. ²⁴그분의 명령을 지키는 사람은 그분 안에 머물고, 그분은 그 사람 안에 머무십니다. 이로써 우리는 그분이 우리에게

주신 그분의 영으로 우리 안에 머무시는 줄 압니다. **4:1**사랑하는 이들이여, 어느 영이든 다 믿지 마십시오. 오히려 영들을 시험하여 하나님에게서 왔는지 알아보십시오. 알다시피, 많은 거짓 예언자들이 세상으로 나갔습니다. **2**우리는 하나님의 영을 이렇게 압니다. 곧 메시아 예수께서 육체로 오셨음을 인정하는 영은 모두 하나님에게서 온 것이고, **3**예수를 고백하지 않는 영은 모두 하나님에게서 온 것이 아닙니다. 이런 영은 실제로 메시아의 대적의 영입니다. 여러분은 메시아의 대적이 오리라는 말을 들었는데, 지금 그가 이미 세상에 있습니다.

4그러나 자녀들이여, 여러분은 하나님에게서 왔고, 여러분은 그들을 이겼습니다. 여러분 안에 계신 분이 세상에 있는 자보다 크시기 때문입니다. **5**그들은 세상에서 왔기 때문에 세상일을 말하고 세상은 그들의 말을 듣습니다. **6**우리는 하나님에게서 왔습니다. 하나님을 아는 사람들은 우리 말에 귀 기울이지만, 하나님에게서 오지 않은 사람들은 우리 말에 귀 기울이지 않습니다. 이로써 우리는 진리의 영과 잘못된 영을 분별할 수 있습니다.

구약 성경에서 내가 가장 좋아하는 이야기 중 하나가 열왕기하 6장에 나온다. 하나님 백성의 북쪽 절반인 이스라엘과 북쪽 접경에 있는 시리아 사이에 소규모 접전과 때로 공공연한 전쟁이 계속되던 상황이었다. 시리아 왕은, 이스라엘의 예언자 엘리사 때문에 자신의 계획과 의도가 모두 이스라엘 왕에게 들통 난다는 사실을 알게 된다. 엘리사에게는 그들의 비밀을 아는 능력이 있었던 것이다. 그래서 시리아 왕은 엘리사를 찾아 사로잡기 위해 군대를 보낸다.

그 다음 날 엘리사의 종은, 말과 전차를 대동한 군대가 그들의 성을 포위하고 있음을 발견한다. 그는 겁에 질려 엘리사에게로 뛰어 들어간다. 그들은 어찌해야 할까? 엘리사는 유명한 대답을 한다. "두려워하지 말아라. 우리와 함께하는 이들이 그들과 함께하는 이들보다 많다." 무슨 말인가? 그러고 나서 그는 그 청년의 눈을 열어 달라고 하나님께 기도한다. 그분이 그렇게 하시니, 그 청년은 실제 상황을 보게 된다. 불 말과 불 전차가 산에 가득하여 엘리사를 둘러싸고 있다. 그때부터 상황은 당연히 전혀 다른 방향으로 바뀐다.

처음에는 그렇게 보이지 않았을지 모르지만, 이렇게 우리와 함께하는 군대가 상대편 군대보다 많음을 깨닫는 사례는 성경에 거듭 나온다. 여기 나오는 요한의 말이 또 한 가지 예다. 물론 이러한 실제 상황을 보고 아는 데는 항상 *믿음이 필요하다. 물 위를 걸으려던 베드로처럼 의심하기가 너무도 쉽고, 그러면 우리는 어려움에 빠진다. 그러나 요한이 여기서 말하듯이(4:4), "여러분 안에 계신 분이 세상에 있는 자보다 크시[다]." 그는 이미 우리에게 세상을 사랑하는 것에 대해 경고했다. 지금 우리는 '세상'의 내부 모습과 그 세상의 작동 방식을 보고 있다. 그러나 우리에게 극복할 힘을 주시며 우리와 함께하시는 하나님의 임재가 훨씬 더 강력해 보인다.

이 전쟁은 어떤 것이며, 왜 우리에게 이런 격려가 필요할까? 요한의 편지를 받는 사람들은 분명, 좋게 봐도 심히 마음이 휘둘리고 있었고, 최악의 경우 행로에서 이탈할 위험에 처해 있었다. 그들 주변에서 소용돌이치는 온갖 다양한 개념들, 다양한 주장들, 갖가지 신탁을 받은 여러 자칭 예언자들 때문이었다. 오늘날과 비교해서 말하자면, 우리는 1세기에 대해 거의 아는 바가 없고, 정확히 어떤 일이 일어나고 있었는지 거의 확인할 수 없다. 그러나 이 단락과 다른 단락들에 암시된 내용을 근거로, 요한의 독자들이 보았던 것을 분간할 만큼은 알아낼 수 있다. 그들은 마치 엘리사의 종처럼, 아침에 집에서 나오다가 그들과 맞선 군대를 보고 깜짝 놀랐을 것이다.

특히 그들은 다시 한 번 "거짓 예언자들"과 맞닥뜨린다. 앞에서 언급했듯이, 거짓 예언자들과 관련한 문제는, 언뜻 봐서는 그들과 진짜 예언자를 구별할 수 없다는 것이다. 그들은 경건해 보인다. 합리적으로 보인다. 하나님께 말씀을 받았다고 주장한다. 그렇다면 누가 동의하지 않을까? 그러나 실제로 예수님이 직접 경고하셨듯이, 또 우리가 우리 시대에 거듭 배워야 하듯이, 요한은 사실 예언자라 주장하는 사람들 모두가 예언자는 아님을 안다. 그렇다면 어떻게 분별할 수 있을까? 그가 말하듯이 어떻게 "영들을 시험"할 수 있을까?

그 답은, 주의 깊게 듣고 들은 것을 면밀히 조사하고 따져 보아야 한다는 것이다. 그런 사람들은 저주나, 말도 안 되는 터무니없는 가르침을 곧바로 드러내는 것 같지는 않다. 그렇게 하면 비밀이 누설될 것이다. 그러나 귀 기울이다 보면 서서히 치명적 결함을 알아낼 수 있다. **그들은 *메시아 예수가 육체로 오신 것을 믿지 않는다.** 이것이 요한이 4:2에서 제시하는 기준이다.

확신할 수는 없지만, 1세기에는 정치 운동은 물론 '종교' 운동 조직들이 아주 많았기 때문에, 요한이 염두에 둔 "거짓 예언자들"은 우리가 다른 데서 들은 특정 그룹에 속하지 않았을 가능성이 매우 높다. 그러나 예수가 육체로 오셨음을 거부한다면, 미심쩍긴 하지만 적어도 '영지주의'로 알려진 운동의 한 분파로 보인다. 영지주의는 비밀스런 '지식'(gnosis)을 전문적으로 다루는 종교의 일종으로, 이 지식을 얻음으로써 물질 세계에서 완전히 벗어나 순수한 *영의 영역으로 들어갈 수 있다고 생각했다.

이러한 가르침은 잠시 동안은 진정한 기독교 *메시지처럼 들릴 수도 있다. 그러나 이러한 가르침을 받아들인 사람들은 메시아 예수가 '육체로' 온다는 것을 믿지 못했다. 그들은 그가 분명 영적 존재라고 생각했다. 그는 추악하고 지저분하고 물질적인 것들이나 '육체'와 어떤 관련을 맺음으로써 그 영적 정체성을 더럽힐 수 없는 존재였다. 먹고 마셔야 하고, 소변과 대변을 봐야 하고, 자야 하고, 가장 끔찍한 공포인 죽음을 겪어야 하는 육체와 아무 관련이 없었다.

따라서 그들이 '예수'에 대해 말하기는 했지만, 그들이 언급한 이는 진짜 예수가 아니었다. 그는 그저 우리 같은 인간처럼 '보이는' 누군가였다. 그들은 그가 실제로 죽은 것이 아니라는 이야기들을 만들었다. 그는 실제로 육체를 지닌 진짜 인간이 아니었기 때문이다. 그는 영적 존재로서, 다른 사람들, 즉 이미 속에 동일한 '영'의 불꽃을 지닌 이들에게, 그들 역시 '영적'이며 자신의 길을 따름으로써 이 세상에서 완전히 벗어날 수 있다고 알려 주었다. 오늘날에도 몇몇 주요한 운동을 포함하여, 예수가 실제로 평범한 '육체를 지닌' 인간이며 잔인하게 죽었음을 동일하게 부인하는 종교 운동이 많다.

따라서 앞에서 말했듯이, 이 메시지는 아주 그럴듯하게 진짜처럼 들릴 수 있다. 요한도 "세상[을] 사랑하지 마십시오"라고 말하지 않았던가? 그러나 그 운동들은 결정적인 점에서 근본적으로 다르다. 메시아 예수가 육체로 왔다는 데 동의하는 것은 핵심적 검증 기준이다. 실제로 그것은 기독교 메시지에 추가된 것이 아니기 때문이다. 요한이 *복음서를 쓰면서 보았듯이, 그것은 필수적이고 중요한 사항이었다. 그 "*말씀이 육체가 되어 우리 가운데 사셨다." 이것을 제거하면 참된 기독교 신앙은 박살난다. 예수가 육체로 오셨음을 부인하게 만드는 영은 모두 '메시아의 대적'의 영인 이유가 여기에 있다. 무슨 수를 써서라도 사람들이 말씀의 성육신을 믿지 못하게 하라! 많은 사람들이 성육신에, 하나님이 정말 인간이 되셨다는 그 생각에 경멸을 쏟아부을 때, 그 영은 우리 시대에 살아서 활동하고 있다. 언제나 그랬듯이 성육신은 여전히 엄청난 주장이다. 그러나 그것이 중심이다. 그것은 타협할 수 없다.

그렇다면 지금 요한에게, 그리고 어쩌면 우리에게도 갈등이 있다. '세상에서 와서' 말하는 사람들, 여론을 듣고 오는 사람들은, 진정한 기독교 신앙의 신념들은 조롱하기가 쉬움을 알게 될 것이다. 사람들은 그들의 말에 귀 기울일 것이다(4:5). 때로 그리스도인이 그러한 말들에 맞서 할 수 있는 일은, '하나님'이라는 단어의 의미는 예수님을 통해서만 알 수 있다는 직설적이며 기본적 선언을 단단히 붙잡는 것뿐이다. 우리는 이 예수님이 하나님에게서 왔으며 우리 가운데서 육체가 되셨다고 믿는다. 이것을 없애면 우리는 하나님이 어떤 분이신지 더 이상 알지 못한다. 그래서 냉혹하게 들리더라도, "하나님을 아는 사람들은 우리 말에 귀 기울이지만, 하나님에게서 오지 않은 사람들은 우리 말에 귀 기울이지 않습니다"라고 주장해야 한다(4:6).

의심할 바 없이, 우리 시대에 그러한 선언은 말도 안 되게 교만하게 들린다. 그러나 요한은 그런 의도가 아니다. 그는 날카롭게, 거의 전보를 보내듯 말한다. 우리가 말미에서 보듯이, 그가 서신 전체에서 말하려는 바는, 참 하나님을 의지하고 우상들의 주장을 물리치라는 것이다. 우리는 예수를 통해 그 참 하나님을 안다. 다른 길은 없다.

그래서 종과 함께 있던 엘리사가 그랬듯, 그는 독자들을 안심시켜야 했다. 참 하나님이 진정 우리 *생명의 근원이시라면, 당신은 이미 승리를 얻었다! 당신 안에 계신 이는 세상에 있는 이보다 훨씬 크시다. 그렇게 보이지 않거나 그렇게 느껴지지 않을지도 모른다. 그러나 바로 여기에 믿음이 있어야 한다. 살아 계신 하나님이 정말로 예수님 안에서 육체를, 우리의 육체를 입으셨다는 믿음이다. 그 메시지가 이해되고 있다면, 진리의 영이 일하시는 것이다.

요한일서 4:7-21
하나님의 사랑

> ⁷사랑하는 이들이여, 우리가 서로 사랑합시다. 사랑은 하나님에게서 오고, 사랑하는 사람은 모두 하나님에게서 태어나 하나님을 알기 때문입니다. ⁸사랑하지 않는 사람은 하나님을 알지 못합니다. 하나님은 사랑이시기 때문입니다. ⁹하나님의 사랑이 우리 가운데 이렇게 나타났습니다. 하나님께서 외아들을 세상에 보내셔서 우리가 그분을 통해 살게 하셨습니다. ¹⁰사랑은 여기 있습니다. 우리가 하나님을 사랑한 것이 아니라, 그분이 우리를 사랑하셔서 자기 아들을 우리 죄를 속죄하는 희생 제물로 보내셨습니다. ¹¹사랑하는 이들이여, 하나님께서 우리를 그렇게 사랑하셨다면, 우리도 마땅히 같

은 방식으로 서로 사랑해야 합니다. [12]지금까지 하나님을 본 사람은 아무도 없습니다. 우리가 서로 사랑하면, 하나님께서 우리 안에 머무시고, 그분의 사랑이 우리 안에서 완성됩니다. [13]이로써 우리는 우리가 그분 안에 머물고 그분이 우리 안에 머무시는 줄 압니다. 하나님께서 우리에게 그분의 영을 한몫 나누어 주셨기 때문입니다. [14]또 우리는 아버지께서 아들을 세상의 구원자로 보내셨음을 보았고 증언합니다. [15]누구든 예수께서 하나님의 아들이라 고백하면, 하나님께서 그 사람 안에 머무시고, 그 사람은 하나님 안에 머뭅니다. [16]우리는 하나님께서 우리를 향해 품으신 사랑을 알고 믿었습니다.

하나님은 사랑이십니다. 사랑 안에 머무는 이들은 하나님 안에 머물고, 하나님은 그들 안에 머무십니다. [17]이렇게 우리를 향한 사랑이 완성되었습니다. 이는 심판 날에 우리가 담대함과 확신을 갖게 하려는 것입니다. 그분이 계신 것처럼 우리도 이 세상에 있기 때문입니다. [18]사랑에는 두려움이 없고, 완전한 사랑은 두려움을 몰아냅니다. 두려움은 처벌과 관련이 있고, 두려워하는 사람은 사랑 안에서 완성되지 못한 것입니다. [19]우리가 사랑하는 것은, 그분이 먼저 우리를 사랑하셨기 때문입니다. [20]누가 "나는 하나님을 사랑한다"고 말은 하지만 형제나 자매를 미워한다면, 그 사람은 거짓말쟁이입니다. 눈에 보이는 형제나 자매를 사랑하지 않는 사람이 어떻게 본 적도 없는 하나님을 사랑할 수 있겠습니까? [21]우리가 그분에게서 받은 명령은 이것입니다. 누구든 하나님을 사랑하는 사람은 형제나 자매도 사랑해야 합니다.

통계가 다는 아니지만 때로는 아주 흥미로운 사실을 보여 준다. '사랑'이라는 단어와 그 활용어가 이 열다섯 절에서 최소 스물일곱 번 나온다. 그렇다면 주제는 물어볼 필요도 없다. 우리는 이 서신의 핵심에 와 있는 것 같다. 요한이 가장 말하고 싶어 하는 게 이것이다. 앞에 나왔던 모든 내용은 이것을 향하고 있다. 마지막 장에 나오는 모든 내용은 이것을 확고히 하고 완결한다. 요한이 마음에 두는 것은 '사랑'이다.

여기서 그의 생각은 이렇게 흘러간다. 요한은 *메시아 예수가 정말 육체로 오셨다는 것을 강조했다. 또 그것을 부인하는 건 스스로 거짓 예언자임을 드러내는 것이라고 강조했다. 이는 그저 교리적인 진부한 문구, 즉 어떤 임의적 교리 시험을 통과하기 위해 배워야 하는 의미 없는 공식이 아니다. 이것은 기독교가 무엇인지 보여 주는 특징이다. 기독교 *신앙은 유일하신 참 하나님이 메시아 예수 안에서 자신을 드러내셨다(성육신한 사랑)는 믿음에서 나오며, 이 믿음을 표현해야 한다. 이 믿음을 붙든 사람들, 그것을 그들의 희망과 *삶의 이유로 받아들인 사람들은, 지켜보는 세상 앞에 그와 똑같은 것을 직접 드러내 보여야 한다. 성육신한 사랑은 그리스도인 공동체의 인식표여야 하며, 그들이 누구인지 또한 그들의 하나님이 누구신지 보여 주는 표지여야 한다.

글로 쓰기는 쉽지만 실천하기는 얼마나 어려운지. 오늘 어떤 사람과 이야기를 나누었는데, 그는 실제 교회 생활에서 겪은 다양한 경험을 우울하게 말하면서, 교회는 외부에 '위험' 표지판을 세워야 한다고 주장했다. 교회에 오면 심술궂고 남의 말 하기 좋아하고 헐뜯는 대화나 행동을 접할 수도 있으니 경고해야 한다는 것이다. 슬프게도 이것이 늘 교회 생활의 현실이었다. 그래서 성 바울을 비롯한 그리스도인 저자들은 우리는 그러지 않아야 한다고 힘주어 말했다. 다시 말하건대, 사랑의 규율은 추가 선택지가 아니다. 그것은 우리의 존재를 드러내는 핵심이다. 이것이 우리에게 어떤 새로운 개혁이 필요하다는 의미라면, 그렇게 되어야 한다.

논지를 따라가 보자. 7-10절을 보면 이 모든 것의 기초는, 우리 죄를 대속하는 *희생 제물이 되도록 하나님이 아들 예수님을 세상으로 보내시는 데서 하나님의 사랑이 드러났다는 것이다. 십자가 밑에 서서 우리에게 주신 그 하나님의 사랑의 깊이를 응시하다 보면, (우리가 특별히 냉담하지 않다면, 요한이 말한 대로 우리가 하나님을 전혀 모르지 않는다면) 그 사랑 안에 있는 능력과 가능성을 감지할 수밖에 없다. 그것은 세상을 변화시킨 힘이다. 또, 예수를 따르는 이들이 정말 그 편에 서기만 한다면, 여전히 세상을 변화시킬 수 있는 힘이다.

그러므로 "하나님께서 우리를 그렇게 사랑하셨다면, 우리도 마땅히 같은 방식으로 서로 사랑해야 합니다"(11절). 이는 많은 사람들이 상상하는 것보다 훨씬 강력한 선언이다. 당신은 이 말을 그저 "보십시오, 하나님이 우리에게 본을 보이셨으니, 우리는 그것을 따라 해야 합니다" 정도로 들을 수 있다. 이 말은 참이다. 그러나 그 다음 절은 더 깊은 무언가를 보여 준다. "지금까지 하나님을 본 사람은 아무도 없습니다. 우리가 서로 사랑하면, 하나님께서 우리 안에 머무시고 그분의 사랑이 우리 안에서 완성됩니다."

논지를 이해하기 위해, 요한의 *복음서에서 장엄한 서론을 끝맺는 절(1:18)과 이 선언을 함께 보자. "아무도 하나님을 본 적이 없다. 아버지와 친밀하게 가까우신 분, 독생하신 하나님께서 그분을 세상에 나타내 보이셨다." 이 문장의 의미는 아주 인상적이다. 우리가 예수님을 보기까지는, 실제로 '하나님'이 누구신지 알지 못한다는 것이다. 이제 우리는 요한일서 4:12에 나오는 문장의 의미도 안다. 사람들이 그리스도인들의 삶에서 드러나는 하나님을 보기까지는, 즉 "그분의 사랑이 우리 안에서 완성"되기까지는 실제로 '하나님'이 누구신지 알지 못한다는 것이다. 하나님은 예수님 안에서 시작하신 일을 우리 안에서, 우리를 통해서 완성하고자 하신다. 놀라고 준비되어 있지 않은 세상 앞에 예수님이 하나님을 나타내셨듯이, 우리도 그래야 한다. 사랑은 그토록 중요하다.

이 모든 일은 하나님의 *영의 선물 때문에 일어날 수 있고, 또 일어나야 한다. 그 영은 아버지가 아들을 보내어 하신 일을 우리가 증언할 수 있게 하신다. 다시 말하지만 그 증언은, 요한이 3:18에서 말하듯이 말이 아니라 행동으로 나타나야 한다. 우리의 사랑은 하나님의 사랑이 그랬듯이 '몸으로 드러나야 한다.'

그래서 요한은 이 단락의 말미에서 동일한 요점으로 되돌아온다. 만일 하나님을 사랑한다고 말하면서 형제나 자매(요한은 그리스도인 공동체의 동료를 의미한다)를 사랑하지 않는다면, 당신은 아주 분명하게 거짓말을 하는 것이다. 하나님을 향한 사랑이 나가는 문과 이웃을 향한 사랑이 나가는 문은 같은 문이다. 이웃을 사랑하고 있지 않다면 당신은 하나님을 사랑하지 않는 것이다. 이는 단순하면서도 또 충격적이다.

주눅 드는 것이 당연하다. 누가 이렇게 살 수 있을까? 그러나 요한은 17절과 18절에서 서정적 문체로 말한다. 그는 실제로 탄로 날지도 모른다는, 표준 미달이 될지도 모른다는 두려움이 아니라 심판 날에 갖게 될 담대함과 확신을 말한다. 그러나 그는 우리가 예상하듯, 우리가 우리 자신에게서 눈을 돌려 전능하시고 모든 것을 이기신 하나님의 사랑을 신뢰하기 때문에 이 담대함과 확신을 갖는다고 말하지 않는다. 그렇지 않다. 그는 "그분이 계신 것처럼 우리도 이 세상에 있기 때문"이라고 말한다. 무슨 뜻인가? 하나님이 그분의 사랑을 살과 피로 바꾸어 세상에 자신을 드러내셨다면, 우리도 똑같이 할 때 우리가 하나님의 사랑을 '완성하고' 있음을 알게 되리라고 말하는 듯하다. 우리를 통해 작용하는 것은 참 하나님의 참 사랑일 것이다.

그 일이 일어날 때, 더 이상 두려움이 없다. 이런 식으로 완성된 사랑에는 두려움이 들어설 여지가 없다. 하나님이 우리에게 자신을 주셨듯이 당신도 다른 이들에게 자신을 주는 법을 배운다면, 사랑의 순환이 완성된 것이니 더 이상 두려워할 것이 없다. 분명 이 말을 들으면, 요한의 다른 말들을 들을 때 그러듯, 우리는 숨이 막힐 것이다. 우리 믿음과 삶이 그렇게 순수해질 수 있을지 의심하면서. 그러나 참되시고 살아 계신 하나님이 우리와 함께 거하시는 일, 그분과 함께 거하도록 우리를 초청하시는 일(16절)이 편하고 미지근하고 취미 같은 종교일 것이라고 예상했는가? 하나님은 우리를 아주 진지하게 대하신다. 우리가 어떻게 그분과 똑같이 하지 않을 수 있을까?

우리는 이 단락의 중심에서 반복되는 한 단어를 발견한다. 그것은 요한복음에서 예수님 자신에게 아주 소중했던 것처럼 요한에게도 아주 중요한 단어다. "사랑 안에 **머무는** 이들은 하나님 안에 **머물고**, 하나님은 그들 안에 **머무십니다**"(16절). 이 단어(abide)가 바로 앞 절을 포함하여 여러 군데 나오지만, 이것이 가장 온전한 표현이다. 이 단어는 '거하다' 혹은 '그대로 남아 있다' 혹은 '거처를 마련하다' 등을 의미하는 단순한 단어다. 그러나 실제로는 기독교 신앙이 의미하는 핵심에 다가가는 심원한 의미를 지닌 단어다. 여기에는 *'사귐'의 의미가 있다. 그것은 아버지와 아들이, 그리고 "예수께서 하나님의 아들이라 고백"하는(15절) 그 아들에게 속한 모든 이들이 같은 생명을 공유하는 것이다. 그것은 서로 안에 거주하는 것이다. 즉, 우리가 하나님 안에 있고 하나님이 우리 안에 있는 것이다. 다시 말하건대, 이는 말하기는 쉽지만 받아들이기는 엄청나고 어렵다. '세상'은 우리 발을 끌며 당기고, 거짓 예언자들이라는 위험한 바람은 우리 머리를 향해 불어오는 터라, 날이 갈수록 해가 갈수록 균형을 유지하고 이런 삶을 유지하기가 더욱 어렵다. 강력한 사랑만이 우리를 바로 세울 수 있다. 그 강력한 사랑은, 늘 그렇듯, 우리가 십자가를 바라볼 때 찾을 수 있다(9-11절).

요한일서 5:1-12

믿음이 승리를 거둔다

> ¹예수께서 메시아이심을 믿는 사람은 모두 하나님에게서 태어났습니다. 부모를 사랑하는 사람은 모두 그 자녀도 사랑합니다. ²우리가 하나님을 사랑하고 그분의 명령을 실천하기 때문에, 우리는 우리가 하나님의 자녀들을 사랑하는 줄 압니다. ³하나님을 사랑하는 것은 이것이니, 그분의 계명을 지킨다는 뜻입니다. 더욱이, 그분의 계명은 괴로운 것이 아니니, ⁴하나님에게서 태어난 모든 것이 세상을 이기기 때문입니다. 세상을 이기는 승리는 이것이니, 바로 우리의 믿음입니다.

⁵세상을 이기는 사람은 누구입니까? 당연히 예수께서 하나님의 아들이심을 믿는 사람입니다! ⁶그분은 물과 피로 오신 메시아 예수이신데, 물만이 아니라 물과 피로 오신 분입니다. 영은 증언하는 분이시니, 영이 진리이시기 때문입니다. ⁷알다시피, 증언하는 이가 셋 있으니 ⁸영과 물과 피인데, 이 셋은 서로 일치합니다. ⁹우리가 인간의 증언을 받아들였다면, 하나님의 증언은 더욱 큽니다. 이것은 하나님의 증언, 그분이 자기 아들에 관해 하신 증언입니다. ¹⁰하나님의 아들을 믿는 모든 사람은 그 증언을 자기 안에 지니고 있지만, 누구든 하나님을 믿지 않는 사람은 그분을 거짓말쟁이로 만들었습니다. 하나님께서 자기 아들에 관해 하신 증언을 그들이 믿지 않았기 때문입니다. ¹¹그 증언은 이것입니다. 하나님께서 오는 시대의 생명을 우리에게 주셨고, 이 생명이 그분의 아들 안에 있다는 것입니다. ¹²누구든 아들을 모신 사람은 생명이 있습니다. 누구든 하나님의 아들을 모시지 않은 사람은 생명이 없습니다.

처음으로 열대 지역에 스노클링을 하러 갔을 때 나는 그 광경에 압도되었다. 호주 북동쪽 연안 그레이트 배리어 리프(Great Barrier Reef) 근처 바닷속으로 머리를 숙였을 때, 그것이 완전히 새로운 경험임을 곧바로 알았다. 내 주위로 몇십 센티미터도 안 되는 거리에, 온갖 모양과 크기에 온갖 색을 지닌 수십 수백 마리 물고기가 있었다. 특히 그 색깔들이라니! 만화경 같았다. 밝은 파랑, 진한 노랑, 선명한 빨강, 또 아주 다양한 색깔들. 물고기들은 각각 종의 특성대로 움직이며(나중에 알게 되었다) 갖가지 속임수를 쓰기도 했다.

바닷속을 보고 마음이 한껏 부풀어 오르고 나서 몇 분 뒤, 배로 돌아가 내가 방금 본 것을 기록해야겠다는 생각이 들었다. 내가 본 화려한 볼거리와 엄청난 다양성을 곧 잊어버릴 줄 알았기 때문이다. 어떻게 기억할 수 있을까! 또 나는 생각했다. '뭐든 기록하려는 전형적 학자로군. 그냥 편안히 즐기지.' 그래서 나는 그렇게 했다. 그러다 보니 내가 위에 쓴 것은, 내가 해낼 수 있는 만큼이다. 물론 위의 내용은 그 물고기들이 내게 주었던 감동의 작은 조각에 지나지 않는다.

요한일서의 이 부분에 이르면, 독자들은 아마 내가 처음 스노클링을 하던 때와 같은 느낌이 들 것이다. 이 무한해 보이는 요한의 설교의 소용돌이 안에서 많은 논지가 왔다 갔다 하기 때문에, 지금쯤이면 우리가 어디까지 왔는지 파악하기가 어렵다. 주제들이 반복되고 또 반복되고 있다. 요한은 앞에서 했던 말의 변형, 그 변형의 또 다른 변형들을 만들어 내고 있다. 그냥 편안히 앉아 이제 익숙해진 음악을 즐기는 편이 어떨까? 사실 그는 그러기를 바라고 있을지도 모른다. 그는 독자들이 직접 연결 짓도록 애써 가르치고 있다. 즉, 그림의 각 부분이 다른 모든 부분에 어떻게 이어지는지 보고, 또 본 것을 즐기도록.

그러다가 '이 말은 앞에서 했는데' 하고 생각할 위험이 발생할 때, 눈에 띄는 새로운 개념이 나온다. 다른 것들과 대조되는 게 아니라 거기서 또 다른 새로운 차원을 끌어낸 것이다. 그는 우리가 예수님을 믿는다고 말한다. 그분이 *메시아이심을, 그분이 육체로 오셨음을 믿는다고 말한다. 또 이를 믿는 사람들은 우리가 하나님의 사랑에 붙들려 하나님의 계명을 지키는 하나님의 자녀임을 믿는다고 말한다. 그 계명은 일차적으로 하나님과 이웃을 사랑하는 것을 의미한다. 이것들은 지금 우리 눈앞에서 헤엄치는 아주 멋진 형형색색의 피조물들이다. 그런데 여기 새로운 요소가 있다. 하나님에게서 태어난 모든 것은 세상을 이긴다(4절). 이는 무엇에 대한 말인가? 우리는 왜 세상의 감언이설에 저항하는 정도가 아니라 세상을 '이기고' 싶어 해야 하는가? 이것은 어떤 의미이며 어떻게 일어나는가?

우선, 그는 왜 '모든 사람' 대신 '모든 것'이라고 말하는가? 우리는 추측할 수 있을 뿐이다. 그러나 내 추측으로는, 그는 1절에서처럼 "하나님에게서 태어[난]" 사람들뿐 아니라 그들의 삶과 일의 결실까지 가리키는 것 같다. 즉 사람들뿐 아니라 그들이 하는 일들도 가리키는 것 같다.

그렇다면 이 '이기는' 것은 무엇이며, 어떻게 일어나는가? 여기서 요한은 자신의 *복음서에 나오는, 동일선상에 있는 어떤 생각에 아주 가까이 가 있는 듯하다. 그것은 (이를테면) 예수님이 "세상의 통치자가 쫓겨날" 것에 대해 말씀하시는 12:31, "이 세상의 통치자가…나와 아무 상관이 없다"고 선언하시는 14:30, *제자들에게 세상에서 어려움을 겪을 것이라고 경고하신 후에 "그러나 용기를 내라! 내가 세상을 이겼다!"라고 결론지으시는 16:33에 나타나는 생각이다.

복음서에서 이 모든 구절을 읽다 보면, 우리 눈은 극적인 두 장인 18장과 19장으로 향한다. 그 부분에는 예수님, 본디오 빌라도, *대제사장 사이에 있었던 기이하고 불안정한 대화가 나온다. 예수님과 빌라도는 *나라와 진리와 권세라는 중요한 주제들에 대해 언쟁하는데, *대제사장은 예수님을 고소하고 결국 빌라도를 설득하여 그분을 십자가에 못 박게 한다. 우리는 이 사건들과 그로 인해 일어난 일, 특히 '유대인의 왕' 예수님이 죽으신 것이, 사실 '세상의 임금'이 '쫓겨나는' 순간이며 그 수단임을 알아야 한다. 비록 당장은 세상이 예수님을 이기는 듯 보이지만, 그것은 사실 예수님이 세상을 이기신 수단이다. 여기에 깊은 신비가 있다. 하지만 여기서는 더 자세히 탐구하기가 어렵다.

이 정도까지만 해 보자. 요한복음에서 저자는 예수님이 죽으셔서 백부장이 창으로 예수님의 옆구리를 찔렀을 때, 그 옆구리에서 피와 물이 흘러나왔다고 강조했다(19:34). 정확히 그때다. 저자는 이것이 그가 개인적으로 사실임을 보증할 수 있는 것이라고 말한다. 그의 '증언'은 진실이다. 그런데 문득 우리는, 이것이 현재 단락인 요한일서 5:4-9과 정확히 똑같은 생각임을 깨닫는다. **세상을 이기는 승리는 예수님의 구원하는 죽음이다.** 그리고 십자가에서 죽으신 예수님 안에서, 또 그 예수님으로서 인격적으로 자신을 알리신 하나님을 *믿음으로 붙잡는 이들은, '세상'을 이긴 이 승리를 공유한다.

'세상'은 그저 유혹과 혼란의 근원 정도가 아닌 듯하다. 오히려 세상에 대한 정당한 주권을 주장하시는 창조주의 오심을 분개하며 적극적으로 악을 지향하는 세력이다. (요한복음에서 요한은 "그는 세상에 계셨고, 세상은 그를 통해 지음 받았으나, 세상은 그를 알지 못하였다"라고 했다.) 세상은 강력하게 저항할 것이다. 이는 복음서에서 하나님 나라를 대표하는 예수님이 카이사르의 나라, 세상의 절대 권력을 대표하는 빌라도와 맞닥뜨렸을 때 절정에 이르렀다. 이미 물과 피가 분리됨으로써 그 진실성을 의심의 여지 없이 보여 준 예수님의 죽음은, 그분이 진짜로 죽지 않았다거나 그분은 실제로 '육체로 온' 온전한 인간이 아니었다고 말하는 사람은 누구든 거짓말쟁이임을 드러낸다.

(이 지점에 이르면, KJV를 사용하는 사람들에게는 분명할, 전혀 다른 문제가 있다. 그 번역본이 사용한 사본은, 7절에 다른 사본에는

나오지 않는 단어들을 덧붙인 사본이다. 그것은 '삼위일체' 공식을 들여온 것으로, "*하늘에서 증언하시는 세 분이 계십니다. 곧 아버지와 *말씀과 성령이십니다. 이 셋은 하나입니다"로 되어 있다. 중요한 것은, 이 단어들은 원래의 서신에 나오지 않는다는 점이고, 요한도 분명히 그렇게 생각했다는 것이다.)

요한은 이제, 예수님이 참으로 '육체로' 오셨음을 부인하는 '메시아의 대적'에 대한 논증으로 돌아온다. 그들은 '예수'라 불리는 인물이 *세례 요한에게서 세례를 받았다는 사실은 인정하려 했던 것 같다. 그것은, 온전한 인간은 아니더라도 인간인 듯한 '예수'의 현현 정도로 이해할 수 있었다. 그러나 그들은 이 '예수'가 정말로 죽었다는 것은 용인할 수 없었다. 그런데 그것이 *'성령'이 증언하는 핵심 내용이다. 성령은, 복음서 이야기에 나오는 증언을 통하여, 또 신자들의 각 마음과 생각 속에서 일하심으로 그것을 증언하셨다. 하나님은 정말로 세상을 이기셨음을 분명히 하시기 위해 그분의 영을 통해 이 증언을 하셨다. 세상천지에 이처럼 사랑하고, 이처럼 내주고, 이처럼 죽은 신이나 권세나 존재는 없다. 다른 모든 신은 싸워서 승리를 얻는다. 그러나 이 신은 고통당함으로써 승리를 얻는다. 다른 모든 신은 죽임으로써 권력을 행사한다. 그러나 이 신은 죽음으로써 권력을 행사한다.

우리가 확신할 수는 없지만, 요한은 독자들이 실제 박해를 맞닥뜨리리라 예상했을 가능성이 아주 높다. 그렇다면 성령의 역사로 그들 안에서 나온 '신앙 고백'이나 '증언'은, 당연히 다른 형태의 증언 즉 순교로 바뀌었을 것이다. 이는 헬라어로 같은 단어다. 그렇다면 요한은 이것을 그의 논지 전체를 더욱 확증해 주는 것으로 보았을 것이다. 11절과 12절에 나오는 요약은 전체 내용을 아주 잘 모아 놓았기 때문에,

그 내용을 한 번 더 말하는 게 나을 것 같다. 그 증언은 이렇다. 그것은 하나님이 아들에 대해 하신 증언이며, 성령이 우리 안에서 하시는 증언이다. 하나님은 *오는 시대의 *생명을 우리에게 주셨고, 이 생명이 그분의 아들 안에 있다. 이것은 우리가 서신의 서두에서 보았던 것이다. 그러므로 극적으로 또한 단언적으로 말해서, 누구든 아들을 모신 사람은 생명을 지니고 있다. 누구든 *하나님의 아들을 모시지 않은 사람은 생명을 지니지 못한다. 우리가 냉엄하고 분명한 결론을 좋아하든 그러지 않든, 그것들이 중요한 때가 있고 지금이 그때다.

요한일서 5:13–21
참 하나님

¹³내가 이 편지를 여러분에게 쓰는 것은, 하나님의 아들의 이름을 믿는 여러분이 참으로 오는 시대의 생명을 지니고 있는 줄 알게 하려는 것입니다. ¹⁴그분 앞에서 우리가 지닌 담대한 확신은 이것입니다. 우리가 그분의 뜻에 따라 무엇을 구하면, 그분이 들으십니다. ¹⁵또 우리가 무엇을 구하든 그분이 들으시는 줄 우리가 알면, 우리가 그분께 구한 것을 우리가 이미 소유한 줄도 압니다.

¹⁶누구든 어떤 형제나 자매가 죄를 짓는 것을 보았는데, 그것이 죽음에 이르게 할 정도는 아니라면, 하나님께 구해야 합니다. 그러면 하나님께서 죽음에 이르게 할 정도는 아닌 죄를 지은 사람들에게 생명을 주실 것입니다. 죽음에 이르게 하는 죄가 있습니다. 그

것을 두고 기도해야 한다는 말이 아닙니다. [17]모든 죄는 불의하지만, 죽음에 이르게 하지는 않는 죄가 있습니다.

[18]하나님에게서 태어난 모든 사람은 계속해서 죄를 짓지 않는 줄 우리가 압니다. 하나님에게서 태어나신 분이 그를 지켜 주시기에, 악한 자가 그들을 건드리지 못합니다. [19]우리는 우리가 하나님에게서 왔음을 압니다. 온 세상은 악한 자의 권세 아래 있습니다. [20]우리는 하나님의 아들이 오셔서 우리에게 이해력을 주심으로, 우리가 진리를 알게 하신 것을 압니다. 또 우리는 진리 안에, 그분의 아들 메시아 예수 안에 있습니다.

이분이 참 하나님이시고, 오는 시대의 생명이십니다. [21]자녀들이여, 우상으로부터 자신을 지키십시오.

어떤 단편 소설은 독자들에게 속임수를 쓰기도 한다. 때로 저자는 우리를 어떤 한 방향으로 이끌기 위해 내내 교묘하게 이야기를 전개한다. 그런 다음 마지막 문장에서 모든 것을 뒤엎을 무언가를 폭로한다. 그러면 독자는, 그런 의도를 드러냈을 만한 단서가 앞에 있었는지 찾으려고 전체 이야기를 다시 한 번 재빨리 돌이켜 본다. 이를테면, 나는 눈을 뗄 수 없었던 한 단편 소설이 떠오른다. 그 소설은 내내 주인공을 남자로 생각하도록 유도했지만, 마지막 문장에서 여자였음이 드러났다. 과장 하나 없이 말해서, 갑자기 모든 것이 완전히 달라 보였다.

나는 요한이 독자들을 속일 의도였다고 생각하지는 않는다. 그러나 이 놀라운 짧은 서신의 마지막 문장을 보면, 우리는 이 새롭게 나온 듯한 개념이 어디에서 온 것인지 살펴보기 위해 그가 했던 말들을 돌이켜 생각해 보게 된다. 그는 "자녀들이여, 우상으로부터 자신을 지키십시오"라고 말한다. 무슨 뜻으로 한 말인가?

우리는 그가 우상숭배를 경고한다고 상상할 수 있다. 물론 우상숭배는 고대 세계 전역에서 번성하고 있었다. 당시 가장 최근 신이었던 율리우스 카이사르(Julius Caesar)와 그의 후계자들과 가족들을 위한 신전을 비롯하여 우리가 생각할 수 있는 온갖 신들을 위한 신전이 있었다. 분명 요한은 독자들이 그런 이교도 예배와 아무 관련도 없기를 바랐을 것이다. 그러나 나는 그가 그보다 미묘한 것, 그가 내내 말했던 것과 더 잘 어울리는 무엇을 염두에 두었다고 생각한다.

하나님의 사랑, 서로 사랑하는 것의 중요성, 그리고 무엇보다 육체로 오신 *메시아 예수를 강조할 때, 그 핵심은 여러 진리 가운데 필수적인 하나의 진리가 아니라는, 그저 기독교 신조의 통일된 구조 가운데 일부가 아니라는 것이다. 그것은 우리가 **사람이 만든 우상이 아니라** 실제로 참 하나님을 예배하고 있다는 표지다.

문제의 그 우상은 실제로 깎아서 만들어 신전에 둔 우상이 아닐 것이다. 그 우상은 '하나님'이라 불리는 우상, 스스로 '그리스도인'이라 부르는 어떤 사람들이 예배하던 신일 것이다. 그러나 그 신은 참 하나님이 아닌 다른 신이다. 요한이 보기에, 참 하나님은 자기 아들을 인간의 몸으로 세상에 보내어 진짜 인간의 죽음을 겪게 하신 분이다. 그것을 부인하면, 그것은 예수님과 관련된 어떤 것만 부인하는 것이 아니다. 하나님과 관련한 어떤 것을 부인하는 것이다.

그렇다면 그분이 '참 하나님'이시고, 우리가 그분 안에서 받은 이 *생명은 진실로 '*오는 시대의 생명'이다. 창조주는 자신이 미래에 이루시려는 바를 현재로 가져오셨다. 하나님이 아들을 희생하면서까지 세상에 완전히 새로운 무엇을 출범시키신 이유가 여기에 있다. 이 새 생명을 대표하는 이들과, 실제로 그렇게 급격한 일이 일어나지 않았다고 주장하며 낡은 부대에 새 포도주를 담으려고 필사적으로 애쓰는 이들 사이에 첨예한 갈등이 나타나는 이유가 여기에 있다.

그렇다면 기이하고 신기하게도 그 두 시대가 겹친 상황에 놓인 이들은 무엇을 하는가? 요한은 여기 13-15절에서, 그가 3:22에서 했던 말을 자세히 설명한다. 또 요한복음 14:13, 15:7과 다른 곳에서 예수님이 하신 약속을 다시 말하고 있다. 예수님을 믿는 사람들, 하나님 안에 머무는 사람들은 새롭고 담대한 확신으로 기도할 수 있다. 그들은 *하늘과 땅이 만나는 곳에 서 있다. 그러니 하늘의 복을 땅의 삶 속으로 끌어내리라는 격려를 받는다. 또 그들이 청원한 것은 이미 주어졌음을 알아야 한다. 물론 성경 말씀과 그리스도인의 경험 둘 다가 가르치듯이, 그들이 기대하지 못했던 것을 받기도 한다. 사람들이 자연스럽게 그런 종류의 제한하는 말을 덧붙이는 경향이 있다는 것은 참으로 인상적이다. 하지만 아마도 우리는 하나님께 이 약속을 인용하여 다시 말씀드리면서, 더 구체적인 것들을 놓고 더 철저히 기도하기 시작해야 할 것이다. 하나님은 우리가 그분을 거짓말쟁이로 만들지 않기를 바라시니까(5:10).

우리는 특히 길을 잘못 든 사람들을 위해 기도해야 한다. 요한이 죽음에 이르게 하는 죄와 죽음에 이르게 하지 않는 죄를 정확히 어떻게 구분하는지는 알기 어렵다. 아마도 요한은, 예수님이 육체로 오셨음을 부인하는 이들은 *구속에 이르지 못할 죄를 범한 거라고 말하는 듯하다. 그들은 구원의 약속이라는 새싹이 돋아나고 있는 가지를 잘랐기 때문이다. 그러나 이 이상한 짧은 단락과 관련하여 위안이 되는 것 가운데 하나는, 18절이 있다는 것이다. 18절이 없다면, 우리는 모든 그리스도인이 완전히 죄를 짓지 않는다는 것이 요한의 생각이라고 추측할지도 모른다. 그러나 내가 번역했듯이, 그것은 "하나님에게서 태어난 모든 사람은 **계속해서 죄를 짓지 않[는다]**"는 의미가 분명하다. 여기서 그가 우려하는 것은 계속되는 생활 습관이다. 분명 그는 전혀 죄를 짓지 않는다기보다는, 이따금 우발적으로 죄를 짓기 때문에 그것을 위해 기도할 수 있고 고백하고 용서받을 수 있다고 말한다. 그것은 무엇에도 개의치 않고 상관없이 계속 짓는 죄, 로마서 1:32에서처럼 그 행동을 죄라고 여기지 않게까지 되는 강퍅한 죄와는 전혀 다르다.

18절 후반부에 나오는 약속이 이 구절들에 나오는 확신의 중심이다. 이는 예수님과 신자들을 밀접하게 연결한다. 신자들은 "하나님에게서 태어난 모든 사람"이지만 예수님은 '하나님에게서 태어나신 **탁월한 분**'이시다. 또 예수님은, 당분간 세상의 권세를 쥐고 있는 악한 자가 신자들을 해치지 못하게 신자들을 보호하며 지키실 것이다. 항상 그렇게 느껴지지는 않을지 모른다. 그러나 승리가 *믿음에 있다는 것은(5:4), 예수님이 우리를 위태롭게 하는 온갖 권세들을 실제로 패배시키셨음을 믿는 것이다. 또 우리가 "예수 안에" 있음을, 세상은 거짓말로 우리를 설득하려고 최선을 다하지만 우리는 '거짓말' 안에 있는 것이 아니라 "진리 안에" 있음을 믿는 것이다.

참 하나님. 한 분이신 예수님. 오는 시대의 생명. 주어진 사랑, 전해진 사랑. 이것이 우리가 서 있는 곳이다. 이것이 요한의 증언이다.

요한이서

요한이서 1-6절

생명의 표지

> ¹장로인 내가 '택함 받은 부인'과 그 자녀들에게 보냅니다. 나는 진리 안에서 정말로 여러분을 사랑하며, 나뿐 아니라 진리를 아는 모든 사람도 그러합니다. ²이는 우리 안에 머물러 있고 또 영원히 우리와 함께하는 진리 때문입니다. ³아버지 하나님과 아버지의 아들 메시아 예수께서 주시는 은혜와 자비와 평화가 진리와 사랑 안에서 우리와 함께하기를 바랍니다.
>
> ⁴우리가 아버지에게서 받은 계명 그대로 진리 안에서 걷는 사람들이 그대의 자녀 중에 있음을 보고 나는 기뻤습니다. ⁵사랑하는 부인이여, 나는 지금 그대에게 우리가 서로 사랑해야 한다고 요청합니다. 나는 새 계명이 아니라 처음부터 우리가 들은 계명을 씁니다. ⁶사랑은 이것입니다. 우리가 그분의 계명에 따라 처신해야 한다는 것입니다. 또 그 계명은 이것이니, 여러분이 맨 처음부터 들은 대로 우리가 사랑에 따라 행동해야 한다는 것입니다.

죽음 이후의 삶과 사람들이 그에 대해 어떤 믿음을 지니고 있는지 연구할 때, 우연히 19세기의 충격적 자료를 접했다. 사실은 일종의 혼수상태인데 죽었다고 추정하는 실수를 가끔 의사들이 한다는 것을 사람들이 알게 되었다. 호흡과 맥박이 너무 희미해서 완전히 죽었다고 잘못 추정할 수 있다. 죽은 것으로 여겨져 관에 들어가게 된 사람이 밖으로 나오려고 손톱으로 뚜껑을 긁다 결국 질식사한 사례도 있었다. 이런 가능성을 두려워한 어떤 사람들은 통화관이나 종을 울리는 줄, 혹은 필요할 때 자신들이 아직 살아 있음을 알릴 수 있는 다른 수단들을 설치해 달라고 주문한다.

그런 두려움은 여전하지만, 오늘날은 *생명의 표지와 분명한 죽음의 표지를 감지하는 면에서 더 나아진 것 같다. 그러나 어떤 사람이 정말 살아 있는지 아닌지를 어떻게 식별하는지에 관한 문제는, 다른 영역에서 지속되고 있다. 어떤 사람이 정말 *영으로 살아 있는지, 그들이 진정한 그리스도인인지 식별할 수 있게 해주는 표지, 즉 도덕적·영적인 면에서 호흡과 맥박에 해당하는 것은 무엇인가?

'장로'는 초대교회 일부에서 나이 든 *사도에게 붙인 호칭이었던 듯하다. 장로 요한은 여기서 다소 아리송하게 "택함 받은 부인"이라 부르는, 또 다른 교회에 편지를 쓴다. 서신 말미에서는 자신이 속한 교회를 "택함 받은 자매"라 부른다. 우리는 이 교회들에 대해 아는 바가 없지만, 하나는 에베소에 다른 하나는 그 가까이 있거나 멀리 떨어진 한 도시에 있었을 가능성이 있다. 어쩌면 에베소 안에 있던 두 교회일 수도 있다. 당시 에베소의 인구는 수만 명 혹은 그보다 훨씬 많았던 것으로 보이므로, 서로 좀 떨어진 곳에 10-20명으로 이루어진 두 개 이상의 교회가 있었을 것이다. 그가 왜 그들을 이런 식으로 지칭했는지는 추측밖에 할 수 없지만, 가장 그럴 듯한 것은 이것이다. 위험한 상황이었으므로 편지의 서두와 말미를 가족 간의 평범한 편지로 보이게 할수록 그와 독자들이 더 안전했을 것이다.

그러나 이 서신의 초반부에서 말하는 논지는, 그가 이 다른 교회의 활력 징후 곧 생명의 표지를 보았다는 것이다. 그는 "진리 안에서 걷는 사람들이 그대의 자녀 중에 있음을 보고" 기뻐했다(4절). 실제로 이는 이 짧은 서신 첫 부분의 주요 주제다. 서론에 해당하는 세 절에서도 '진리'를 네 번 정도 언급하며 그것을 분명히 한다.

그러나 (본디오 빌라도가 예수님께 했던 유명한 질문처럼) '진리'란 무엇인가? 요한이 보기에 그것은 아주 단순하면서 아주 심오하다. 어떤 면에서 '진리'는 그저 '아버지 하나님의 온전한 계시이신 *메시아 예수'를 의미한다. 다른 모든 것이 거기서 나온다. 그러나 '다른 모든 것'이 우리를 온갖 영역으로 데려다준다. 이미 이 몇 구절에서 우리는 요한이 진리 안에서 사랑하는 것, 진리를 아는 것, 우리 안에 머물고 우리와 함께 있는 진리, 진리와 사랑 안에서 우리와 함께 있는 하나님의 은혜와 자비와 평화에 대해 말하는 것을 본다. 그런 다음 그는 그 다른 교회의 구성원 몇몇에게서 핵심적 '생명의 표지'를 발견한다. 그들은 "진리 안에서 걷는" 이들, 진리에 따라 행하는 이들이었다.

요한에게 진리는, 생각과 상상의 영역에서부터 실제 삶의 모든 부분에 이르기까지 온전하고 완전한 인간 삶과 관련 있는 것인 듯하다. 그는 창조주 하나님이 메시아 예수 안에서 이 진리가 어떤 형태인지 드러내셨다고 믿는다. 또 그분이 세상의 모든 허위, 인간과 세상을 왜곡하고 훼손하는 모든 거짓을 처리하심으로써, 행동하는 진리와 마음속에 자리 잡은 진리와 실제 삶에서의 진리를 재발견할 수 있게 하셨다고 믿는다. 진리는 온전함(integrity)과 관련 있다. 그리고 온전함은 온 세상을 구속하시려는 하나님의 목적, 새로운 창조 세계에 대한 하나님의 계획과 관련 있다.

그렇다면 진리는, 현실에 맞는 것들을 말하는, 즉 실제로 날이 그럴 때 "오늘 날씨가 추위"라고 말하는 그런 게 아니다. 그것은 표면적 진실일 뿐이다. 요한이 보기에 진리는 깊이 들어가고 널리 퍼지는 것이다. 그 일은, 메시아 안에서 구속받고 *성령으로 새로워진 인간들이 온 우주 만물을 새롭게 하시려는 하나님의 계획에 부합하게 생각하고 말하고 행동할 때 일어난다. 그리고 실제로 사람들이 어떤 부름을 받았든 부름받은 대로 그 새롭게 하심에 기여할 때 일어난다.

그러므로 이와는 반대로, 비진리(거짓을 말하는 것)는 사람들이 구속받지 못한 현 세상이 존재하는 전부인 것처럼, 마치 '현 상태'가 '바람직한 상태'의 모양과 틀을 정하는 것처럼 생각하고 말하고 행동할 때 생겨난다. 이 서신의 뒷부분에서는 이를 기반으로, 사기꾼은 현실에 대한 모든 인식과 세상 안에서의 모든 행동을 규정하는 그 위대한 새로운 진리를 부인한다는 말을 할 것이다.

예수님의 *복음 안에서 드러난 그 위대한 '진리'는, 하나님의 강력한 구속의 사랑이 우주를 움직이는 원동력이라고 말한다. 그러므로 그 진리를 발견한 이들 혹은 그 진리에 의해 발견된 이들은, 그 사랑이 자신들을 통해 다른 동료 그리스도인들과 주변 세상으로 흘러가도록 하는 법을 배워야 한다. 이것이 예수님과 초기 그리스도인 저자들이 연달아 강조한, 다름 아닌 '계명'이다. 중요한 것은 사랑이다. 교회가 자자손손 이 사랑을 충분히 이해하고 이 사랑으로 삶이 변화되면 얼마나 좋을까. 세계 곳곳에서 여전히 이런 일이 일어나고 있음에 하나님께 감사하라. 그러나 부디 그런 일이 더 대대적으로 일어나기를.

사랑은 다른 모든 일이 해결될 때 더하면 되는 추가 선택항이 아니다. 사랑은 건강한 유기체 속에서 순환하는 혈액처럼 계속 돌고 도는 것이며, 왕성한 호흡처럼 내쉬고 들이마시는 것이다. 실제로 이곳에서든 다른 곳에서든 요한의 글이 의도한 바가 그것이다. 숨을 내쉬며 기억하라. 계명은 우리가 서로 사랑해야 한다는 것이다(5절). 숨을 들이마시며 기억하라. 사랑은 계명을 지키는 것을 의미한다(6절상). 그 아래 또 다른 계명이 있다. 사랑에 따라 살아가야 한다는 것이다(6절하)! 그는 이에 대해 충분히 말할 수 없었다. 그래서 우리는 충분히 들을 수 없다. 이 짧은 서신들은 대수롭지 않을지도 모르고, 잘 알려진 다른 서신들에 비해 그다지 주의를 끌지 못할수도 있다. 그러나 똑같은 폭발적 감동을 전한다.

요한이서 7–13절
속지 마십시오!

> ⁷알다시피, 숱한 사기꾼이 세상으로 들어갔습니다. 그들은 메시아 예수께서 육체로 오셨음을 인정하지 않는 사람들입니다. 그런 사람은 사기꾼, 곧 메시아의 대적입니다! ⁸스스로 주의하여, 우리가 수고한 것을 여러분이 잃지 않고 온전한 상을 받도록 하십시오.
>
> ⁹자기 마음대로 밖으로 나가, 메시아의 가르침에 머물지 않는 사람에게는 하나님이 없습니다. 그 가르침 안에 머무는 사람, 그런 사람에게 아버지와 아들이 있습니다. ¹⁰누구든 여러분에게 가면서 이 가르침을 가져가지 않는다면, 그들을 집 안으로 맞아들이지 마십시오. 그들에게 인사도 하지 마십시오. ¹¹그런 사람에게 인사하는 사람은 그들의 사악한 행실에 동참하는 것입니다.
>
> ¹²여러분에게 쓸 것은 많지만, 펜과 잉크로 쓰고 싶지 않았습니다. 오히려 나는 여러분에게 가서 얼굴을 마주하며 이야기하고 싶

> 습니다. 그러면 우리의 기쁨이 온전해질 것입니다.
> ¹³그대의 '택함 받은 자매'의 자녀들이 그대에게 문안합니다.

나는 비틀즈의 노래를 인용하려 했다. 그런데 단 한 줄 인용하는 데도 상당한 돈을 지불해야 한다는 사실이 떠올랐다. 그 노래는 필요한 것은 오직 사랑뿐이라고 선언하는, 제법 유명한 노래다. 사랑이 중요하며 돈은 중요하지 않다고 말하는 노래를 인용하는 데 엄청나게 많은 돈을 지불해야 한다는 것은, 말할 것도 없이 아이러니다.

그 아이러니가 지난 40-50년 동안 서구 문화 전반의 분위기와 철학에서 떠나지 않았다. "전쟁하지 말고 사랑하라"는 것은 베트남 전쟁에 항의했던 이들의 구호였다. 사랑이 나쁜 것이라고 말할 사람은 아무도 없을 것이다. 물론 우리 모두가 서로 사랑하고 더 이상 싸우지 않는 데 동의한다면 삶은 더 단순해지고 나아질 것이다. 그러나 사랑이 전쟁보다 낫다는 주장에는, 서구 정부들과 생활 방식에 대한 미움이 담겨 있다. 쉽게 또 다른 형태의 폭력을 낳는 증오가 담겨 있다. 사랑이라는 것에 어떤 일이 일어난 것인가?

물론 문제는, 오늘날 우리의 언어에서 '사랑'은 너무나 많은 것을 덮어 버린다는 것이다. 물론 베드로가 말하듯이, "사랑은 숱한 죄를 덮[는다]"(벧전 4:8, 잠 10:12 인용). 그러나 신약 성경 전체에 나오는 사랑, 특히 예수님의 가르침에 나오는 '사랑'은, 슬프게도 오늘날의 사랑에 담긴 주요 의미와 전혀 같지 않다.

오늘날 '사랑'은 대개 '관용'을 의미하는 것으로 여겨진다. 우리는 어떤 것도 주장해서는 안 되며, 다르게 행동하는 다른 사람을 항상 '사랑'해야 한다. 어떤 것도 잘못되었다고 말해서는 안 된다. 그것은 잘못된 행동을 할 뿐 아니라 그것이 옳은 행동이라고 주장하는 사람을 '사랑하지 않는' 것이다. 또한 **이러한** 행동이 '옳다'고 말해서는 안 될 뿐 아니라, 그것이 **유일하게** '옳은' 삶의 방식이라고 해서는 더더욱 안 된다. 그것은 아주 '너그럽지 못하고', 아주 '교만하고', 아주 '사랑이 없는' 것이다. 지금 우리 문화가 대체로 이런 입장이다. 이런 견해는 아주 강고해서, 어떤 그리스도인이 그에 도전하려 하면 그리스도인답지 못하다고 비난받는다.

그러나 저항 운동들이 그렇듯, 이런 '관용'에 대한 열의는 어느 정도까지만 확대될 수 있다. 사실 그런 견해는, 다소 입장이 확고한 사람들―여기에는 다양한 전통 신앙을 열심히 따르는 이들이 포함된다―에게 아주 '관용적이지 못한' 태도다. 그런 견해는 '관용'을 숭배하는 이교 집단의 모습을 나타낸다. 이는 현대 세속 세계의 도덕주의적 발명품으로, 기독교 용어를 빌려 전혀 다른 것을 말하는 것이다. 그 멋진 말의 이면을 보면, 그런 견해는 '교만하고', '너그럽지 못하고', 말로는 반대하는 모습을 지니고 있다. 다른 세계관들이 주장하는 바는 진지하게 다루지 않은 채, 아무 노력도 하지 않고 높은 도덕적 기준을 주장하기 때문이다.

이런 단락을 읽을 때 우리는 이 모든 것을 명심해야 한다. '관용'을 중시하는 현대의 이교는, 요한이 이 서신에서 말하는 바에 날카로운 반박을 할 것이기 때문이다. 그것은 가장 뛰어난 기독교 지성과 가슴을 가진 사람 중 하나요, 주인이신 예수님과 가장 잘 맞았던 한 사람인 요한에게 가혹한 것이다. 여기서 그는 시작부터 예상대로 '너그럽지 못한' 것 같다. 사기꾼, 메시아의 대적에게 속지 말라! 그를 따르는 이들의 속임수에 넘어가지 말라! 스스로 주의하라! 조심하지 않으면 교회를 세우는 모든 수고가 수포로 돌아갈 것이다. 겪을 고생은 다 겪고 충분한 상을 받지 못하다니(8절)!

조금 더 긴 서신인 요한일서에서처럼 여기서도 결정적 문제는 "육체로 오신" 메시아 예수에 관한 것이다. 이는 현대 세계에서도 그렇듯이 고대 세계에서도 듣기 거북한 말이어서, 사람들은 그것을 믿지 않거나 그에 따라 살지 않으려고 무엇이든 하려 했을 것이다. 요한일서에서 보았듯이, 이는 추상적이고 실제 삶과 관련 없는데도 주장해야 하는 단순한 '교리적' 요점이 아니다. 예수님 안에서 육체를 입은 하나님의 사랑은, 예수님을 따르는 이들이 몸으로 보여야 하는 하나님 사랑의 원천이요 모본이다. 이렇게 이 짧은 서신의 두 단락은 아주 밀접하게 연결된다. 이 진리를 희석하는 것은 무엇이든 그것을 '관용해서는' 안 된다.

더욱이 이 위대한 핵심 진리는, 그리스도인 *공동체에 속할 수 있는 기준선을 정해 준다. 오늘날 우리는 '너그럽게 받아들이고' '포용적'이 되려고 무진 애를 쓴다. 물론 그것은 앞에서 보았듯이 어느 정도까지만 가능하다. 비슷한 문제에 맞닥뜨렸을 때 바울이 말하듯이, 우리는 당연히 '세상 사람들'을 무례하지 않게 정중히 대해야 한다(고전 5:10, 10:27). 그러나 누가 스스로 그리스도인이라 주장하면서 이러한 핵심 가르침을 따르지 않는다면, 그들을 환영해서는 안 된다. 거리에서 인사도 나누지 말아야 한다. 사실이 그렇듯 이것이 냉혹해 보인다면, 환대는 물론 어쩌다 하는 인사도 그런 사람을 용인하는 표지로 여겨질 수 있고 실제로 보통 그렇게 여겨진다는 것을 기억해야 한다. "어쨌든, 아무개가 그들과 함께 식사한 걸 보면, 그들은 그게 그리 나쁘지 않다고 생각할 수도 있어."

집에 불이 났다고 사람들에게 소리치는 것이 '사랑 없는' 것이거나 '너그럽지 못한' 것인가? 다른 사람의 집에 들어가 불붙은 성냥을 던지는 사람을 '관용해야' 하는가? 홍수로 다리가 약해져 붕괴될지도 모르는데, 그 길로 가지 말라고 경고하는 것이 '너그럽지 못한' 일인가? 예수님 안에서 알게 된 하나님을 예배하려면, 다른 데서 내놓는 전혀 다른 신들을 동시에 예배할 수 없다고 주장하는 것이 '기독교적이지 않은' 것인가? 물론 그렇지 않다. 그런 행동은 *생명이 아니라 파멸에 이르게 한다고 경고한다면, 그것은 기독교의 자비를 보이지 못한 것인가?

물론 아니다. 그러나 당연히 우리는 우리의 특정한 편견을 드러낸 지점이 아니라 *복음의 견고한 토대 위에 서 있음을 확실히 해야 한다. 우리는 이 모든 것을 이해시켜야만 한다.

의심할 바 없이 이 도전은 어떤 사람들에게는 너무 버겁다. 또 오늘날 어디에 선을 그어야 할지 분별하기도 어렵다. 오늘날은 요한의 대적자들이 가르쳤던 것과 같은 것을 가르치는 사람들을 맞닥뜨릴 가능성은 거의 없다. 위태로운 것이 무엇인지 알아보려고 하면, 분명 화약고 역할을 하는 다른 이슈들이 있을 것이다. 또 자기 나름대로 빛에 다가가려 하는 누군가를 희생시키고, 자신은 더 의롭다고 여기며, 마땅한 수위보다 더 엄격하게 선을 그으려는 유혹은 항상 있다. 그러나 이런 위험이 있다고 해서, 이 구절들이 우리에게 의미가 없다는 뜻은 아니다. 지혜로운 사람은 알 것이다.

편지는 요한이 상세히 설명했던 그 체화된 사랑의 한 가지 흔적을 드러내며 마무리된다. 편지는 얼굴을 마주하는 인격적 만남의 대용물로는 충분하지 못하여, 그는 여기서 멈추고자 한다. 다시 함께할 날을 고대하기 때문이다. 이는 수많은 전자 통신 매체 덕에 편지조차도 옛일이 되어 버린 오늘의 우리에게, 인간다운 삶을 온전히 누리기 위해서는 신체적이며 얼굴을 마주하는 온전한 만남과 모임이 필요함을 상기시켜 준다. 오늘날 우리는 잘 생각해 보지도 않고, 진정한 인간다움의 깊은 진리를 평가절하하는 행동 양식을 받아들일 위험에 처해 있다. 요한은 이를 바로잡을 모든 기회를 잡으라고 우리에게 부드럽게 권고한다.

요한삼서

요한삼서 1-8절

하나님의 백성에 대한 환대

> ¹장로인 내가 가이오에게 보냅니다. 나는 그대를 진리 안에서 사랑합니다.
>
> ²사랑하는 이여, 나는 그대의 모든 일이 잘되기를, 그리고 그대가 영적으로 건강하듯 육체적으로도 모든 면에서 건강하기를 기도합니다. ³알다시피, 가족 가운데 몇이 도착하여 그대의 진실함을 증언했을 때, 나는 더없이 기뻐했습니다. 그대가 분명 진리 안에서 걷고 있기 때문입니다. ⁴내 자녀들이 진리 안에서 걷고 있다는 말을 듣는 것보다 내게 더 큰 기쁨을 주는 것은 아무것도 없습니다.
>
> ⁵사랑하는 이여, 그대가 다른 가족들을 위해, 특히 나그네들을 위해 모든 일을 할 때, 그대는 신실한 일을 실천하는 것입니다. ⁶이 사람들이 회중 앞에서 그대의 사랑을 증언했습니다. 그대가 하나님께 어울리는 방식으로 그들을 보내 주면 좋겠습니다. ⁷그들은 외부인의 도움을 받지 않고 그 이름을 위해 나섰습니다. ⁸우리는 마땅히 그런 사람들을 지원하여, 진리와 함께하는 동역자가 되어야 합니다.

인터넷 혁명으로 가능해진 아주 흥미롭고 재미있는 것 중 하나는, 인공위성에서 특정 나라로 특정 도시로 특정 거리로 계속 확대해 들어가서 결국 어떤 집을 보여 주는 소프트웨어다. 간혹 거리에 있는 누군가의 차나 건물 밖 익숙한 사물들까지 알아보게 해주는 사진들도 있다. 언젠가 내 딸이 그 소프트웨어로 자기 집을 찾아보았을 때, 우리는 뒤뜰에 있는 딸아이의 고양이와 하얀 얼룩까지 볼 수 있었다. 얼마 전 아내와 내가 집을 구하러 다닐 때에는, 직접 어떤 집을 보러 가기 전에 검색해 보고 발품을 덜 수 있는 아주 좋은 수단이었다.

요한의 세 서신에도 이러한 확대 기능이 있다. 첫 번째 편지는 거의 모든 교회에 보냈고, 처음부터 아마도(확실하지는 않다) 고대 터키의 서쪽 지역에 있는 상당수 교회와 관련이 있었던 것 같다. 또한 고대 세계든 현대 세계든 다른 어디에 있는 교회에도 그 편지를 가져다 적용할 수 있다. 두 번째 서신은 특정 교회에 써 보낸 것이 분명하다. 어느 교회인지는 말하지 않지만, 그는 분명 그 교회의 구성원 몇몇을 만났고, 그들이 "진리 안에서 걷[는 것]"을 기뻐할 수 있도록 지도자들에게 편지를 썼다. 이제 이 세 번째 서신은 가이오라 불리는 특정 교회 지도자에게 쓴 것이다. 슬프게도 우리는 그에 대해 다른 것은 전혀 모른다. 그가 어느 교회에 속했는지, 그가 이 짧은 편지를 받는 이유가 무엇인지 우리는 모른다. 그러나 요한이 그에게 하는 말에서 꼭 필요한 교훈 몇 가지는 배울 수 있다.

앞의 서신처럼 요한은, 누군가가 '진리 안에서 걷고' 있음을 알고 기뻐한다. 그것은 *복음 진리를 묵상하고 삶으로 드러내며 진실하게 행동했다는 뜻이다. 거기에는, 단지 올바른 교리와 겉으로 드러나는 적절한 행동만이 아니라, 하나님에 대한 사랑과 동료 신자들에 대한 사랑도 포함되어 있음을 알 수 있다. 요한이 보기에 그 사랑은, 복음의 진리를 추상적 개념이 아니라 있는 그대로, 자기 백성 가운데 역사하시는 하나님의 *생명으로 제대로 파악했다는 표지였다.

그렇다면 바로 이 사랑에서 동료 신자들을 환대하는 행동이 흘러나와야 한다. 이는 대다수 사람들이 이 새로운 운동을 기이하고, 정상적이지 않고, 사회적으로 바람직하지 않다고 '알았던' 초대교회에서 훨씬 중요했다. 그럴 만한 상황이었다면, 순회 선교사들이든 일상사로 여행하는 그리스도인들이든 숙식을 해결하기 위해 그 지역의 신자들 모임에 많이 의존했을 것이다. 그런 관행이 아주 흔했기 때문에, 이 서신이 기록되고 얼마 지나지 않아, 그런 여행자들을 위한 규율을 정리한 『열두 사도의 가르침』(*Didache*로 알려진)이라는 초기 기독교 저술이 나왔다. '사도들'은 최대 이틀을 묵을 수 있었고, 보통 그리스도인들은 최대 사흘을 묵을 수 있었다. 너그러운 사랑이 주인들이 지킬 규율이었다면, 손님들에게는 그 사랑을 오용하지 않도록 분명한 제한이 필요했다. 데살로니가전후서와 디모데전서에서 볼 수 있듯이, 교회는 서로 돌보는 의무가 게으른 무위도식자를 초대하는 것과 동일시되어서는 안 된다는 것을 분명히 해야 했다.

그러나 가이오는 매우 관대했던 것으로 보인다. 가이오를 찾아갔던 요한의 교회 사람들은 극찬의 보고서를 들고 돌아왔고, 이 서신을 쓴 이유 가운데 하나가 그에게 감사하기 위한 것인 듯하다. 이는 요한이 요한일서 3:18에서 권한 것과 같은 행동하는 사랑이다. 요한은 거기서 말만이 아니라 행동과 진실로 사랑하라고 말했다. 다른 신약 성경 구절들에서 볼 수 있듯이, 초기 그리스도인들에게 '사랑'이란 기본적으로 마음과 감정으로 하는 것이 아니었다. 그것은 삶 전체로, 특히 돈과 집을 내주는 것으로 하는 것이었다. 가이오는 그렇게 했다.

요한은 아주 명백하다. 순회 선교사들은 "그 이름을 위해", 예수님의 위대하고 강력한 이름을 위해 나갔다. 이는 곧 그들을 위험에 빠트렸고, 부분적으로 그 때문에 비그리스도인들에게 도움을 받지 않기로 했다. 예루살렘으로 갈 때의 에스라처럼(스 8:21-23), 그들은 하나님의 보호를 신뢰했고, 하나님은 그 백성들의 환대를 통해 공급하셨다. 요한은 말한다. 이것이 우리 *믿음이 일하는 방식이여야 한다고. 우리는 "진리와 함께하는 동역자"가 되어야 한다고.

요한서신에서 늘 그렇듯이, 진리는 단순히 어떤 사실이나 특질이 아니다. 그것은 사람과 공동체와 궁극적으로 세상을 변화시키는 에너지요 힘이다. 그것은 살아 있고 역동적이다. 그릇되고 사악한 세상이 다시 한 번 창조주 하나님이 명예를 얻으시고 영광을 받으시는 곳으로 변화하도록, 우리는 진리의 사역에 참여할 수 있는 특권을 얻었다. 진리의 사역에서 이러한 협력은, 식사 한 끼와 하룻밤 잠자리와 아침의 상쾌한 시작 같은 실제적인 것들로 귀결된다.

바울의 여행을 제외하면, 우리는 2세대·3세대 그리스도인 지도자, 교사, 선교사들의 이동에 대해서는 아는 바가 거의 없다. 그러나 우리가 가진 증거들을 보면, 그런 사람들이 아주 많았으며, 자주 이리저리 옮겨 다닌 것으로 보인다. 대다수 사람들이 예수에 대해 들어 보지도 못했고 예수를 따르던 이들을 이상하고 위험한 사람들로만 알았던 그들의 세상과, 기독교 신앙의 실천을 금하거나 엄격하게 제한하려 하는 나라들에서도 제도 '교회'가 아주 잘 알려진 우리 세상 사이의 엄청난 차이는 숙고해 볼 만하다.

정확히 그 차이들 때문에 우리는 초기 시절의 그들에게 배울 게 많다. 그런 1세기 선교사들과 그들을 환대한 이들(아마도 의혹을 품은 이웃들에게 질문 받았을)의 마음에서 우러난 용기와 신앙은, 예수를 따르는 일이 모험임을 상기시킨다. 새로운 일들이 일어날 것이다. 새로운 사람들이 우리 삶에 들어올 것이고, 그들이 조금 전에는 낯선 사람들이었지만, 우리는 문득 우리가 같은 가족임을 깨닫는다(5절).

실제로 아마도 그것이 이 단락의 주요 교훈인 것 같다. 만일 내가 가까운 가족의 집 현관 앞에 갑자기 나타나면, 그들은 나를 환영하고 도와줄 것이다. 교회에 대한 신약의 비전의 핵심에는 **가족**이 되었다는 의식, 형제자매가 되었다는 의식이 있다. 나는 영광스럽게도 이따금 지역 교회에서, 또 교회가 우리 문화의 과도한 개인주의를 그대로 반영하는 냉소적 서구 세계에서도 이 의식이 살아 있음을 본다. 참으로 아름다운 일이다. 그것은 요한과 가이오와 다른 사람들처럼 진리를 믿고 진리 안에서 걸어가는 것이다.

요한삼서 9-15절
권위와 본보기

> ⁹나는 회중 앞으로 몇 마디 썼습니다. 하지만 그곳에서 가장 유력한 인물이 되고 싶어 하는 디오드레베는 우리를 인정하지 않습니다. ¹⁰그러니 내가 가면, 그가 했던 일과 그가 우리를 겨냥하여 중상했던 것을 다시 거론하겠습니다. 그는 그것으로도 부족해서, 자신도 다른 가족들을 환영하지 않을 뿐만 아니라, 다른 사람들이 그렇게 하려고 할 때 막아서고, 그들을 회중 밖으로 쫓아냅니다.
>
> ¹¹사랑하는 이여, 악을 본받지 말고 선을 본받으십시오! 선을 행하는 사람은 하나님에게서 나지만, 악을 행하는 사람은 하나님을 본 적 없는 사람입니다. ¹²데메드리오는 모든 사람에게서, 또 진

> 리 자체로도 좋은 평을 얻었습니다. 우리는 이 증언에 동참하며, 그대는 우리의 증언이 참인 줄 압니다.
>
> [13]그대에게 쓸 것은 많지만, 펜과 잉크로 쓰고 싶지는 않습니다. [14]오히려 나는 하루빨리 그대를 보고, 우리가 얼굴을 마주하며 이야기 나눌 수 있기를 바랍니다.
>
> [15]그대에게 평화가 있기를 바랍니다. 모든 친구들이 그대에게 문안합니다. 모든 친구들에게 각각 이름을 부르며 문안해 주십시오.

내가 주교로 섬기며 즐기는 여러 가지 중 하나는, 한순간 국내외 이슈를 다루다가 돌연 여기 이 교회나 저기 저 모임의 사소하고 예민하고 까다로운 문제들을 다루는 데로 오가는 것이다. 간혹 어떤 한 사람과 관련한 문제를 다룰 때도 있다. 아마도 목회 사역은 늘 그런 것 같다. 머릿속에서 선명해지지는 않지만 더 넓은 교회에 엄청나게 중요한 크고 모호한 이슈들이 있고, 이런저런 작고 선명한 일들이 늘 있다.

초대교회의 다른 많은 이들과 마찬가지로, 우리는 여기서 읽은 이 단락을 빼면 디오드레베에 대해 아무것도 알지 못한다. 이편에서 들을 수 있는 전화 내용으로 상대편의 말을 재구성하려는 것처럼, 최근 신약 서신들로 '거울 읽기'(mirror-reading)를 하는 경향이 있다. 아마도 어디에선가 누군가는 디오드레베를 되살려 보려 했을 것이다. 그의 시각에서 보려고 해 보았을 것이다.

결국 요한은 다른 데서 다른 가르침을 갖고 들어오려는 사람들을 아주 조심해야 한다고 말하지 않았던가? 디오드레베는 자신이 책임 맡은 교회가 '순결하도록' 거듭 확실히 하지 않았던가? 그렇다. 어떤 사람들은 그가 손님들을 예배에 참여하지 못하게 한 것에 속상했을지도 모른다. 그러나 나이 든 요한이 늘 말했듯이, 그것은 확실하고 견고하게 "진리 안에서 걷[기]" 위해 치러야 할 대가가 아니었던가? 디오드레베가 늘 세상의 이목을 추구했다는 것에 대해서라면, 누군가는 그들을 이끌어가야 하고 작은 그룹에는 지적이거나 말의 은사를 가진 사람이 많지 않으므로 그에게 책임이 주어진 것 같다. 어느 경우든 (그와 그의 친구들이 하는 말을 상상해 볼 수 있다), 요한은 이제 나이가 많이 들었으므로, 다른 사람들이 하는 일을 관리하려 들지 말아야 한다. 이런저런 일들에 대해 편지 쓰는 것은 좋지만, 그가 이곳에 있었다면 상황이 쉽지 않음을 알게 될 것이다.

디오드레베가 등장하는 그럴듯한 시나리오를 그려 보는 일은 아주 쉽다. 빛나는 성자는 아니더라도 적어도 못된 악한이라기보다는, 이 구절들에서 유추해 볼 수 있는 사람으로. 그를 속속들이 파헤쳐 보려 해도, 우리는 이 서신이 말하는 정도만 들을 수 있을 뿐이다.

사실 어떤 논쟁이든 문제의 일부는, 한편이 완벽하게 전적으로 옳고 다른 한편이 완벽하게 전적으로 틀린 경우가 거의 없다는 것이다. 손바닥도 마주쳐야 소리가 난다고들 한다. 그러나 실제로 항상 그렇지는 않다. 실제로 불량배들이 있고, 그들이 하는 가장 해로운 일은 피해자들이 자기 탓을 하게 하는 것이다. 어쨌든 판단을 해야 하고, 결단해야 한다. 모든 사람이 다 그 결론을 좋아하지는 않을 것이다.

실제로 교회를 감독하고 돌보도록 하나님께 위임받은 이들은 어려울 때도 그런 사역을 해야 한다. 그들은 그것에 대해 하나님께 설명해야 할 것이다. 요한은 그가 보고 들을 것이 무엇인지 안다. 육체를 입으신 하나님의 *말씀을 만나고 알고 사랑하는 것이 무슨 의미인지 안다. 그것을 알기에 그는 아주 겸손해져서 사랑, 하나님이 보여 주신 것과 같은 사랑이 무엇보다 중요함을 깊이 확신했다. 고압적이라 비난받던 모세처럼, 그는 사실 아주 온유한 사람이다. 그것이 그의 목회 비결이다. 이 세 서신의 행간에서 그것을 느낄 수 있다. 일부 지역 교회의 독립심 강한 몇몇 지도자는, 그 *메시지든 요한이 독특하고 중요한 사역을 위해 선택받고 준비되었다는 사실이든 떠올리기 싫어했을지도 모르지만, 해야 할 말을 해야 했다. 그는 그 말을 한다.

요한은 가이오에게 디오드레베에 대해 경고한다. 디오드레베는 복음서에서 야고보와 요한이 그러고 싶어 했던 것처럼 사람들 앞에 돋보이기를 좋아한다. 고린도 교인들이 자신들에게 다시 오고 싶으면 추천서를 갖고 와야 한다고 그 교회의 설립자 바울에게 알렸을 때 그랬던 것처럼, 그는 영향력 행사를 좋아한다. 그는 뒤에서 요한을 중상했다. 또 진실한 동료 그리스도인들을 교회로 환영하려 하지 않았고, 그들을 데려오려 했던 이들을 매몰차게 혹은 폭력적으로 대했다. 슬프게도 우리들 대다수는 그런 사람들을 안다. 이것이 디오드레베의 말에 맞선 요한의 말이라면, 나는 누구의 말이 더 믿을 만한지 안다.

이 시나리오에서 우리가 모르는 또 다른 것은, 가이오와 디오드레베가 어떤 관계인지다. 요한은 왜, 디오드레베가 책임을 맡거나 맡으려는 교회에 가면 해야 할 말을 가이오에게 알리며 경고하는가? 짐작하건대, 가이오가 그 교회에 속해 있거나 그 인근에 있었기 때문에 그것을 알아야 했을 것이다. 어느 쪽이든 행복한 그림은 아니다. 할 수 있는 말은 이것뿐이다. 너무 '점잖아서'(달리 말하면, 소심하거나 쑥스러워서) 문제에 대면하지 못하여, 결국 문제들이 점점 악화되어 사람들이 지긋지긋해하는 교회들이 있다. 요한은 그런 비겁한 노선으로 가지 않으려 한다. 그는 할 수 있다면 문제의 싹을 자르겠다고 단단히 마음먹는다.

그는 데메드리오라는 또 다른 사람과 분명하게 대비된다. 데메드리오는 가이오에게 이 편지를 갖고 가는 사람이 거의 확실하다. 그래서 공식적 소개가 필요하다(이를테면, 롬 16:1-2의 뵈뵈처럼). 그는 아무 문제도 없다. 요한은 그를 아주 높이 평가한다. 다른 모든 사람도 그렇다. 그래서 그는 "진리 자체로도"(12절)도 그런 평판을 얻었다고 말한다. 다시 말하면, 데메드리오는 '복음의 진리'가 그의 생각, 믿음, 행동, 전 인격의 혈류 속으로 들어간 사람이다. 그에게는 그를 보는 모든 사람이 알아볼 수 있는 진실성이 있다. 요한은 복음서의 이야기에서처럼(요 19:35, 21:24), "그대는 우리의 증언이 참인 줄 압니다"라고 언급하며 다른 이들의 증언에 자신의 증언을 더한다. 신뢰성의 최고 지표는, 맹세를 쌓아 올리는 것이 아니라 철저한 진실성(integrity)을 지닌 삶의 힘이다. 요한은 데메드리오나 어떤 것이나 어떤 사람에 대해서도 거짓말을 하지 않을 것이다.

앞의 짧은 편지처럼, 이 편지도 얼굴을 마주한 대화를 선호한다는 말로 갑자기 중단된다. 분명 그것은 서신들에서 일반적으로 쓰는 말이다. 그러나 분명 진실로 그의 마음이기도 했다. 사랑하는 사람, 그리고 온전한 인격을 통해 빛나는 진리가 요한에게는 그들만큼 중요한 까닭에, 요한은 시각, 청각, 촉각, 후각(고대인들은 우리보다 이에 대해 더 잘 알았다)까지 제 역할을 다 하는 충만한 인간관계가 아니라면 무엇에도 만족하지 않을 것이다.

마무리 인사에서 '가족' 대신 '친구들'을 언급하는 이유는 무엇인가? 답하기가 어렵다. 아마도 이 편지에도 역시 비밀 유지의 요소가 있었을 것 같다. 아마도 요한은 이 편지를 대충 본 사람은 그저 일반적 편지로 생각하기를 바란 것 같다. 물론 이 편지는 그런 것이 아니다. 비록 성경에서 가장 짧은 책이지만(요한이서는 245개의 단어로, 요한삼서는 219개의 단어로 되어 있다), 놀랍게도 '예수'라는 이름이 이 편지 어디에도 없지만(7절에서 "그 이름"을 언급하기는 하지만), 예수의 *영이 오래된 동류처럼 강하게 숨 쉬고 있다. 마무리하는 구절이 흔히 그렇듯이 이 절은 "평화"를 말한다. 이는 문제를 무시하는 데서 오는 쉬운 평화가 아니다. 하나님이 지금 예수님 안에서 진리와 사랑이라는 두 팔로 교회와 세상을 안고 계심을 알고 문제를 대면하는 데서 오는 더 깊은 평화다.

유다서

유다서 1-4절

믿음을 위한 싸움

> ¹메시아 예수의 종이요 야고보의 형제인 유다가, 부름받은 사람들, 곧 하나님께서 사랑하시고 메시아 예수께서 안전하게 지켜 주시는 사람들에게 보냅니다! ²자비와 평화와 사랑이 여러분에게 풍성하기를 바랍니다.
>
> ³사랑하는 이들이여, 나는 우리가 함께 누리는 구출에 대해 여러분에게 쓰려고 최선을 다하고 있었습니다. 그러나 하나님의 백성에게 단번에 주어진 믿음을 위해 힘껏 싸우라고 여러분에게 당부하는 편지를 써야 할 필요를 깨달았습니다. ⁴어떤 사람들이 여러분 가운데 몰래 들어온 것 같습니다. 그들은 이러한 판결을 받도록 오래전에 기록되었는데, 곧 하나님의 은혜를 방탕으로 변질시키고, 한 분이시고 유일한 주인이신 우리 주 메시아 예수를 부인하는 경건하지 않은 사람들이라는 판결입니다.

10대부터 20대 초반까지 내가 열중했던 한 가지는 암벽 등반이었다. 나는 두려움이 전혀 없는 등반가라고 말하지는 못한다. 위험을 고려하면서 내 능력을 지나치게 넘어서는 일은 시도하지 않았다. 그러나 도전을 즐겼고, 위나 아래나 암석밖에 없는 곳을 반쯤 올라 20여 분간 다음 발 디딜 곳을 찾으며 흥분했던 행복한 기억이 많다.

어쨌든 나는 고소공포증은 없었다. 거대한 절벽 끝에 서서 떨지 않고 아래를 내려다볼 수 있다. 대성당의 탑에 올라가 난간 너머로 한

참 아래 있는 사람들을 내려다볼 수 있다. 내가 뉴욕에 갔던 그 시기에는 고층 빌딩이 관광 명소였다. 수백 미터 아래를 내려다보는 것도 아무 문제 없었고, 소위 '높이에 약한' 이들에게 잘난 척하듯 안타까움을 느꼈다.

그러니 중년이 된 후, 암벽이나 겨우 좁은 산길에 맞닥뜨려 불안을 느꼈을 때, 내가 얼마나 원통했을지 상상해 보라. 나는 그때를 거의 정확하게 기억할 수 있다. 스위스로 가족 여행을 갔을 때였는데, 아들은 한쪽은 가파른 벽이고 다른 한쪽은 가파른 비탈에 폭이 60-90센티미터 가량이었던 길을 즐겁게 걷고 있는데, 나는 완전히 바보가 된 것처럼 필사적으로 벽을 끌어안고 싶었다. 또 어떤 때는 현기증을 심하게 느껴 기절할 것 같았다. 이 모든 일은 때가 되면 안경을 써야 하고, 그래서 바로바로 균형을 잡을 수 없게 되는 것과 관련이 있을지 모른다. 그러나 순수함, 자발성, 편안함, 즐거움을 다 잃은 느낌이었다.

유다서에 다가갈 때 나는 그런 느낌이 든다.

[다른 인물들도 종종 그렇듯이, 우리는 유다가 누구인지 확신하지 못한다. 그는 자신을 "야고보의 형제"라 밝힌다. 이는 예수님의 동생 야고보를 의미하는 듯하다. 마가복음 6:3에 언급된 동생들 중에 '유다'가 있다. 그러나 아마도 30여 년쯤 전에 예수님과 헤어졌으므로, 자신을 표현할 때 여전히 살아 있거나 아니면 최근에 죽은 그 지도자의 형제라 말하는 것이 더 자연스러워 보인다. 어쨌든, 그는 자신을 "예수의 종"이라 부른다. 그 자신도 마리아의 아들이었음에도 불구하고, 감히 자신을 예수의 형제로 묘사하지 않는다. 그를 같은 이름을 지닌 다른 두 사람, 즉 예수님의 조상인 족장 유다와 가룟 유다와 구별하기 위해 'Jude'(대다수 영어 성경에서 유다서는 Judah가 아닌

Jude로 되어 있다―역주)라 칭하는 경향이 있는 것은 흥미롭지 않은가? 그렇게 한 이유가 무엇일까? 그의 이름은 왕가의 옛 이름이므로 나는 그가 그 이름을 간직하기 바란다.]

앞에서 말했듯이, 이 서신을 읽을 때 나는 순수함을 잃은 느낌이 있다. 내 생각에, 우리는 *복음을 진전시킬 수 있기를, 복음을 설명하고 해설할 수 있기를, *메시아 예수 안에서 하나님이 영광스럽게 이루신 일을 말할 수 있기를, 사람들이 분명하고 강력한 증언을 하고 *믿음과 소망과 사랑의 삶을 살도록 격려할 수 있기를 바란다. 그것은 아주 신나는 임무다. 그러나 유다의 표현에서 우리는 분위기가 달라진 것을 감지한다. 뭔가 잘못되었다. 쉬워 보이던 것이 이제 어둡고 어려워 보인다.

유다 역시 그것을 감지한 듯 보인다. 그는 "우리가 공유한 구원"에 대해 쓰려 했다고 말한다. 그것은 메시아 예수 안에서 하나님이 우리를 구원하신 것, 모든 그리스도인 교사들이 송축하고 싶어 하는 위대한 구원 행위를 말한다. 그러나 그는 그 계획을 보류해야 했다. 기본적으로 전혀 다른 *메시지를 가르치는 사람들이 교회에 침투해 들어왔기 때문이다. 게다가 과거 수세기의 교회 경험이 없는 평범한 그리스도인들은 아주 취약한 상태다. 새로운 가르침이 흥미진진하고 재미있게 들린다면 한번 시도해 보면 어떤가?

유다는 그래서는 안 된다고 말한다. 등반용 로프를 매야 할 때라고 말한다. 이 암벽은 위험하고 어렵다. "하나님의 백성에게 단번에 주어진 믿음을 위해 힘껏 싸[워야]" 할 때다. 기독교 신앙과 실천의 핵심부가 직접 공격받고 있다. 복음의 진리에 붙잡힌 사람들이 그것을 지키는 데 최선을 다하지 않는다면, 다른 방향으로 가는 이들이 많은 사람들을 그들 편으로 만들 것이다. 당신은 이전에는 기독교 가르침이라는 높은 암벽을 오를 수 있었을지 모른다. 그러나 지금은 더 위험해 보인다. 사람들이 현기증을 느끼며 어지러워하고 있다. 대비책을 마련해야 한다.

그래서 유다는 서두의 인사에서도 메시아 예수가 그분의 백성들을 안전하게 지키실 것이라 말하는 듯하다. 그분이 그들을 지키신다. 이는 예수님의 현재 사역 가운데 하나다. 그분은 아버지 앞에서 자기 백성을 위해 간구하고 계시다(롬 8:34을 보라). 그러나 언제나 그렇듯 하나님이 즐겨 사용하시는 방식은, 그분의 일을 진척시키도록 사람들을 부르시고 구비하셔서, **그들을 통해** 하시는 것이다. 또 예수님이 그 백성을 지키시는 방식은, 특히 기도하는 인정받은 교사들이 그들을 격려하고 그들에게 경고하고 그들을 위해 더 큰 그림을 그려서, 그 백성이 자신들에게 일어나는 혼란스러운 일들을 그 그림 안에서 이해할 수 있도록 하는 것이다. 유다가 지금 하고 있는 것이 그 일이다.

그는 지금 교회가 직면한 두 가지 위험에 대해 분명하고 명쾌하게 말한다. 그것은 이 편지가 매우 시의적임을 깨닫지 못하면 거의 들을 수 없는 위험이다. 한편으로, 사람들은 "하나님의 은혜를 방탕으로 변질시키고" 있다. 다른 한편으로는, "유일한 주인이신 우리 주 메시아 예수를 부인"하고 있다.

오늘날 하나님이 모든 사람을 있는 그대로 사랑하신다고 말하는 사람들을 찾아보라. 하나님은 자비가 풍성하시므로 분명 그들이 하고 싶은 대로 하기를 원하시기 때문에, 사람들은 모두 하고 싶은 대로 다 하면서 정확히 지금 그대로 가만히 있어야 한다고 말하는 사람들을 찾아보라. 그런 사람들이 바로 유다가 말하는 사람들이다. 오늘날 예수님이 다른 여러 종교 교사 중 하나라고, 다른 여러 *구원의 길 중 하나라고 말하는 사람들을 찾아보라. 예수님의 길로만 오를 수 있는 그 산에 다른 여러 길이 분명히 있을 거라고 말하는 사람들, 배타적 주장을 하지 않거나 오만해지지 않는 게 중요하다고 말하는 사람들을 찾아보라. 그런 사람들이 바로 유다가 말하는 사람들이다.

이는 물론 초대교회의 문제였다. 바울은 그의 서신들에서, 특히 로마서 6장과 갈라디아서 5장에서 "값싼 은혜"의 문제를 여러 차례 다룬다. 그러나 유다는 이런 것들이 더 이상, 다른 논쟁의 한쪽 측면에서 다룰 만한 부차적 위험이 아님을 안다. 사람들은 이런 것들만 가르치는 교회로 들어간다. 해야 할 대응은 직접 맞서는 것뿐이다.

앞에서 말했듯이, 교사의 과제 중 하나는 어리둥절해하거나 걱정하는 그리스도인들에게 큰 그림을 그려 주어, 자신이 어디에 있으며 일이 어떻게 진행되는지 그 안에서 이해할 수 있도록 해주는 것이다. 우리는 길을 잃었다고 느낄지 모르지만, 누군가 우리에게 지도를 보여 주며 우리가 어디에 있는지 지적해 준다면, 우리는 위치를 파악하고 안개를 지나 안전한 길로 나아갈 방법을 찾을 수 있다. 그래서 유다가 결심한 일은 그 길을 보여 주는 더 큰 그림을 그리는 것이다. 하나님의 백성은 항상 하나님의 길을 따르려고 분투하지만, 언제 어디서든 어떤 사람들은 그들을 옳은 궤도에서 벗어나게 만들려 한다. 이것은 이상하거나 기이한 일이 아니다. 당신이 어디에선가 방향을 잘못 틀었다는 의미가 아니다. 단지 하나님의 백성이 예상해야 하는 전형적 분투를 경험하고 있을 뿐이다. 큰 그림을 볼 준비를 하라. 보기 좋은 광경은 아니지만, 균형을 잡고 안전한 곳으로 가는 길을 찾고자 한다면 그 그림을 이해해야 한다.

유다서 5-16절

거짓 선생들

⁵여러분이 모든 것을 잘 알고 있지만, 내가 여러분에게 일깨우고 싶은 것이 있습니다. 주께서 자기 백성을 단번에 이집트 땅에서 구해 내신 후, 믿지 않는 사람들을 멸하셨습니다. ⁶마찬가지로, 그분은 일부 천사들이 자신에게 주어진 권위에 합당한 자리를 지키지 않고 자기 거처를 버렸을 때, 그들을 어둠의 상태에 가두고 영원한 사슬로 묶어 큰 날의 심판을 기다리게 하셨습니다. ⁷비슷한 방식으로, 극도의 부도덕 속에 살면서 비정상적 육욕을 추구했던 소돔 및 고모라와 그 주변의 성들은 끝없는 불의 심판을 받아, 우리 앞에 본보기로 놓여 있습니다.

⁸그런데 이 사람들도 그들과 똑같이 행동하고 있습니다! 그들은 육체를 더럽히고 권위를 거부하고 영광스러운 존재들을 저주할 방법을 꿈꾸고 있습니다. ⁹대천사 미가엘도 모세의 몸을 두고 마귀와 논쟁할 때, 주제넘게 마귀에게 모독죄를 씌우지 않고, 다만 "주께서 너를 꾸짖으신다"고 말했습니다. ¹⁰그런데 이 사람들은 자신들이 알지 못하는 것은 무엇이든 저주합니다. 그들은 말 못하는 짐승 같아서, 본능적으로 몇 가지 일들을 이해하지만, 바로 그 일들이 그들을 파멸시킵니다. ¹¹그들에게 저주가 임할 것입니다! 그들은 가인의 길로 나아갔습니다. 그들은 돈 때문에 스스로 발람의 속이는 길로 넘어가 버렸습니다. 그들은 고라의 반역을 따르다 파멸했습니다. ¹²이들은 여러분의 사랑의 만찬을 더럽히는 자들이

고, 단지 자신들의 필요를 채우려고 감히 겁도 없이 여러분의 식탁에 참여합니다. 그들은 바람에 따라 떠도는 물기조차 없는 구름입니다. 그들은 두 번 죽어 뿌리째 뽑힌 열매 없는 가을 나무입니다. ¹³그들은 수치스러운 행실을 흩뿌리는 소란한 바다 물결입니다. 그들은 방황하는 별들이고, 가장 깊은 곳의 영원한 어둠이 특별히 그들을 위해 마련되어 있습니다.

¹⁴아담의 칠대 후손인 에녹이 이런 사람들에 대해 예언했습니다. "보라! 주께서 자신의 거룩한 이들 일만을 거느리고 오셔서 ¹⁵모든 사람을 심판하시고, 또한 온갖 사람이 경건하지 않은 일을 행하며 저지른 온갖 경건하지 않은 방식에 대해서와 경건하지 않은 죄인들이 그분께 대항하여 내뱉은 온갖 무례한 말에 대해서 고발하신다." ¹⁶이 사람들은 자기 욕망을 따르면서 늘 불평과 불만을 지껄이고 있습니다. 이익을 얻으려고 사람들에게 아부하면서 입으로는 거만한 말들을 쏟아 냅니다.

최근 역사에서 절대적이고 복합적이고 다방면의 사악함을 보여 준 가장 놀라운 예는 단연코 나치 정권이다. 나치 정권은 아돌프 히틀러의 주도 아래, 6년간 격렬하고 희생이 큰 전쟁을 일으켰고 유대인 대학살을 시행했다. 이 모든 일은 거대하고 복합적인 지진처럼 사회적·정치적으로 엄청난 영향을 미쳤고, 그 여진이 여전히 느껴진다.

전후에 태어나 나치의 잔혹한 행위의 이야기를 들으며 성장한 우리로서는, 영국과 미국을 비롯한 다른 나라 사람들이 어떤 일이 일어나고 있었는지 전혀 알아채지 못했다는 것을 이해하기 어렵다. 그들은 사람이 그렇게 철저히 악마같이 사악할 수 있다는 사실을 믿지 않으려 했다.

반대로 히틀러가 독일을 회복시키고 1920년대의 끔찍한 경험들 이후 국민적 자부심을 불어넣은 방식을 칭송하는 사람도 많았다. 영국의 총리 네빌 체임벌린(Neville Chamberlain)은 전쟁 직전에 히틀러를 만나 그들이 이룬 멋진 합의에 대해 말했다. 윈저의 공작과 공작 부인은 혹 독일이 전쟁에서 이긴다면 자신들이 왕과 여왕으로 영국에 돌아갈 수 있으리라 희망했던 것 같다. 미국이 진주만에서 동맹군 편에 서기 전에, 전쟁에 참전한다면 독일 편이어야 한다고 생각했던 사람들이 미국에는 많았다. 사람들은 상황이 실제로 그렇게 나쁘다는 것을 믿지 못했다. 독일에서 유대인 박해에 대한 이야기가 흘러나왔지만, 많은 사람들이 그것을 믿지 않았거나 정치적 효과를 노리고 이야기를 과장한다고 말했다. 마침내 해방군이 죽음의 수용소에 이르렀을 때에야, 끔찍한 진실이 드러났다. 서서히 유럽이 몸서리치며 전후의 숨을 깊이 내쉬면서 혐오감이 파도처럼 서구 세계를 휩쓸었고, 불과 몇 년 사이에 전체적인 도덕적 조망이 바뀌었다. 사람들이 그런 잔혹 행위를 보고 나서야 실제로 얼마나 끔찍한 우상숭배적 국수주의와 인종차별주의가 있는지 깨달았다는 것은 수치였다.

유다서 5-16절을 읽을 때—내가 이 절들을 긴 한 단락으로 묶은 이유는 곧 분명해질 것이다—우리의 딜레마 중 하나는, 상황이 그가 이해한 것만큼 그렇게 나쁠 수 있다는 것 혹은 또다시 그럴 수 있다는 것을 믿기가 정말 어렵다는 것이다. 우리는 사람들이 나치가 한 일들에 대한 이야기를 들을 때처럼, 이런 단락을 듣고는 이렇게 생각한다. '아마 문제가 있긴 있었을 거야. 그런데 그것에 대해 이렇게까지 길게 이야기할 필요가 있나? 조금 강박적인 것 아닌가? 별로 좋아하지 않는 사람들을 마귀로 묘사한 것은 아닌가? 그들이 정말 그렇게 악할 수 있을까?' 또 위험한 반응은 당연히, 유다가 교회에 닥친 엄청난 위험이라 인식한 그것에서 우리가 거리를 두는 것이다. 그것은 길에 있는 거대한 구덩이처럼 작은 공동체 앞에 놓여 있다. 조심하지 않으면 발을 헛디뎌 불행한 결말에 이를 수 있다.

이 단락에서 우리가 겪는 또 다른 어려움은, 숨이 멎는 듯한 속도로 온갖 (우리에게) 불쾌한 성경 이야기와 다른 이야기들을 언급한다는 것이다. 이것은 그 안에서 현재의 위협을 생각하도록 유다가 그리는 큰 그림이다. 그는 말한다. "보라! 이런 일은 항상 일어나고 있었다! 다시 이런 일이 일어난다 해도 놀라지 말라!" 이 요지를 느끼기 위해서는 마음을 느긋하게 먹고 이 다양한 이야기들의 위력을 기억해야 한다.

첫 단락(5-7절)은, 하나님이 그분의 길을 저버렸다고 여기신 이들을 심판하시어 유죄 판결을 내리실 수 있고 내리신 것을 상기시킨다. 그 일은 *출애굽 때 애굽에서 나온 이들 일부에게 일어났다(5절). 또한, 성경이 아니라 이후 유대 전통에서 나온 이야기이기는 하지만, 그 일은 하나님이 정해 주신 다양한 계급과 의무에 반항한 천사들에게도 일어났다(6절). 또 창세기의 더 잘 알려진 이야기에 나오는 소돔과 고모라 성에도 일어났다. 이들이 뜻밖의 방문객들을 성적 노리개로 이용하려 했던 모습은(창 19장) 분명 그들의 평소 생활을 상징적으로 보여 주는 것이었다. 그들에게 임한 끔찍한 처벌이 다른 역겨운 죄인들에게 닥칠 운명을 상징적으로 보여 주듯이(7절).

유다는 이 모든 이야기가 널리 알려져 있다고 말한다. 그러나 두 번째 단락(8-13절)의 요지는, 그가 지금 염려하는 사람들이 그런 이야기들을 그저 무시하고 있다는 것이다! 이 지점에서 현대 교회에 속한 우리는 약간 부끄러울 것이다. 우리 역시 그것들을 무시하기 때문이다. 그러나 우리가 이런 교사들이 했던 정도까지 그것들을 무시하지 않기 바란다. 유다는 앞의 4절에서 그들의 핵심적 악행 둘을 언급했다. 곧, 하나님의 은혜를 방탕에 대한 구실로 취급하고 예수님을 부인한 것이다. 여기서 그는 세 가지 목록을 제시하는데, 첫째는 앞의 둘 중 전자와 관련 있다. 그들은 몸을 더럽혔다. 그들은 권위를 거부했다. 그들은 영광스러운 존재들(하나님 권위를 부여받은 천사들)을 저주했다.

이 세 가지 혐의는 우리와는 멀어 보인다. 오늘날 대다수 사람들은 천사들을 무시하거나, 귀엽고 막연히 종교적이고 기분 좋은 상징으로 여긴다. 그러나 유다에게 천사들은 실재하는 영향력 있는 존재였다. 이 교사들이 그랬던 것처럼 가볍게 여겨서는 안 되었다. 그는 성경 스가랴 3장에 나오지만 다양한 곳에서 진전된 한 이야기를 떠올린다. 그 이야기에서 천사장 미가엘은 *사탄과 얼굴을 마주하고 논쟁하면서 그에게 주님의 꾸짖음을 떠올려 준다. 미가엘은 사탄을 직접 저주하지는 않을 것이다. 그는 그 문제를 주께 넘겨드릴 것이다. 그러나 이 사람들은 그들이 알지 못하는 것을 저주한다고 유다는 말한다. 이는 오늘날 사람들이 기독교 *신앙을 욕할 때, 또 그들이 쓰는 모든 글에서 자신들의 무지를 드러내며 실제로 어떤 신앙이든 욕할 때 나타나는 충분히 익숙한 현상이다.

첫 두 혐의는 이것과 밀접한 관련이 있다. 초자연적 권위를 거부하면, 교회에서든 더 넓은 세상에서든 인간의 권위 역시 쉽게 거부한다.

일단 그렇게 권위를 거부할 때 분명히 나타나는 현상은, 어떤 행동을 하든, 특히 성과 관련하여 규제를 저버린다는 것이다. 사람들은 성적 문란이 비교적 '현대'에 나타난 현상이므로, 우리 시대의 필연적 '진보'의 행진으로 성적 규제가 점점 덜 필요해지리라 생각한다. 이런 생각을 하는 사람들을 바라보는 일이 비참하지 않다면 좋을 텐데. 이런 사람들이 잘 하는 일은, 인류가 알고 있는 오래된 인간성 말살 행위로 돌아가는 것이다.

그리고 나서 유다는 성경에 나오는 당혹스러운 악한들을 나열한다. 그들은 거짓 교사들을 보며 떠올린 이들로 살인자 가인, 거짓 예언자 발람, 모세에게 반역한 지도자 고라다. 사실 반역이 문제의 핵심에 가깝다. 거짓 교사들은 정당한 권위 구조를 전복하거나 무시하는데, 그 결과는 도덕적 혼란과 오염이다. 그 모습은 더 당황스러운 비유 목록으로 표현되어 있다. 즉, 물기 없는 구름, 열매 없는 나무, 거친 물결, 방황하는 별들이다. 이 모든 것의 공통점은, 약속은 하지만 지키지는 못한다는 것이다. 구름에서 비가 내리지 않고, 나무에서 열매가 맺히지 않고, 풍랑이 거칠어 바다에 안전한 항로가 없고, 하늘의 별들에 규칙적 운동이 없다. 그 교사들은 흥미진진하고, 다르고, 해방을 가져다주는 생활 방식을 제시하는 듯 보이지만, 그들이 얻은 것이라고는 수치와 어둠과 혼란뿐이다.

세 번째이자 마지막 단락에서는 당시 잘 알려진 유대 문서를 인용한다. 그 문서는 고대의 인물 에녹의 입으로 여기 나오는 예언을 포함한 여러 예언을 제시한다. 9절에서 그랬듯 여기서도 유다는 스가랴서를 상기시키는데, 이번에는 주님이 거룩한 이들과 함께 오신다는 14:5이다. 심판이, 특히 경건하지 못한 이들(유다는 이 단어를 세 번 반복한다. 이것이 모든 문제의 핵심이라는 근엄한 신호로 쓴 것이다)에게 오고 있다. 그러나 문제의 그 교사들은 그저 투덜거리고, 불평하고, 오만과 탐욕으로 자신들의 행동을 옹호하며, 또 다른 쾌락을 추구하러 떠난다.

소름끼치는 목록이다. 평화를 사랑하는 평범한 사람들이 다른 나라에서 전쟁뿐 아니라 종족 학살을 준비 중인 것을 의식하고 싶지 않은 것처럼, 우리는 그런 것들을 전혀 의식할 필요가 없었으면 좋겠다. 그러나 거짓 교사들, 특히 권위를 거부하고 예수님의 유일성을 부인하고 성적 문란을 조장하는 거짓 교사들이 1세기에 그랬던 것처럼 오늘날에도 우리와 함께 있다. 우리는 깊은 슬픔의 한숨을 쉬며, *메시아 예수께서 참으로 우리를 안전하게 지켜 주시기를 기도한다. 그 기도에 대한 응답의 일부는, 우리가 그 문제를 경계하는 것이다. 그러면 다시 그런 문제가 나타날 때(반드시 그럴 것이다), 그것을 있는 그대로 인지할 수 있을 것이다.

유다서 17-25절
하나님의 능력으로 구출되다

> ¹⁷그러나 내 사랑하는 이들이여, 여러분은 우리 주 메시아 예수의 사도들이 이전에 했던 말을 기억하십시오. ¹⁸그들은 여러분에게 말했습니다. "마지막 때 경건하지 않은 자신들의 욕망을 따르는 냉소적인 사람들이 있을 것입니다. ¹⁹그들은 분열을 일으키는 사람

들입니다. 그들은 한낱 인간적인 수준에서 살아갑니다. 그들에게는 영이 없습니다. [20]그러나 내 사랑하는 이들이여, 여러분은 가장 거룩한 믿음 안에 자신을 세우십시오. 성령 안에서 기도하십시오. [21]우리 주 메시아 예수께서 오는 시대의 생명으로 이어지는 긍휼을 여러분에게 베풀어 주시기를 기다리면서, 하나님의 사랑 안에서 자신을 지키십시오.

[22]여러분은 갈팡질팡하는 사람들에게 긍휼을 베풀어야 합니다. [23]어떤 사람들을 불에서 끌어내 구출해야 합니다. 여러분은 두려움을 품고 다른 사람들에게 긍휼을 베풀되, 그 육체로 더럽혀진 것이라면 옷이라도 미워해야 합니다.

[24]이제 여러분이 똑바로 서도록 지켜 주시고, 여러분이 그분의 영광 앞에 흠 없이 기쁘게 나서게 해 주실 수 있는 분, [25]곧 메시아 예수 우리 주를 통해 우리 구원자가 되신 오직 한 분이신 하나님께, 영광과 존귀와 능력과 권위가 모든 시대 이전과 지금과 오는 모든 시대까지 함께하기를 바랍니다. 아멘.

간혹 성경에 나오는 대화의 한 장면이 어떤 진리를 선명하게 포착한다. 악한 왕들이 잇달아 통치하면서 여러 세대 동안 이스라엘 백성이 갈수록 더 악해진 후에, 하나님이 결국 그 일을 다 처리하도록 예언자 엘리야를 보내신다. 그는 기도하며 그 땅에 큰 가뭄이 올 것이라 예언한다. 그 후 그 가뭄이 끝날 때가 되었을 무렵, 엘리야가 아합 왕 앞에 나타난다(왕상 18:17-18).

아합은 묻는다. "그대가 바로 이스라엘을 괴롭히는 자인가?"

엘리야가 대답한다. "제가 이스라엘을 괴롭히는 것이 아니라 왕과 왕의 아버지의 가문이 괴롭히는 것입니다. 왕께서는 주님의 계명을 저버리고, 바알을 섬기고 계십니다."

요즘에도 그 대화에 나온 한마디가 떠올랐던 적이 여러 번 있었다. 문제를 일으키고 "분열을 일으킨" 것에 대해 교회 안의 여러 집단이 서로 비난할 때 그랬다. 그 예언자는 악이 저지되지 않고 계속되는 데 경종을 울린 것인데, 그에게 이스라엘을 괴롭힌다며 호통을 친 것은 좋게 보면 아이러니이고 나쁘게 보면 단연 위선적이다. 물론 그것은 흔히 경종을 울리는 자가 맞이하는 운명이다. 문제는 사람들이 소란을 피우고 싶어 하지 않는다는 것이다. 그들은 열에서 이탈하거나 시대에 뒤떨어지는 듯 보이고 싶어 하지 않는다. 그래서 새로운 발전이 혼란을 야기하는 것을 볼 때도 아무 말 하지 않는다. 그러다 결국 용기 있는 사람이 일어서서 발언하면, 그런 이에게 "분열을 일으키는" 사람이라는 꼬리표를 붙인다.

여기 유다서 19절에 그런 모습이 나온다. "그들은 분열을 일으키는 사람들입니다." 분명 그 교사들은, 분열을 일으킨 이는 유다 같은 사람들이라고 말했을 것이다. 이 유다 같은 사람들은 하나님의 은혜를 통해 발견한 자유보다는, 오히려 옛 성경에 나오는 재미난 옛 이야기들에 기초한 구식 도덕률로 다시 자신들을 이끌어 간다는 것이었다. 그러나 예수님과 초기 *사도들은 그 옛 성경이 했던 것과 동일한 경고를 했다. 냉소적 사람들이 와서 어떤 욕망이든 당시 최고로 치는 욕망을 따르는 데 열심을 내면서, 여러분의 어리석은 사소한 규율들을 들먹이며 여러분을 조롱할 것이라고. 그런 사람들은 자신들에게 성령이 있다고 주장하지만, 그들에게는 하나님의 *영이 없다고 유다는 말한다. 그들은 한낱 인간적 수준에서 살아간다.

하지만 온갖 경고와 맹렬한 비난 이후에, 우리가 들어야 할 *말씀, 힘을 주는 말씀, 약속의 말씀, 거룩한 말씀이 나온다. 우리는 경계를 늦추지 않을 뿐 아니라 충격에 맞서 마음을 다지기 위해 이 말씀을 들어야 한다. 다시 한 번 유다는 자신의 생각을 다음과 같이 정리하여 모은다. *믿음 안에 자신을 세우라. 성령으로 기도하라. 하나님의 사랑 안에서 자신을 지키라. 예수님이 돌아오심으로 주실 궁극적 자비를 기다리라(20-21절). 이 각각에 대해 간단하게 말해 보자.

첫째, "가장 거룩한 믿음 안에" 자신을 세우라. 이는 그가 3절에서 믿음을 위해 힘껏 싸워야 한다고 말한 그 '믿음'이다. 일련의 가르침과 그에 대한 마음의 헌신 둘 모두를 의미하는 '믿음'은, 우리가 서 있는 견고한 토대다. 우리는 거기서 당당히 서 있는 법을 배워야 한다.

둘째, *성령으로 기도하라. 기도는 여전히 신비지만, 그리스도인인 우리가 전적으로 전념하는 신비다. 성령의 가장 중요한 사역 가운데 하나가 우리 마음 깊은 곳에서 기도를 끌어내는 것이다. 특별히 이 서신에서처럼, 한편으로는 애통의 기도를 또 한편으로는 보호를 구하는 기도라 할지라도 그렇다. 우리가 인간의 악과 교회에 침투한 교만을 슬퍼하며 바라볼 때, 그것은 하나님의 애통에 참여하는 일이다. 또 혼란의 한가운데서 그분의 영으로 기도할 때, 그것은 하나님의 보호하시는 능력과 사랑을 끌어내는 일이다.

셋째, 하나님의 사랑 안에서 자신을 지키라. 이는 이상하게 들린다. 하나님의 사랑 안에서 우리를 지키시는 것은 분명 하나님의 일 아닌가? 그래도, 정처 없이 방황하지 않는 것은 우리의 일이기도 하다.

그분은 우리가 그분을 사랑하고 신뢰하기 때문에 그분을 따르는 법을 배우기를 바라신다. 어딘가에서 길 잃고 헤매며 그분께 하실 일을 더 만들어 드리지 말라.

넷째, 하나님의 새 시대와 새 *생명의 약속에 이르게 할 자비를 인내하며 기다리라. 그 자비는 예수님이 나타나실 때 임할 것이다. 모든 기독교 제자도는 이렇게 앞을 내다보아야 한다. 우리 주변의 도덕적·종교적 혼란을 볼 때, 우리는 우리 자신을 위해 또 교회를 위해 그 '자비'를 고대하며 기도한다. 최후에 그 자비가 임하기를. 그날이 지연된다면, 부디 그날에 앞서 치유와 갱신의 때에 자비가 임하기를.

이 명령들은 현재 우리가 취할 수 있는 아주 단순하지만 아주 강력한 조치다. 유다는 "거짓 교사들이 있는 곳에서 그들을 공격하며 싸우라"고 말하지 않는다. 그는 그저 독자들이 자신들이 처한 심각한 위험을 인식하고, 진정한 그리스도인 제자들이 지녀야 할 마음의 습관을 배우기를 바란다. 그러면 폭풍이 아무리 거세게 일더라도 그들을 뒤엎지 못할 것이다.

그런 다음, 그는 위대한 영적 훈련에서 목회적 필요로 향한다. 22절과 23절은, 열차 충돌이나 쓰나미 같은 엄청난 참사 현장에 도착한 구조 팀이 하는 말처럼 들린다. 온갖 곤경에 처한 사람들이 있으니, 확고한 믿음을 지닌 이들이 구출하러 가야 한다. 여기 나오는 세 가지 지침이 아마 완벽하지는 않을 것이다. 유다는 "사람들이 어떤 상황에 있는지 반드시 자세히 살펴보고, 각각의 경우에 알맞게 하나님의 자비를 적용하라"고 말한다. 그곳에는 이상한 가르침과 그 가르침의 도덕적(오히려 비도덕적인) 관행에 의해 쓰러진 사람들이 있다. 그들은 구조가 필요하다. 어떤 사람들은 도덕적 붕괴 직전에 허덕이고 있다.

그들을 비웃거나 괴롭히지 말고 그들에게 자비를, 우리가 예수님께 기대하는 그 자비를 보여 주라. 또 어떤 사람들은 이미 불길 속에 있으므로 구조가 필요하다. 특히 그들이 그 불의 따뜻함을 즐기고 있다고 주장한다면 어려운 상황인데, 그래서 더 각별한 노력이 필요하다. 또 다른 이들은 다시 죄에 깊이 빠져 그것이 그들과, 또 그들과 관련한 모든 것에 강력한 영향을 미치고 있다. 자비로 그들을 구조하려면 당신도 조심해야 한다. 그들의 옷에 그들이 살아왔던 삶의 흔적, 도덕적 얼룩이 묻어 있을지도 모른다.

그러나 유다는 거기서 끝내지 않는다. 그는 작가 이전에 그리스도인이다. 어떤 기쁨과 슬픔이 있든, 우리는 결국 다시 한 분이신 참 하나님께 찬양드리는 자리로 와야 한다. 24절을 보면, 그의 마무리 찬양은 그 자체로 이 서신의 요지를 담아낸다. 모든 찬양을 받기에 합당하신 하나님은 당신을 "똑바로 서도록 지켜…주실 수 있는" 분이라는 것이다.

많은 번역이 이 부분을 다소 소극적으로 '여러분을 넘어지지(falling) 않게 지켜 주시고'라고 표현했다. 그것도 맞지만, 유다는 더 적극적 단어를 사용한다. "똑바로 서도록(unstumbling) 지켜 주시고." 그 이미지는, 누가 걸어가다가 무엇에 발이 걸려 넘어질 수도 있었는데 실제로는 그렇게 되지 않은 모습이다. 우리는 이를 위해 기도해야 하고, 그렇게 될 때 하나님을 찬양해야 한다.

그렇게 똑바로 서서 분명한 목적지를 향해 걸어간다. 우리가 향해 가는 목표는, 하나님의 영광 앞에 설 때 흠 없이 기쁘게 나아가는 것이다. 이 서신은 오염에 대해 할 말이 많아서 전체적 어조가 음울했다. 인간이 지닌 악의 혼탁한 구덩이를 들여다보는 일은 항상 그렇다.

그러나 침입자들이 제시하는 방탕하고 예수님을 부인하는 가르침에 대한 대안이 우울하고 기쁨이 없는 종교는 아니다. 그 정반대다! 그 종교에는 영광, 순결, 기쁨, 황홀한 축하가 있다. 결국 우리는 이를 위해 지음 받았다.

그런 다음, 유다는 시대를 초월한 고전적 기독교 찬양에 모든 것을 담는다. 이 찬양은, 성령께서 예수님 안에 나타난 하나님과 그분이 이루신 구원에 대한 지식이 마음에 가득 넘치게 하실 때 솟아나온다. "*메시아 예수 우리 주님을 통해 우리 구원자가 되신 오직 한 분이신 하나님께, 영광과 존귀와 능력과 권위가 이전과 지금과 오는 모든 시대까지 함께하기를 바랍니다." 요한계시록이 기록되지 않았다면, 이 마지막 절로 신약 전체를 마무리하는 것도 나쁘지 않았을 것 같다.

용어 풀이

게헨나Gehenna, **지옥**hell
게헨나는 지리적으로 예루살렘 서남쪽 비탈에 있는 힌놈 골짜기를 말한다. 고대로부터 이곳은 쓰레기 매립지로 이용되어, 언제나 쓰레기 타는 연기가 피어올랐다. 예수님 시대에 이미 일부 유대인들은 이곳을 죽음 이후에 형벌을 받는 장소의 이미지로 사용했다. 예수님은 (회개하지 않는다면 온 도시가 연기로 자욱한 쓰레기 더미가 될 것이라는) 예루살렘에 대한 경고와 (하나님의 최후 심판을 주의하라는) 인류 전체에 대한 경고가 혼합된 의미로 사용하셨다.

교제fellowship
우리가 흔히 '교제'라 번역하는 말은 사업 파트너 관계를 의미할 수도 있고 (고대 사회에서는 가족끼리 사업을 운영했기 때문에 이런 경우 가족에 대한 충성심이라는 의미도 포함되어 있다), 기업 내의 상호 소속감과 공유 의식을 의미할 수도 있다. 초기 기독교에서 '교제'는 그리스도인으로서 서로에게 속했다는 의식뿐 아니라 예수 그리스도께 함께 속했고 성령을 통해 그분의 삶에 동참한다는 의식을 심어 주었다. 그러한 의식은 '빵을 떼는 것'과 가난한 사람들과 재산을 나누는 것 같은 행위로 드러났다.

구속 redemption

문자적으로 '구속'이라는 말의 뜻은 '되사는 것'이다. 고대 사회에서는 주로 노예가 자신의 자유를 사거나 누가 그 자유를 사 준다는 뜻으로 사용되었다. 성경에 나오는 위대한 '구속'은 하나님이 자기 백성을 '사서' 이집트의 종살이에서 벗어나 약속의 땅에서 자유롭게 살게 해주신 것이다. 그 사건으로 이 단어는 완전히 새로운 색깔을 입게 되었다. 나중에 유대인들이 바빌로니아로 유배 갔을 때 (그리고 훗날 자기 땅으로 돌아와서도) 그들은 그 상황을 새로운 종살이로 인식했고, 따라서 새로운 구속이 필요하다고 말했다. 예수님과 초대 그리스도인들은 이와 같은 지속적 노예 상태를 매우 급진적으로 해석하여 죄와 죽음에 대한 노예 상태로 보았고, 마찬가지로 '구속'도 그런 복합적이고 압제적인 노예 상태에서 벗어나게 하는 구출로 이해했다. 구출은 하나님이 예수님의 죽음을 통해 베풀어 주신 것이다 (롬 3:24).

구원 salvation

구원은 '구출'(rescue)이라는 뜻인데, 그 의미는 무엇이 구출받아야 하고 무엇에서 구출받아야 한다고 생각하는지에 따라 달라졌다. 따라서 인간의 곤경은 불멸의 영혼이 타락한 필멸의 육체 안에 갇혀 있기 때문이라고 생각하는 경우, '구원'은 그 영혼을 육체라는 감옥에서 구출하는 것이다. 그러나 대다수 유대인들과 초기 그리스도인들은 죽음 그 자체, 하나님이 주신 육체의 생명이 끝나는 것을 진정한 원수라고 보았고, 따라서 '구원'은 죽음 그 자체에서 구출받는 것일 수밖에 없다고 생각했다. 달리 말하면, 주님이 돌아오실 때 이미 죽은 사람들은 육체가 부활하고, 아직 살아 있는 사람들은 육체가 변화되는 것이 '구원'이라고 생각했다(예를 들면, 고전 15:50-57). 바울과 그 외 성경 저자들은 이 '구원'을 창조 세계 전체로 확장했다(롬 8:18-26). 그러나 '구원'이 하나님의 창조 질서와 창조된 우리의 몸을 왜곡하고 훼손하고 파괴하는 (죄, 질병, 부패, 죽음과 같은) 것들로부터 궁극적으로 구출받는 것을 뜻한다면, 신약 성경에서 '구원'이라는 말(또한 '구원받는다' 같은 말)을 쓰는 상황은 단순히 사람이 믿음을 얻고 영생을 확인받는 상황만이 아니라, 육체를 치유받고 끔찍한 곤경에서 구출받는 상황도 포함해야 하며 실제로 포함하는 것을 확인할 수 있다(예를 들면, 행 16:30-31; 27:44). 인류 전체와 창조 세계 전체의 구원에 대한 성경적 관점의 토대는 예수님의 부활이며, 그 구원은 미래에 완성되겠지만 예수님의 사명과 성취로 이미 시작되었다.

귀신demons, **사탄**을 보라.

그리스도Christ, **메시아**를 보라.

나라kingdom, **하나님 나라**를 보라.

다윗의 자손son of David, David's son
*메시아를 일컫는 또 다른 호칭으로서, 자주 쓰이지는 않았다. 구약에서 메시아에 대한 약속은 구체적으로 다윗의 자손에 초점을 맞추는 경우가 종종 있다. 예를 들면, 사무엘하 7:12-16과 시편 89:19-37이 그렇다. 마태복음 1:20에서는, 천사가 마리아의 남편 요셉을 '다윗의 자손'이라 부른다.

대제사장high priest, **제사장**을 보라.

랍비 rabbis, **바리새인**을 보라.

마지막 날, 마지막 때 last days
고대 유대인들은 세계 역사를 두 시기로 나누어 생각했다. 하나는 *'현 시대'(the present age)고, 다른 하나는 *'오는 시대'(the age to come)다. 현 시대는 악이 아직도 여러 형태로 만연한 채 남아 있는 때고, 오는 시대는 정의와 평화와 기쁨과 사랑이라는 하나님의 궁극적 통치가 시작되는 때다. 고대의 예언자들은 전자에서 후자로 넘어가는 시대의 전환을 '마지막 날'이라는 용어로 말했다. 그 의미는 '현 시대'의 마지막 시간 혹은 '오는 시대'가 궁극적으로 도래하는 시점이었다. 베드로가 사도행전 2:17에서 요엘을 인용하면서 뜻한 바는 아마도 두 가지 의미 모두였을 것이다. 즉, 두 시대가 겹쳤는데, 그리스도인들은 *하나님 나라가 예수님 안에서 그리고 예수님을 통해서 시작되는 시기와 예수님이 다시 오심으로써 완성되는 시기 사이의 '마지막 날'에 살고 있다는 의미다. 신약 성경에 따르면, 우리가 그 후자의 사건이 일어날 정확한 시기를 계산할 수 있다고 생각할 여지가 전혀 없으며, 예수님이 다시 오시기 직전의 시기가 (이를테면 더 폭력적이라거나 하는 식으로) 다른 시기와 크게 다를 것이라고 생각할 여지도 전혀 없다(마 24:36-39를 보라).

말씀 word, **좋은 소식**을 보라.

메시아 Messiah, **그리스도** Christ
메시아는 히브리어로 '기름부음 받은 자'라는 뜻이다. 따라서 이론적으로는 예언자나 제사장, 혹은 왕을 가리킨다. 이를 그리스어로 번역하면 '크리스토스'(Christos)가 된다. 초기 기독교에서 '그리스도'는 하나의 직명이었지만, 점차 예수님의 이름을 대신하는 고유 명사가 되었다. 실제로 '메시아'

라는 말은 다윗의 진정한 후계자로 오실 왕이라는 개념에 거의 국한되었다. 이러한 개념은 고대 유대교에서는 여러 형태로 나타나기도 한다. 이 후계자를 통하여 야웨가 세상을 심판하실 것이며, 특히 이방의 적들로부터 이스라엘을 구출하실 것이라고 보았다. 이러한 기대가 단 하나의 틀로만 존재하지는 않았다. 성경에 나타난 이야기들과 약속들을 통하여 다양한 이상과 운동들이 생겨났는데, 그 두 가지 주된 초점은 (1) 이스라엘의 적들에게 닥칠 결정적인 군사적 패배와 (2) *성전의 재건 혹은 정화에 맞추어졌다. *사해 사본은 두 명의 '메시아'에 대해 말하는데, 하나는 제사장이고 다른 하나는 왕이다. (예수님이 메시아가 아니었음을 보여 주는 분명한 표시로 여겨질 수 있었던) 로마에 의한 예수님의 십자가 처형에도 불구하고 초기 그리스도인들이 보편적으로 예수님을 메시아로 믿은 이유를 설명하려면, 하나님이 예수님을 죽은 자들 가운데서 살리심으로써 일찍이 예수님이 사역을 통해 은연중에 스스로를 메시아로 주장하셨던 것을 정당화하셨다고 그들이 믿었기 때문이라고 보는 수밖에 없다.

메시지message, **좋은 소식**을 보라.

미쉬나Mishnah
주후 200년경에 *랍비들이 유대 율법(*토라)을 대대적으로 성문화하여 만든 것으로서, 예수님 당시에 '성문 토라'와 병행하던 '구전 토라'를 압축하여 기록한 것이다. 훨씬 더 광범위한 전승을 모아 엮은 두 개의 탈무드(주후 400년경)는 미쉬나를 기초로 하여 만든 것이다.

믿음faith
신약에서 말하는 믿음은 인간이 보이는 신뢰(trust)와 인간이 받을 만한 신뢰성(trustworthiness)을 망라하는 넓은 개념으로서, 한 쪽 끝에서는 사랑과 합쳐지고 반대 쪽 끝에서는 충성과 합쳐진다. 유대교 및 기독교적 사고에서 보면, 하나님을 믿는 믿음에는 '신념'(belief)도 포함된다. 이 신념이란 하나님 자신에 대한 어떤 사실은 물론 하나님이 세상 속에서 하신 일(예를 들어, 이스라엘을 이집트에서 빼내신 일이나 예수님을 죽은 사람들 가운데서 일으키신 일)을 진리로 받아들이는 것이다. 예수님이 말씀하시는 '믿음'이란 '하나님이 예수님을 통한 *하나님 나라의 도래를 위해 결연히 일하신다는 사실을 인정하는 것'을 의미하는 듯하다. 바울이 말하는 '믿음'이란 예수님이 주님이라는 것과 하나님이 예수님을 죽은 자들 가운데서 일으키셨다는(롬 10:9) 것을 믿는 특별한 신념인 동시에 하나님의 주권적 사랑에 대한 감사로 인간이 보이는 사랑의 반응(갈 2:20)이다. 바울은 이 믿음을 그리스도 안에서 하나님의 백성이 되었음을 보여 주는 유일한 표지로 보았는데, 이는 *토라와 토라가 처방하는 행위로는 결코 구별할 수 없는 표지다.

바리새인, 바리새파 Pharisees, 랍비 rabbis

바리새인은 주전 1세기부터 주후 1세기에 이르는 대부분의 기간 동안 활동했던 비공식적이지만 강력한 유대인 압력 집단이었다. 일부 *제사장들도 포함되었지만 대체로 일반인이 주도하는 그들 집단은 유대교의 율법(*토라) 준수를 강화함으로써 이스라엘을 정화하는 것이 목적이었다. 그러면서 그들은 성경의 정확한 의미와 적용에 대한 나름의 전통과 기도 및 경건 생활에 대한 나름의 형식은 물론, 민족의 희망에 대해서도 나름의 전망을 발전시켰다. 모든 율법학자가 다 바리새인은 아니었지만, 대부분의 바리새인은 율법학자였다.

그들은 이스라엘 백성의 삶을 민주화하는 데 영향을 미쳤다. 이는 토라를 연구하고 실천하는 것을 *성전에서 예배하는 일과 동등하게 여겼기 때문이다. 비록 그들이 성전 의례에 대한 그들 나름의 규칙을 (흔히 사두개

파) 제사장들에게 강경하게 밀어붙이긴 했지만 말이다. 토라 중심의 신앙 때문에 그들은 주후 70년 이후에도 살아남을 수 있었고, 초기 랍비 운동에 합류하여 새로운 방식으로 발전할 수 있었다. 정치적으로는 선조들의 전통을 옹호하면서, 이방인의 지배는 물론 타협적인 유대 지도자들 모두에 반대하는 다양한 반란 운동의 선봉에 섰다. 예수님 당시에는 두 개의 주도적인 학파가 있었는데, 엄격한 샤마이(Shammai) 학파는 무장 반란으로 더 기울었고, 온건한 힐렐(Hillel) 학파는 기꺼이 공존하자는 쪽이었다. 예수님이 바리새파와 벌이신 논쟁은 구체적인 신학과 경건에 대한 것 못지않게 정치적 의제와 정책의 문제도 있었다(예수님은 그들의 분리주의적 민족주의에 강력히 반대하셨다). 다소의 사울은 회심하기 전까지는 열렬한 우파 바리새인이었는데, 아마도 샤마이 학파였을 것이다.

주후 66-70년의 처절한 전쟁 이후에도 힐렐 학파와 샤마이 학파는 정책 문제를 두고 신랄한 논쟁을 계속 벌였다. 주후 135년에 또 한 번의 참화[실패로 끝난 바 코흐바(Bar-Kochba)의 반 로마 반란]를 겪은 후에는, 이전 세대 바리새인들에게서 영감을 얻긴 했지만, 정치적 의제 대신 개인의 거룩함과 순결을 내세운 토라식 경건을 발전시킨 랍비들이 그들의 전통을 이었다.

복음, 복음서 gospel, **좋은 소식**을 보라.

부활 resurrection

대부분의 성경적 사상은 인간의 육체를 중시한다. 육체는 단순히 한 번 쓰고 버리는 *영혼의 감옥이 아니다. 고대 이스라엘 사람들은 창조주이신 *야웨의 선하심과 정의라는 문제를 고심하면서, 결국 하나님이 죽은 자를 살리실 수밖에 없다고 주장하기에 이르렀는데(사 26:19; 단 12:2-3), 이는 고대의 이교 사상이 단호히 거부하는 주장이었다. *유배로부터의 귀환을 갈망하는 것도 야웨께서 마른 뼈들을 일으켜서 새 생명을 주신다는 관점에서 말하는 것이었다(겔 37:1-4). 이러한 사상은 제2성전기에, 특히 순교의 시기에 발전되었다(예를 들어, 마카베오하 7장). 부활은 단순히 '죽음 이후의 삶'이 아니라 '죽음 이후의 삶' **이후에** 오는 새로운 육체를 입은 삶이었다. 현재 죽어 있는 사람들은 '잠들어' 있거나, 새로운 육체를 입기를 기다리는 '영혼'이나 '천사', '영'으로 여겼다.

예수님이 죽은 자들 가운데서 살아나셨다는 초기 그리스도인들의 믿음은 예수님이 '*하늘로 가셨다'거나, '높임을 받으셨다'거나, '신'이었다는 말이 아니었다. 물론 그 모든 것도 다 믿었지만, 그런 것들은 굳이 부활을 언급하지 않더라도 할 수 있는 표현이었다. 예수님의 육체적 부활을 통해서만, 초대교회의 출현은 물론 (예수님의 십자가 처형으로 의문시되었을) 예수님의 메시아 되심에 대한 초기 신앙을 설명할 수 있다. 초기 그리스도인들은 주님이 돌아오실 때, 곧 *파루시아의 때가 이르면, 자신들도 새롭게 변화된 육체를 입은 생명으로 살아날 것이라고 믿었다(예를 들어, 빌 3:20 이하).

비유 parables

구약 시대부터 예언자들과 교사들은 이스라엘에게 도전을 주는 도구로 다양한 이야기 기법을 사용했다(예를 들어, 삼하 12:1-7). 때로 이는 해석을 곁들인 환상으로 나타나기도 했다(예를 들어, 단 7장). *랍비들도 유사한 기법을 사용했다. 예수님은 이러한 전통을 창의적으로 활용하시어, 동시대인들의 세계관을 밝혀 내시면서 *하나님 나라에 대한 자신의 비전에 함께 하자고 초대하셨다. 예수님은 이야기를 통해 하나님 나라를 시간을 초월한 진리로만이 아니라 현재 **일어나고 있는** 일로 묘사하심으로써, 청중으로 하여금 이야기 속으로 들어가 그것을 자신들의 이야기로 삼을 수 있게 하셨다. 구약에 나타난 일부 환상과 마찬가지로, 예수님의 일부 비유들도 해석이 따라오는 경우가 있다(예를 들어, 막 4장의 씨 뿌리는 자의 비유). 나머지 비유들은 이스라엘에 대한 예언적 이야기를 약간 각색하여 다시 들려주신 것이다(예를 들어, 막 12장의 악한 소작농들의 비유).

사귐 fellowship, 교제를 보라.

사도 apostle, **제자** disciple, **열두 제자** the Twelve
'사도'란 '보냄 받은 사람'을 뜻하며, 대사나 공식 대리인을 일컫는 데도 쓰이는 말이다. 신약에서는 특별히 예수님의 측근 집단인 열두 제자를 일컫기도 하지만, 바울은 자기 자신뿐 아니라 이 열두 제자에 속하지 않은 다른 몇몇 사람도 '사도'로 본다. 그 기준은 그 사람이 부활하신 예수님을 개인적으로 직접 만났는지 여부에 있다. 예수님은 측근 열둘을 친히 택하심으로써, 하나님의 백성 이스라엘을 회복하시려는 자신의 계획을 상징적으로 보여 주셨다. 가룟 유다가 죽은 후(마 27:5; 행 1:18) 그를 대신하기 위해 제비뽑기로 맛디아를 선택했는데, 여기에는 그러한 상징적 의미가 담겨 있다. 예수님의 지상 생활 중에는 열두 제자를 비롯한 다른 많은 추종자가 예수님의 '제자'로 알려졌다. 여기서 제자란 '학생' 혹은 '견습생'을 의미한다.

사두개파 Sadducees, **사두개인**
예수님의 시대에 사두개인은 유대교의 귀족 계급이었으며, 그들의 기원은 아마도 다윗의 *대제사장이었던 사독 가문까지 거슬러 올라갈 것이다. 예루살렘을 기반으로 하여, 지도적인 제사장 가문 대부분이 속했던 이들은 그들 나름의 전통을 가졌으며, *바리새파가 강요하는 전통을 거부하려 했다. 그들은 자신들이 모세오경(구약 성경의 첫 다섯 권)만 신뢰한다고 주장했으며, 미래의 삶에 대한 교리는 무엇이든 전부 부인했다. 특히 *부활

및 부활과 관련된 사상에 대한 교리도 부인했다. 아마도 그러한 믿음이 혁명 운동을 부추겼기 때문이었을 것이다. 벤 시락(Ben Sirach)의 묵시서(집회서)가 사두개파의 책이 아니라면, 사두개파가 쓴 글은 남아 있는 것이 없다. 사두개파는 주후 70년에 예루살렘과 *성전이 파괴되면서 함께 사라졌다.

사탄 the satan, 고발자 the accuser, 귀신 demons

성경은 '사탄'으로 알려진 자의 정체에 대해 분명하게 말하지 않는다. 히브리어로 '고발자'란 뜻을 지닌 사탄은 때로 검찰과 같은 기소자의 책임을 지고 *야웨의 천상회의에 서는 존재로 보이기도 한다(대상 21:1; 욥 1-2장; 슥 3:1 이하). 그러나 사탄은 에덴동산의 뱀(창 3:1-15)과 *하늘에서 쫓겨난 반역자 계명성(사 14:12-15)처럼 다른 모습으로 나타나기도 한다. 많은 유대인이 사탄을 유사 인격적인 악의 근원으로 보았으며, 인간의 악함과 세상의 거대한 불의 배후에 있으면서 때로는 어느 정도 독립적으로 활동하는 '귀신'을 부리는 존재로 보았다. 예수님 시대에는 이 자를 일컫는 단어가 여럿 있었다. 바알세불/바알세붑(문자적으로는 '파리 대왕')이라는 말이 있었는가 하면, 단순히 '악한 자'라는 말도 있었다. 예수님은 이 자의 속임수를 조심하라고 제자들에게 경고하셨다. 예수님의 대적들은 예수님이 사탄과 결탁했다고 비난했지만, 초기 그리스도인들은 예수님이 몸소 유혹에 맞서 싸우시고(마 4장; 눅 4장), 귀신을 쫓아내시고, 죽으심으로써(고전 2:8; 골 2:15) 사탄을 물리치셨다고 믿었다. 그러므로 그리스도인들에게 이 싸움이 아직 치열할 수 있지만(엡 6:10-20), 이 궁극적 적에 대한 최후의 승리는 보장되어 있다(계 20장).

사해 사본 Dead Sea Scrolls

1940년대 말에 쿰란(사해 북동쪽 근방) 주변에서 발견된 여러 문서의 모음으로서, 더러는 놀랄 만큼 보존이 잘 되어 있는 반면에 더러는 심하게 조각이 난 상태다. 현재는 문서 전체가 편집, 번역되어 공개되었다. 이 문서는 엄격한 수도원 공동체의 도서관에 속한 자료 전부 혹은 일부였다. 이들은 아마도 주전 2세기 중엽에 설립되어 주후 66-70년에 벌어진 유대-로마 전쟁 때까지 존속한 에세네파일 가능성이 가장 높다. 이 문서에는 현존하는 최고(最古)의 히브리어 및 아람어 성서 사본이 포함되어 있다. 뿐만 아니라 공동체 규칙과 성서 주해, 찬송가, 지혜 문학 등 중요한 문서들도 포함되어 있다. 이러한 문서들은 예수님 당시의 유대교에 속했던 한 작은 분파를 이해하는 데 엄청난 도움이 되었다. 이로 인해 일부 유대인들이긴 하지만 그들이 어떻게 생각했고, 어떻게 기도했고, 어떻게 성경을 읽었는지 알 수 있게 되었다. 관련을 지으려는 여러 시도가 있었음에도 불구하고, 이 문서들은 *세례 요한이나 예수님, 바울, 야고보, 혹은 초기 기독교 전반에 대해 아무런 언급도 하지 않는다.

삶, 생명 life, 영혼 soul, 영 spirit

고대인들은 인간 존재를 특별한 피조물로 구별되게 해주는 것이 무엇인지에 대해 여러 관점을 갖고 있었다. 많은 유대인을 포함하여 어떤 사람들은, 인간이 완전해지려면 내면의 자아는 물론 육체도 필요하다고 믿었다. 그런가하면 플라톤(주전 4세기) 철학의 영향을 받은 많은 사람을 포함하여 또 다른 사람들은, 인간의 중요한 부분은 '영혼'[그리스어로 '프쉬케'(*psyche*)]이고, 이 영혼은 죽을 때 육체의 감옥에서 기쁘게 해방될 것이라고 믿었다. 이 '프쉬케'가 신약에서도 자주 사용되어 혼란을 야기한다. 물론 유대인의 사고 틀에서 사용되는 이 경우, '프쉬케'는 분명히 '생명' 혹은 '진정한 자아'를 의미하지 육체를 경시하는 육체/영혼의 이원론을 암시하지는 않는다. '영'은 경험과 이해의 인간 내면성을 가리킬 수도 있다. 또한 *성령과 *부활을 보라.

서기관 scribes
글자를 제대로 쓰는 사람이 별로 없던 세계에서, 훈련받은 기록인 계급('서기관')은 사업이나 결혼 등의 계약서를 작성하는 중요한 기능을 수행했다. 따라서 많은 서기관이 율법학자였을 것이고, 아마 *바리새파인 경우도 많았을 것이다. 물론 서기관들도 다양한 정치적·종교적 입장을 가질 수 있었다. 초기 기독교 문서, 특히 예수님에 대한 이야기를 베끼는 일에서 그리스도인 서기관들은 아주 중요한 역할을 했다.

성령 holy spirit
창세기 1:2에서 성령은 창조 세계 안에 있는 하나님의 현존과 능력이다. 그러나 하나님이 곧 창조 세계는 아니다. 동일한 성령이 사람에게 들어가서, 특히 예언자에게 들어가서 그들로 하나님을 대신하여 말하고 행동할 수 있게 했다. 예수님은 *세례 요한에게 세례를 받으시면서 특별히 성령을 받으셨고, 그 결과 놀라운 공적 사역이 따랐다(행 10:38). 예수님의 *부활 이후에는 예수님의 제자들도 동일한 성령으로 충만했는데(행 2장), 성령은 이제 예수님 자신의 영과 동일시되었다. 곧, 창조자 하나님이 새로운 방식으로 일하시면서 이 세상과 제자들 역시 새롭게 고치신 것이다. 성령은 제자들이 *토라로는 불가능했던 거룩한 삶을 살 수 있게 하시고, 삶 속에서 '열매'를 맺게 하시며, 하나님과 세상과 교회를 섬길 '은사'를 주셨으며, 미래의 *부활에 대해 확신할 수 있게 해주셨다(롬 8장; 갈 4-5장; 고전 12-14장). 기독교는 아주 일찍부터(예를 들어, 갈 4:1-7), 하나님에 대한 새롭고도 혁명적인 정의("아들과 아들의 영을 보내시는 분")에 성령을 포함시켰다.

성전 Temple
예루살렘 성전은 다윗이 계획하고(주전 1000년경) 그의 아들 솔로몬이 온 이스라엘의 중심 성지로 건축한 것이었다. 주전 7세기에 히스기야와 요시야의 지휘 아래 보수가 되었지만, 그후 주전 587년에 바빌로니아에 의해 파괴되었다. *유배에서 귀환한 사람들이 주전 538년에 성전을 재건하기 시작하여 516년에 완공하였는데, 그때부터 '제2성전기'가 시작되었다. 안티오쿠스 에피파네스(Antiochus Epiphanes)가 성전을 더럽힌(주전 167년) 후 유다 마카비우스(Judas Maccabaeus)는 주전 164년에 성전을 정화했다. 헤롯 대왕은 주전 19년에 성전을 재건하고 꾸미기 시작했으며, 이는 주후 63년에 가서야 완공되었다. 그러나 이 성전은 주후 70년에 로마에 의해 다시 파괴되었다. 많은 유대인은 성전이 재건되어야 하고 또 재건될 것으로 믿었는데, 지금도 그렇게 믿는 사람들이 있다. 성전은 *희생 제사를 드리는 곳일 뿐 아니라, 이 땅에서 *야웨께서 거하시는 유일한 곳이며, *하늘과 땅이 만나는 곳이라고 믿었다.

세례 | baptism

문자적으로는 사람을 물에 '잠기게 하는 것'(plunging)이란 의미다. *세례 요한은 요단 강에서 사람들에게 세례를 주는 소명을 맡았는데, 이는 유대교 전통의 씻고 목욕하는 의식이라는 좀더 넓은 맥락에 속한다. 세례는 단순히 여러 의식 가운데 하나가 아니라 *회개를 위한 독특한 계기였다. 사람들은 이러한 회개를 통하여 다가오는 *하나님 나라를 맞을 준비를 할 수 있었다. 예수님 자신도 요한에게 세례를 받으심으로써, 이러한 갱신 운동에 동참하시고 이 운동을 나름의 방식으로 발전시키셨다. 후에는 예수님의 추종자들도 다른 사람들에게 세례를 주었다. 예수님이 *부활하시고 *성령을 보내신 이후에, 세례는 예수님의 백성 공동체에 들어가는 표지이자 수단이 되었다. 일찍이 바울이 활동하던 시기에도, 세례는 *출애굽(고전 10:2)은 물론 예수님의 죽음 및 부활(롬 6:2-11)과 나란히 언급되었다.

세례 요한 John the Baptist

예수님보다 몇 달 먼저 태어난 예수님의 외사촌으로서, 그의 아버지는 *제사장이었다. 요한은 사람들이 *회개를 통하여 임박한 하나님의 심판에 대비할 수 있게 하려고 요단 강에서 (*출애굽 사건의 극적 재연이라 할 수 있는) 세례를 주면서 예언자로 활동했다. 요한의 공적 메시지가 최종적으로 *에세네파와는 달랐지만, 요한과 에세네파 사이에는 어떤 접촉이 있었을 수도 있다. 예수님 자신의 소명은 예수님이 요한에게 *세례를 받으셨을 때 결정적으로 확정되었다. 헤롯 안티파스가 이복 동생의 아내와 결혼한 것을 두고 요한이 공공연하게 비판한 것도 요한이 선포한 *하나님 나라 메시지의 일환이었다. 헤롯은 요한을 투옥한 후, 아내의 요청대로 요한의 목을 베었다(막 6:14-29). 요한이 죽은 후 얼마 동안 요한의 제자 집단은 기독교에 합류하지 않은 채 독자적으로 존재했다(예를 들어, 행 19:1-7).

승천 ascension

누가*복음 마지막 부분과 사도행전 시작 부분에서 누가는 예수님이 땅에서 *하늘로 '올라가셨다'는 표현을 쓴다. 이를 이해하려면 '하늘'은 시간, 공간, 물질로 구성된 우리가 사는 세상 내부의 어떤 '장소'가 아니라 다른 **차원**의 실재임을 기억해야 한다. 그 차원은 우리가 속한 차원과 교차하고 상호작용하는 하나님의 차원이다. [우리가 속한 차원은 '땅'(earth)이라고 부르는데, 우리가 살고 있는 행성을 뜻하기도 하고 시공간의 우주 전체를 뜻하기도 한다.] 따라서 예수님의 '승천'은 예수님이 멀리 계신다는 뜻이 아니라, 자신의 백성과 언제나 가까이 계실 수 있고 실제로 가까이 계신다는 뜻이다. 게다가 성경에서 '하늘'은 (말하자면) '땅'의 통제실이기 때문에, 예수님이 지금 여기서 일어나는 일을 실제로 담당하신다는 뜻이기도 하다. 물론 그분이 주권적으로 통치하시는 방식은 이 땅의 지도자들이 자기 뜻을 관철하는 방식과 매우 다르다. 예수님은 자신의 생애에서와 같이 고난을 포함한 신실한 순종을 통해 구원의 목적을 성취하신다. 따라서 전 세계에 복음이 전파되는 결과를 낳은 초대교회의 삶과 증언은, 예수님이 승천하셨고, 그분이 이 세상의 정당한 주님이시라는 말이 의미하는 바를 보여준다.

신앙faith, **믿음**을 보라.

언약covenant
유대교 신앙의 핵심에는, 온 세계를 만드신 한 분 하나님 *야웨께서 아브라함과 그 가족을 부르셔서 특별한 방식으로 하나님께 속하라고 하셨다는 확신이 있다. 하나님이 아브라함과 그 가족에게 하신 약속과 그 결과로 그들에게 요구하신 사항은, 왕이 자기 백성과 맺는 협약이나 남편과 아내의 결혼 약속이라는 관점으로 이해되었다. 이러한 관계를 일반적으로 묘사하는 말이 바로 '언약'이었다. 그러므로 언약에는 약속뿐 아니라 율법도 포함될 수 있다. 이 언약은 시내 산에서 *토라를 받을 때는 물론, 약속의 땅으로 들어가기 전 신명기에서도 갱신되었으며, 또한 다윗에게서도(예를 들어, 시 89편) 더욱 주목할 만한 모습으로 갱신되었다. 예레미야 31장에서는, *유배의 징벌이 지나간 후에 하나님이 자기 백성을 용서하시고 더 친밀하게 자신과 결속시키시면서 '새 언약'을 맺으실 것이라고 약속했다. 예수님은 *하나님 나라 선포, 자신의 죽음과 *부활을 통하여 이 일이 실현될 것이라고 믿으셨다. 초기 그리스도인들은 예수님 안에서 마침내 그 약속이 성취되었다고 믿었으며, 다양한 방식으로 이러한 생각을 발전시켰다.

야웨 YHWH
하나님을 일컫는 고대 이스라엘의 호칭으로서, 최소한 *출애굽 시대부터 사용되었다(출 6:2 이하). 원래는 '야웨'(Yahweh)로 발음되었을 것이지만,

예수님 시대에 이르러서는 소리 내어 말할 수 없는 너무 거룩한 이름으로 여겨서, 일 년에 단 한 번 *성전의 지성소에서 *대제사장만 부를 수 있었다. 경건한 유대인들은 성경을 읽을 때 '아도나이'(*Adonai*) 곧 '주'라는 말로 대체하여 말하곤 했는데, YHWH의 자음에 '아도나이'의 모음을 붙이는 용법으로 표기하여, 결국 '여호와'(Jehovah)라는 단어가 생겼다. YHWH라는 단어는 히브리어 동사 '하야'(*hyh*, to be)로부터 형성되었는데, '나는 나다'(I am who I am), '나는 나일 것이다'(I will be who I will be), 또한 아마도 '나는 나이기 때문에 나다'(I am because I am)라는 의미이며 야웨의 주권적이고 창조적인 능력을 강조한다.

에세네파 Essenes, **사해 사본**을 보라.

영 spirit, **생명**, **성령**을 보라.

영생 eternal life, **현 시대**를 보라.

영혼 soul, **생명**을 보라.

오는 시대 age to come, **현 시대**를 보라.

오순절 day of Pentecost
유월절과 무교절 50일 후에 오는 유대교의 주요 절기(레 23:9-14). 1세기 무렵에 이 절기는 시간 개념과 더 밀접한 연관이 있는데, 이스라엘이 이집트를 나오고 50일 후에 모세는 시내 산에 올라갔다가 *율법을 가지고 내려왔다. 초기 *제자들에게 성령이 강력하게 임하신 날은 예수님이 돌아가시고 부활하신 유월절로부터 50일이 지난 뒤였다(행 2장). 그날을 '교회 탄생일'로 부르든 아니든(어떤 사람들은 창세기 12장에서 아브라함이 부름받은 날이나, 혹은 마가복음 1장에서 처음 제자들이 부름받은 날을 그렇게 부를 것이다), 예수님의 추종자들이 그분의 *부활과 주 되심에 대해 사람들에게 말할 수 있는 능력과, 일상생활에서 그분의 구원의 *나라를 드러내는 능력을 발견한 날임은 확실하다.

요한 John the Baptist. **세례 요한**을 보라.

용서 forgiveness
예수님은 메시지와 사역에서 용서를 핵심 주제로 삼으셨다. 오래전부터 기다려 온 하나님의 '새 언약'(렘 31:31-34)을 자신이 시작한다고 주장하셨기 때문이다. 그 언약을 통해 우리는 마침내 죄를 용서받는다(마 26:28). 용서란 어떤 잘못이나 죄에 대해 하나님이(혹은 사람이) "괜찮아" 혹은 "나는 별로 마음 쓰지 않아"라고 말하는 것이 아니다. 용서의 핵심은 **괜찮지 않고**, 정말로 **마음 쓰이지만**, 그 행동 때문에 그 사람을 나쁘게 보지 않는다는 뜻이다. 즉, '관용'과는 다르다. 용서는 죄를 관용하는 게 아니라, 무엇이 잘못인지 분명하게 보되 그 행위를 한 사람을 대할 때는 그런 일이 일어나지 않은 것처럼 대하는 것이다. "거룩하고 의로우신 하나님이 어떻게 그러실 수 있지?"라는 질문에 초기 그리스도인들은 "예수님의 죽음을 통해서"라고 대답한다. 게다가 예수님은 서로를 그렇게 용서할 것을 자신을 따르는 자들에게 명령하셨다(마 6:12). 그렇게 하지 않는 것은 자신이 용서받는 통로를 닫아 버리는 것이다(마 18:21-35).

유배 exile
신명기(29-30장)에는, 이스라엘이 *야웨께 순종하지 않으면 야웨께서 자기 백성을 유배 보내시겠지만, 그후에 그들이 회개하면 다시 돌아오게 하실 것이라는 경고가 나온다. 바빌로니아가 예루살렘을 약탈하고 그 백성을 포로로 끌어갔을 때, 예레미야와 같은 예언자들은 이를 그 예언의 성취로 해석했고, 나아가 유배 생활이 언제까지 지속될지에 대해서도 약속을 했다(렘 25:12와 29:10에 따르면 70년). 아니나 다를까, 주전 6세기 말에 포로들이 돌아오기 시작했다(스 1:1). 그러나 유배 이후의 시대는 대체로 실망스러웠다. 아직은 이스라엘 백성이 이방인에게 종살이를 했기 때문이다(느 9:36). 그러다가 시리아 제국의 핍박이 최고조에 이르렀을 때, 다니엘 9:2, 24에서는 70년이 아니라 70'이레' 곧 490년 동안 지속될 '진짜' 유배에 대해 말했다. 이사야와 예레미야 등의 예언은 물론 이방의 압제로부터 구속이 이루어지는 진짜 '유배로부터의 귀환'에 대한 갈망이 유대인의 많은 운동이 지닌 한결같은 특징이었으며, 예수님의 선포와 *회개의 촉구에서도 핵심 주제였다.

율법 law, **토라**를 보라.

이방인 Gentiles

유대인들은 세상을 유대인과 비유대인으로 나누었다. 비유대인에 해당하는 히브리어 '고임'(*goyim*)에는 가족 정체성(조상이 유대인이 아니라는)과 예배 정체성(한 분이신 참 하나님 *야웨가 아니라 우상을 예배하는) 두 가지 의미가 들어 있다. 많은 유대인이 이방인과 좋은 관계를 맺었고, 특히 유대인 디아스포라(팔레스타인을 떠나 흩어져 사는 유대인)가 더욱 그랬지만, 공식적으로는 타민족과의 결혼이나 친밀한 접촉을 금기시했다. 신약에서 '민족'(nations)을 말하는 그리스어 '에드네'(*ethne*)는 '고임'과 같은 의미를 담고 있다. 예수님을 믿는 이방인들이 *할례를 받지 않더라도 믿는 유대인들과 더불어 그리스도인 공동체 안에서 온전한 권리를 가진다는 주장을 펴는 것이 바울에게는 너무도 중요한 문제였다.

제사장priest, **대제사장**high priest

모세의 형 아론이 이스라엘의 첫 번째 대제사장으로 임명되었으므로(출 28-29장), 이론상으로는 아론의 후손이 이스라엘의 제사장이었다. 아론이 속한 지파(레위)의 다른 사람들은 '레위인'으로서, 제사 이외의 의식과 관련된 일을 맡았다. 제사장은 나라 전역에 걸쳐 백성들 가운데 살면서 그 지역에서 가르치는 역할을 맡다가(레 10:11; 말 2:7), 자기 차례가 되면 예루살렘으로 가서 *성전 의식을 수행하였다(예를 들어, 눅 2:8).

다윗은 (조상이 아론인지 때로 의문시되는) 사독을 대제사장으로 임명했으며, 그후로 사독 가문이 예루살렘에서 상임 제사장직을 맡았는데, 아마도 이들이 *사두개인의 선조일 것이다. 쿰란의 *에세네파의 기원에 대해서는 그들이 스스로 정당한 대제사장이라고 믿었던 반체제 집단이었다는 일설이 있다.

제자disciple, **사도**를 보라.

좋은 소식good news, **복음**gospel, **메시지**message, **말씀**word

옛 영어 단어 '복음'에 해당하는 '좋은 소식'이라는 개념은 주후 1세기 유대인들에게 크게 두 가지 의미로 통했다. 첫째, 좋은 소식이란 이사야서에 근거하여, *야웨께서 악에 대해 대망의 승리를 거두시고 자기 백성을 구출하셨다는 소식이다. 둘째, 로마 세계에서 좋은 소식은 황제의 즉위나 생일, 혹은 황제와 관련된 일을 뜻했다. 예수님과 바울의 경우 *하나님 나라가 침투한다는 선포는 예언의 성취인 동시에 현 세계의 지배자에 대한 도전이었기에, '복음'은 예수님 자신의 메시지와 예수님에 대한 사도들의 메시지 모두를 일컫는 중요한 약칭이 되었다. 바울은 이 메시지 자체를 하나님의 구원의 능력을 전하는 수단으로 보았다(롬 1:16; 살전 2:13).

네 권의 정경 '복음서'는 위에서 말한 두 가지 측면을 다 드러내면서 예수님의 이야기를 전한다(이와 달리 주후 2세기와 그 이후에 퍼진 위경 '복음서'들은 예수님이 이루신 일에서 성경적·유대교적 뿌리를 잘라내고, 이 세상의 지배자들과 맞서기보다는 사적인 영성을 주입하는 경향이 있었다). 이사야서에서는 이처럼 창조적이고 생명을 주는 좋은 소식을 하나님 자신의 능력 있는 말씀으로 보았기 때문에(40:8; 55:11), 초기 그리스도인들은 기독교의 기본 선언을 일컫는 또 다른 약칭으로 '말씀'이나 '메시지'라는 말을 사용할 수 있었다.

지옥 hell, **게헨나**를 보라.

출애굽 Exodus

출애굽기에 따르면, 출애굽은 이스라엘 백성이 이집트에서 종살이 한 지 오랜 세월이 흐른 후 모세의 지도 아래 일어난 사건이다. (창 15:13 이하를 보면, 이 사건은 하나님이 아브라함에게 약속하신 언약이었다.) 출애굽 사건은 이스라엘 백성과 이집트 왕 바로에게 이스라엘이 하나님의 특별한 자녀임을 여실히 보여 주었다(출 4:22). 이스라엘 백성은 출애굽 후 40년 동안 시내 광야를 떠돌며 구름 기둥과 불기둥으로 하나님의 인도를 받았다. 또한 광야 생활 초기에는 시내 산에서 *토라를 받았다. 모세가 죽은 후 여호수아의 지도 아래 그들은 마침내 요단 강을 건너 약속의 땅 가나안으로 들어가 그 땅을 정복했다. 해마다 유월절을 비롯한 유대인의 다른 축일에 기념하는 이 사건을 통하여, 이스라엘 백성들은 자신들이 어떻게 해서 한 민족이 되었는지를 분명히 기억함은 물론, 창조자일 뿐 아니라 구속자이기도 하신 *야웨에 대한 *믿음의 형태와 내용을 갖게 되었다. 그들은 그후로 노예 생활을 할 때면, 특히 *유배 때는, 사실상 새로운 출애굽 사건이 될 구속을 또 다시 고대했다. 아마 과거의 어떤 사건도 주후 1세기 유대인들의 상상력을 그토록 지배하지는 못했을 것이다. 그들 가운데 초기 그리스도인들은, 예수님도 그러셨던 것처럼, 자신들에게 닥친 중요한 사건들을 해석하고 구체적으로 설명하기 위해 계속해서 출애굽 사건을 언급했으며, 특히 예수님의 죽음과 *부활에 대해서도 그랬다.

칭의 justification

온 세계의 심판자로서의 지위에 입각하여, 인간의 보편적인 죄에도 불구하고 어떤 사람을 의롭다고 하시는 하나님의 선고를 말한다. 이러한 선고는 전 생애를 기초로 하여 마지막 날에 있겠지만(롬 2:1-16), 예수님의 성취를 기초로 하여 현재에 내려진다. 이는 예수님의 십자가를 통해 죄가 처리되었기 때문이다(롬 3:21-4:25). 이러한 현재적 칭의의 수단은 오직 *믿음뿐이다. 이는 무엇보다도 유대인이나 *이방인이나 하나같이 하나님이 아브라함에게 약속하신 가족의 완전한 구성원이라는 뜻이다(갈 3장; 롬 4장).

토라 Torah, **율법** law

좁게 보면, '토라'는 구약 성경의 처음 다섯 권, 곧 '모세오경' 혹은 '오경'으로 구성되어 있다. (토라에는 율법이 많이 들어 있지만, 내러티브도 많다.) 토라가 구약 성경 전체를 일컫는 말로도 사용될 수 있다. 엄밀히 말해서 구약은 '율법과 예언서, 성문서'로 구성되어 있긴 하지만 말이다. 더 넓은 의미로 보면, 토라는 기록된 것이건 구전된 것이건 계속 발전하는 유대교의 율법 전통 전체를 집대성한 것을 가리킨다. 구전 토라는 주후 200년경 *미쉬나로 처음 성문화되었으며, 주후 400년경에 성문화된 두 개의 탈무드 곧 바빌로니아 탈무드와 예루살렘 탈무드에 더 폭넓게 발전된 형태로 나타났다. 예수님과 바울 시대의 많은 유대인은 토라를 분명 하나님이 주신 것으로 여겨 때로는 토라 자체를 거의 신인 양 여겼다. 더러는(예를 들어, 집회서 24장) 토라를 '지혜'와 동일시하기도 했다. 토라가 말한 대로 행하는 것은 하나님의 호의를 얻는 수단이 아니라 감사를 표현하는 수단이자 유대인의 정체성을 드러내는 핵심 표지로 여겨졌다.

하나님 나라 kingdom of God, **하늘 나라** kingdom of heaven
여러 시편(예를 들어, 99:1)과 예언서(예를 들어, 단 6:26 이하)에서 찬양하는 바와 같이, 이스라엘의 하나님 *야웨의 왕권 혹은 그분의 주권적이고 구원하시는 통치로 이해하는 것이 가장 좋다. 야웨는 창조자 하나님이시기 때문에, 마침내 자신의 뜻대로 왕이 되신 다음에는, 당연히 세계를 바로잡으시고, 특히 이스라엘을 그 원수로부터 구출하실 것이다. '하나님 나라'와 이와 동등한 다양한 표현(예를 들어, '오직 하나님만이 왕이시다!')이 예수님의 시대에는 혁명적 표어가 되었다. 그러나 하나님 나라에 대한 이러한 기대는, 예수님의 하나님 나라 선포를 통하여 자신의 매우 다른 계획과 소명을 중심으로 새롭게 정의되었다. 예수님이 사람들에게 하나님 나라로 '들어오라'고 초대하신 것은, 예수님 자신과 예수님의 계획에 충성하라는 부름이었고, 이것이 바로 오랫동안 기다리던 하나님의 구원하시는 통치의 출발이었다. 예수님은 하나님 나라가 단번에 오는 것이 아니라 여러 단계에 걸쳐 온다고 보셨다. 곧, 예수님의 공생애라는 단계가 있고, 예수님의 죽음과 *부활이라는 단계가 있으며, 아직 미래의 완성이라는 단계가 남아 있다. 마태는 하나님 나라 대신에 '*하늘 나라'라는 형태를 선호했다. 이는 '하나님'보다는 '하늘'이라는 표현을 사용하는 유대인의 일반적 관행을 따른 것이다. 하늘 나라는 장소('하늘')가 아니라, 예수님과 예수님의 사역 안에서 그리고 그것을 통하여 하나님이 왕이 되신다는 것을 가리킨다. 바울은 예수님이 *메시아로서 이미 자신의 나라를 소유하고 계시며, 최종적으로 그 나라를 아버지께 넘겨드리기를 기다리신다고 말한다(고전 15:23-28; 참고. 엡 5:5).

하나님의 아들 son of God

원래는 이스라엘(출 4:22)과 다윗 가문의 왕(시 2:7)을 일컫는 호칭이었지만, 고대에는 천사와 같은 존재에 대해서도 사용되었다(창 6:2). 신약 시대에 이르러서는 이미 *메시아를 일컫는 호칭으로 쓰이고 있었는데, *사해 사본에서 그 예를 볼 수 있다. 이 표현이 사해 사본에서나 *복음서(예를 들어, 마 16:16)에서 예수님을 가리킬 때는, 나중에 부가된 '신성'의 의미는 없고 그저 '메시아'라는 뜻을 나타내거나 강화해 준다. 그러나 이미 바울 서신에서 하나님의 아들이란 표현은 '메시아'라는 본래 의미를 잃지 않으면서도 (이미 하나님과 동등하셨고, 하나님이 보내셔서 인간이 되시고 메시아가 되신 분이라는) 더 온전한 의미로 전환되는 것을 역력히 볼 수 있다(예를 들어, 갈 4:4).

하늘 heaven

'땅'이 우리가 알고 있는 공간과 시간과 물질의 세계인 반면, 하늘은 창조 질서에서 하나님 차원의 영역이다(창 1:1; 시 115:16; 마 6:9). 따라서 '하늘'은 때로 '하나님'을 대신 일컫는 공손한 표현으로 사용되기도 한다(예를 들어, 마태가 *'하늘 나라'라는 표현을 일반적으로 사용한 것처럼). 하늘은 평소 인간의 눈으로는 볼 수 없게 가려져 있다가도, 가끔씩 그 모습이나 비밀을 드러내어 하나님 차원의 영역에서는 일상으로 일어나는 일을 사람들에게 보여 주곤 한다(예를 들어, 왕하 6:17; 계 1, 4-5장). 따라서 신약에서는 하늘을 하나님의 백성이 죽은 다음에 가는 곳으로 보지 않는다. 이는 최후에 새 예루살렘이 하늘**로부터** 땅**으로** 내려와서 두 차원의 영역을 영원히 결합할 것이기 때문이다. '하늘 나라에 들어간다'는 말은 '죽어서 하늘 나라에 간다'는 뜻이 아니다. 이 땅에서 하늘의 기준과 목적에 따라서 살기로 방향을 잡는 사람들(주의 기도를 참조하라. "하늘에서와 같이 땅에서도", 마 6:10)에 지금 합류하는 것, 그리고 *오는 시대에도 그 무리에 속할 것으로 확신하는 사람이 되는 것을 뜻한다.

하늘 나라 kingdom of heaven, **하나님 나라**를 보라.

할례 circumcision
포피를 베어내는 것. 남자의 할례는 유대인의 정체성을 나타내는 주된 표시로서, 아브라함이 처음으로 받은 명령에 따랐고(창 17장), 여호수아가 강화시켰다(수 5:2-9). 다른 민족들 또한 남자아이에게 할례를 시행했는데, 예를 들어 이집트인들이 그랬다. 신명기(예를 들어, 30:6)에서부터 예레미야(예를 들어, 31:33)와 *사해 사본, 그리고 신약(예를 들어, 롬 2:29)에 이르는 사고의 흐름을 보면, 하나님이 정말로 원하시는 것은 '마음의 할례'였음을 알 수 있다. 사람들은 마음의 할례를 통해, 유대인 남자가 하나님의 백성임을 나타내는 외적인 표시를 내면화할 수 있다. 유대인이 주변 문화에 동화되던 시기에, 일부 유대인들은 할례의 표시를 제거하려고 했다(예를 들어, 마카베오상 1:11-15).

현 시대 present age, **오는 시대** age to come, **영생** eternal life
예수님의 시대에 이르러 많은 유대교 사상가들은 역사를 '현 시대'와 '오는 시대'라는 두 시기로 나누었다. 오는 시대는 *야웨께서 악을 심판하시고, 이스라엘을 구출하시며, 정의와 평화의 새로운 세계를 만들기 위해 마침내 결정적으로 행동하시는 때를 말했다. 초기 그리스도인들은, 비록 오는 시대의 완전한 복은 여전히 미래에 있겠지만, 예수님과 함께, 특히 예수님의 죽음 및 *부활과 함께 이미 그 시대가 시작되었으며, *믿음과 *세례를 통하여 이미 그 안으로 들어갈 수 있다고 믿었다. '영생'은 단순히 '끝없이 존재하는 것'이 아니라 '오는 시대의 생명'을 의미한다.

회개 repentance

문자적으로는 '돌아서는 것'을 의미한다. 회개는 구약과 이후의 유대교 문헌에 널리 나오는 개념인데, 개인적으로 죄에서 돌아서는 것은 물론 이스라엘이 집단적으로 우상숭배에서 *야웨께로 돌아오는 것을 가리켰다. 이 두 가지 의미를 통해, 회개는 '*유배로부터 돌아옴'이라는 개념과 연관이 된다. 따라서 이스라엘이 온전하게 '돌아오려면', 야웨께로 '돌아와야' 한다. 이것이 바로 *세례 요한과 예수님이 촉구하는 핵심이다. 바울 서신에서, 회개는 *이방인들이 우상으로부터 돌아서서 참 하나님을 섬기는 것을 의미하는 말로 대개 사용되었다. 물론 예수님께 돌아와야 하는 범죄한 그리스도인들에 대해서도 사용되었다.

희년 jubilee

고대 이스라엘은 50년마다 '희년'을 지키라는 명령을 받았다. (일곱 번째 '안식년' 후에 오는 해가 희년이 된다.) 레위기 25장에 기본 규칙이 실려 있는데, 후기의 교사들이 그 규칙을 확장했다. 희년이 되면 땅은 원래 소유자나 그 상속자에게 돌려주어야 하고, 빚 때문에 종이 된 동료 유대인은 다 풀어 주어야 했다. 희년에는 씨를 뿌리거나 수확하거나 추수하지 않아야 했다. 요컨대 땅은 *야웨의 것이고, 이스라엘은 땅을 개인 소유가 아니라 위탁받은 것으로 보아야 했기 때문이다. 사람들은 레위기에서 명령하는 대로 희년의 원칙을 그렇게 철저하게 실천한 적이 있는지 논쟁했지만, 희년 정신에 깔려 있는 빚 탕감의 약속은 이사야도 말했고(61:1-2), 결정적으로 예수님이 말씀하셨다(눅 4:16-21). 첫 그리스도인들이 재산을 공유하고 가난한 사람들에 그것을 나누어 준 행위 이면에는 이런 희년 정신이 깔려 있었을 것이다(행 4:32-35 등).

희생, 희생 제사 sacrifice

이스라엘 백성은 모든 고대인처럼 하나님께 동물과 식물을 희생 제물로 바쳤다. 그러나 다른 민족들과 달리 이스라엘은 무엇을 어떻게 바쳐야 하는지에 대해 (주로 레위기에) 매우 상세히 기록된 규정을 갖고 있었는데, 이는 이후에 *미쉬나(주후 200년경)에서 더욱 발전되었다. 구약에서는 예루살렘 *성전에서만 희생 제사를 드릴 수 있다고 정했다. 따라서 주후 70년에 예루살렘 성전이 무너진 후로는 희생 제사가 중단되었고, 유대교에서는 희생 제사의 대안적 형태로 기도와 금식과 구제라는 개념을 더욱 발전시켰다. 이런 것들은 물론 일부 가르침 속에 이미 존재하던 것들이다. 초기 그리스도인들은 거룩함, 전도, *성찬 등을 말할 때 희생 제사의 개념을 사용했다.

옮긴이 김명희는 연세대학교 영어영문학과를 졸업하고, IVP 편집부에서 일했다. 옮긴 책으로는 『BST 열왕기』『행동하는 기독교』『솔로몬: 어떻게 유혹을 이길 것인가』『리더가 리더에게』『성경은 드라마다』『영혼을 세우는 관계의 공동체』『제자도』『너의 죄를 고백하라』『영성에의 길』『리더는 무엇으로 사는가』『이는 내 사랑하는 자요』『아담』(이상 IVP), 『예수에서 예수까지』(숨숨), 『역설에서 배우는 삶의 지혜』(아바서원), 『상처 입은 예언자, 헨리 나우웬』(포이에마) 등이 있다.

모든 사람을 위한 공동서신

초판 발행_ 2015년 6월 15일
초판 2쇄_ 2017년 11월 25일
개정판 발행_ 2019년 7월 20일
개정판 3쇄_ 2021년 11월 30일

지은이_ 톰 라이트
옮긴이_ 김명희
펴낸이_ 정모세

펴낸곳_ 한국기독학생회출판부
등록번호_ 제313-2001-198호(1978.6.1)
주소_ 04031 서울시 마포구 동교로 156-10
대표 전화_ (02)337-2257 팩스_ (02)337-2258
영업 전화_ (02)338-2282 팩스_ 080-915-1515
홈페이지_ http://www.ivp.co.kr 이메일_ ivp@ivp.co.kr
ISBN 978-89-328-1689-0
ISBN 978-89-328-1882-5(세트)

ⓒ 한국기독학생회출판부 2015, 2019

책값은 뒤표지에 있습니다.
무단 전재와 복제를 금합니다.